农业电子商务蓝皮书

BLUE BOOK OF AGRICULTURAL E-COMMERCE

中国农业电子商务发展报告（2021）

ANNUAL REPORT OF AGRICULTURAL E-COMMERCE DEVELOPMENT IN CHINA（2021）

农业农村部市场与信息化司
中国农业科学院农业信息研究所 编著

中国农业科学技术出版社

图书在版编目（CIP）数据

中国农业电子商务发展报告．2021／农业农村部市场与信息化司，中国农业科学院农业信息研究所编著．--北京：中国农业科学技术出版社，2022.1

ISBN 978-7-5116-5687-2

Ⅰ.①中… Ⅱ.①农…②中… Ⅲ.①农业-电子商务-研究报告-中国-2021 Ⅳ.①F713.36

中国版本图书馆 CIP 数据核字（2021）第 275038 号

责任编辑 史咏竹 倪小勋
责任校对 李向荣
责任印制 姜义伟 王思文

出 版 者 中国农业科学技术出版社
北京市中关村南大街 12 号 邮编：100081
电 话 (010)82105169(编辑室) (010)82109702(发行部)
(010)82109709(读者服务部)
传 真 (010)82105169
网 址 http://www.castp.cn
经 销 者 各地新华书店
印 刷 者 北京建宏印刷有限公司
开 本 170 mm×240 mm 1/16
印 张 16.75
字 数 296 千字
版 次 2022 年 1 月第 1 版 2022 年 1 月第 1 次印刷
定 价 96.00 元

农业电子商务蓝皮书
《中国农业电子商务发展报告(2021)》

编 委 会

主　　任　唐　珂

副 主 任　宋丹阳　陈　勇　刘继芳　许世卫

编　　委(按姓氏笔画排序)

王耀宗　张　峭　张天翊　赵俊晔　聂凤英

主　　编　赵俊晔

副 主 编　孙　伟　王耀宗

编写人员(按姓氏笔画排序)

丁晓东　于海鹏　马　佳　马　恒　马桂萍
王蒙蒙　田　俊　朱永猛　朱宝美　刘明亮
刘洪爱　李　岸　李冬冬　李松泽　李洪启
李爱军　肖芝格　吴　昊　吴爱民　张　静
张　晶　张大光　陈　洪　陈圣法　罗　兴
孟　超　孟　蕊　孟祥生　侯煜庐　姜　涛
秦　莉　栾　洋　高丙超　陶　莎　鄂永利
程　兵　程建军　鲁　明　熊　蕾

前　言

2020年是决胜全面建成小康社会、决战脱贫攻坚之年，是“十三五”规划收官之年，同时也是乡村振兴战略目标实施的关键时间节点。新型冠状病毒肺炎疫情全球大流行和世界百年未有之大变局相互影响，给中国经济发展带来需求收缩、供给冲击、预期转弱等多重压力。在严峻的国内外环境下，我国农村电子商务政策体系进一步完善，基础设施建设进一步提升，农产品电子商务逆势发展，实现持续稳步增长，有效缓解了新型冠状病毒肺炎疫情给农产品流通带来的不利影响，在促进农产品上行、助力抗疫保供、带动贫困地区农民增收等方面发挥了重要作用，成为打赢脱贫攻坚战和贯彻实施乡村振兴战略的重要抓手。

2020年，新一代信息技术加速发展，电子商务新业态新模式不断涌现，直播电商火爆出圈，农产品电子商务产业链日趋完善。全国农村网络零售额达1.79万亿元，是2015年的5.1倍，网络购物成为居民农产品消费的重要渠道。电子商务法律法规政策体系不断完善，电子商务标准体系不断健全，有力激发了市场活力。试点、示范工作不断推动，先行先试，形成一批成熟的经验做法。“互联网+”农产品出村进城工程的110个试点县大胆探索，深入推动各项试点建设任务，取得阶段性成效。

在中华人民共和国农业农村部市场与信息化司的指导和支持下，中国农业科学院农业信息研究所电子商务研究团队组织撰写了农业电子商务蓝皮书《中国农业电子商务发展报告(2021)》。本书分为五章:第一章为中国农业电子商务发展总报告，全面反映了2020年中国农业电子商务发展现状、成效和发展特点，分析发展过程中面临的难点与挑战，并对“十四五”农业电子商务发展进行展望、提出建议;第二章为2020年农产品网络零售市场发展报告，从品类和区域维度分析农产品网络零售市场变化趋势，用数据呈现农产品电子商务发展格局;第三章为地方篇，介绍了部分省(市、区)推进农业电子商务工作的进展和成效;第四章为企业篇，展现了代表性电商平台在推动农业农村电子商务发展过程中的典型案例;第五章为“互联网+”农产品出村进城，是部分省(市、区)推进“互联网+”农产品出村进城试点工程的阶段性总结。

与《中国农业电子商务发展报告(2020)》相比,《中国农业电子商务发展报告(2021)》主要有两点变化:一是农产品网络零售市场发展报告采用了新的统计口径,共包括10个一级品类(即生鲜产品、粮油米面、休闲食品、方便食品、调味品、特产滋补、乳及乳制品、茶、酒和饮品),67个二级品类,同比增速均按可比口径计算。二是增加了各地"互联网+"农产品出村进城试点工作的阶段性总结报告,反映工程实施情况,推动试点工作交流。本书仍存在明显不足:一是受篇幅限制,很多省(区、市)、市、县(区)的典型案例和优秀经验做法未能全部纳入其中;二是受数据所限,分省(区、市)报告中的网络零售农产品统计口径尚未统一,尚不适于进行准确的横向比较。希望通过逐年的积累、提高和完善,为相关部门、从业者和关心"三农"发展的广大读者提供更有价值的借鉴和参考。

本书撰写过程中,参照了中华人民共和国国家发展和改革委员会、中华人民共和国工业和信息化部、中华人民共和国农业农村部、中华人民共和国商务部等发布的相关政策文件和数据,地方农业农村部门提供了各地农业电子商务发展报告和典型案例,电商平台和企业分享了各自在推动农产品上行工作中的做法,北京欧特欧国际咨询有限公司在农产品网络零售数据上提供了有力的支持,许多领导、专家也都给予了具体的指导和帮助,在此一并致以衷心感谢。

编著者

2021年6月

目　录

第一章

中国农业电子商务发展总报告

一、2020年中国农业电子商务发展主要成效

(一) 农业电子商务保持稳健发展态势

2020年是我国全面建成小康社会和“十三五”规划的收官之年，脱贫攻坚的决胜之年，同时也是实施乡村振兴战略的关键之年。面对严峻复杂的国内外环境，以及新冠肺炎[①]疫情的严重冲击，各部门坚持稳中求进的工作总基调，统筹疫情防控和经济发展工作，社会各方面生产逐步恢复，应对疫情中还催生并推动了许多新产业新业态的快速发展。我国农业电子商务发展的政策体系进一步完善，信息基础设施建设稳步推进，农产品直播带货、社区团购等新模式快速发展，有效克服了新冠肺炎疫情带来的严重冲击，在促进农产品上行、助力抗疫保供、带动贫困地区农民增收等方面发挥了重要的作用，成为打赢脱贫攻坚战和贯彻实施乡村振兴战略的重要抓手。

2020年农产品电子商务持续高速发展。2020年全国商品网上零售额11.76万亿元，较上年增长10.9%，其中，实物商品网上零售额97 590亿元，增长14.8%[②]。农村电商总零售额1.79万亿元，同比增长8.9%[③]。全国农产品网络零售额8 258.7亿元，可比口径较2019年增长31.8%，零售量266.5亿件，较2019年增长30.4%[④]。其中，农村地区农产品网络零售总额约1 463.2亿元，占全网农产品网络零售总额的17.7%，同比增长42.1%，高于全国农产品网络零售额增速10.3个百分点，农村地区农产品电子商务正在加速崛起。中国互联网络信息中心数据显示，截至2020年12月，我国农村网民规模为3.09亿人，占网民整体的31.3%。互联网已成为农民生活的一部分，越来越多的服务和商品通过互联网进入了农村，不仅改变了农民的生活和消费习惯，也推动了

① 新型冠状病毒肺炎，全书简称新冠肺炎。

② 数据来源于国家统计局。

③ 数据来源于商务部（中华人民共和国商务部，全书简称商务部）。

④ 课题组统计估算数据。

农业生产经营方式的改变。通过网络渠道销售农产品在广大农村地区越来越普及，成为众多返乡青年创新创业的首选，农产品电子商务在富民乡村中起着越来越重要的作用。

2020 年休闲农业电子商务稳步发展。受新冠肺炎疫情影响，旅游行业在上半年被按下了“暂停键”。5 月疫情稳定、生产生活逐步恢复之后，各地有序重启开放乡村休闲旅游市场，城乡居民被抑制的旅游需求不断释放，近郊乡村游成为新形势下群众外出游玩的首选方式，民宿成为乡村旅游发展中的黑马。尽管受到新冠肺炎疫情冲击，2020 年休闲农业和乡村旅游仍然实现营业收入6 000亿元，占国内旅游总收入的 26. 9%，较 2019 年提高了 12. 7 个百分点，休闲农业电子商务在恢复国民经济中扮演了重要的角色。截至 2020 年 11 月 20 日，中国旅游协会休闲农业与乡村旅游分会共认定全国休闲农业与乡村旅游星级企业（园区）共计3 396家，其中五星级 676 家，四星级1 717家，三星级1 003家。从认定数量来看，近两年我国休闲农业与乡村旅游星级企业（园区）认定速度有所放缓，但从认定等级来看，四星级和五星级的认定比例逐步提升，我国休闲农业与乡村旅游逐步进入提质阶段。

2020 年农资电子商务迎来了新契机。新冠肺炎疫情暴发后，各地隔离防疫措施全面推行，以往农民非常依赖的面对面开展的农资购销和服务模式难以继续，线下各种农资门店和服务业基本停止经营，线上采购一度成为主流。春耕备货期间，各大电商平台的农资网点数量明显增多，农户选择网上采购农资的比重增加，农资电商再次升温。2020 年农资网络零售额 334. 3 亿元，同比 2019 年增长 36. 0%①。疫情助推农民网购农业生产资料习惯的养成，为农资电商的进一步发展奠定了基础。同时，2020 年新版《农药管理条例》实施，条例要求农药包装实施一物一码的二维码，农药经营者必须有农药许可证并采用农药电子台账记账。依据该条例，网络销售农药必须做到销售有证可查、质量有保证、全程可追溯，为解决农业生产资料电子商务发展中的质量信任问题提供了法律法规的依据。

① 数据来自北京欧特欧国际咨询有限公司。

（二）政策推动农业电子商务环境持续改善

1. 政策持续推进，营商环境逐步改善

国家层面对涉农电子商务高度重视，各部委相继出台并落实了一系列推动农业电商发展的政策性文件和试点工程，我国农业农村电子商务发展环境进一步完善。

在完善农村电子商务体系，推动农产品上行方面，2020 年 6 月财政部[①]、商务部和国务院扶贫办[②]《关于做好 2020 年电子商务进农村综合示范工作的通知》，强调深入开展电子商务进农村综合示范、夯实农村物流基础设施、健全农村电商公共服务体系，培育壮大农村市场主体，畅通农产品进城和工业品下乡。为了贯彻落实《关于实施“互联网+”农产品出村进城工程的指导意见》，2020 年 5 月，农业农村部[③]制定并印发《“互联网+”农产品出村进城工程试点工作方案》，同年 8 月，遴选公布 110 个试点县，“互联网+”农产品出村进城工程试点正式启动。针对 110 个试点县的 200 余个优质特色农产品，培育壮大县级农产品产业化运营主体，建立完善适应农产品网络销售的供应链体系、运营服务体系和支撑保障体系，充分发挥“互联网+”在推进农产品生产、加工、储运、销售各环节高效协同和产业化运营中的作用。

在加强冷链仓储物流基础条件建设方面，2020 年上半年，包括国务院、商务部、财政部及农业农村部在内的多个部门发布多项冷链物流基础建设相关政策，《2020 年农业农村绿色发展工作要点》指出要启动农产品仓储保鲜冷链物流设施建设工程，减少农产品流通损耗。《关于加强冷藏冷冻食品质量安全管理的公告》旨在加强冷藏冷冻食品在贮存运输过程中质量安全管理。《关于加快农产品仓储保鲜冷链设施建设的实施意见》提出支持新型农业经营主体建设仓储保险冷链设施，从源头加快解决农产品进城“最初一公里”问题。国家发展改革委[④]联合 11 个部委印发《关于进一步优化发展环境　促进生鲜农产品流通的实施意见》，从降低企业经营成本、加大金融支持力度、加大用

① 中华人民共和国财政部，全书简称财政部。
② 国务院扶贫开发领导小组办公室，全书简称国务院扶贫办。
③ 中华人民共和国农业农村部，全书简称农业农村部。
④ 中华人民共和国国家发展和改革委员会，全书简称国家发展改革委。

房用地供给、营造良好营商环境和支持企业做大做强等几方面推进我国冷链物流基础设施建设，优化冷链市场环境。

农产品电商相关法律法规、标准规范陆续出台。2020 年 7 月，中国商业联合会媒体购物专业委员会牵头制定了《视频直播购物运营和服务规范》和《网络购物诚信服务体系评价指南》，两项标准的执行有利于引领和规范我国直播购物和网络购物行业的发展方向，杜绝直播行业乱象、重塑行业生态，提升新零售行业的技术管理水平，维护广大消费者利益。同月，中国广告协会制定了《网络直播营销活动行为规范》实施，重点规范直播带货行业刷单、虚假宣传等情况。2020 年 9 月 29 日，国家标准《农产品电子商务供应链质量管理规范》（GB/T 39058—2020）由国家市场监督管理总局、国家标准化管理委员会发布，于 2021 年 4 月正式实施。2020 年 10 月，国家市场监督管理总局等 14 部门发布《关于印发网络市场监管专项行动（网剑行动）方案的通知》。陆续出台、发布了《规范促销行为暂行规定》《关于加强网络直播营销活动监管的指导意见》《关于平台经济领域的反垄断指南（征求意见稿）》和《网络交易监督管理办法（公开征求意见稿）》，公开向社会征求意见，《网络交易监督管理办法》于 2021 年 3 月 15 日正式发布。2020 年 11 月国家网信办①发布了《互联网直播营销信息内容服务管理规定（征求意见稿）》，国家广播电视总局发布了《关于网络秀场直播和电商直播管理的通知》。

2. *基础设施和公共服务平台愈发完善*

网络设施、道路交通和乡村信息服务站点等基础设施条件进一步改善。截至 2020 年年底，固定宽带家庭普及率达 96%，移动宽带用户普及率达 108%，网络提速降费力度不断加大，固定宽带和手机流量平均资费水平相比 2015 年下降幅度超过 95%，平均网络速率提升 7 倍以上。全国行政村、贫困村通光纤和通 4G 比例均超过 98%，超额完成 2020 年“宽带网络覆盖 90%贫困村”的目标②。我国网民规模由 2015 年年底的 6.88 亿人增长到 2020 年年底的 9.89 亿人，互联网普及率由 50.3%提升到 70.4%。2020 年我国农村公路里程达 438.23 万千米，其中县道里程 66.14 万千米、乡道里程 123.85 万千米、村道里程 248.24 万千米③，硬化道路的进一步通达，加快了农产品出村进城的步

① 中华人民共和国国家互联网信息办公室，全书同。

② 数据来源国家互联网信息办公室。

③ 数据来源于交通运输行业发展统计公报。

伐。截至 2020 年年底，全国共建设运营益农信息社 45.4 万个，累计培训村级信息员 198.6 万人次，为农民和新型农业经营主体提供公益服务 2.3 亿人次，开展便民服务 4.2 亿人次。

3. 仓储物流体系建设不断加强

截至 2020 年，全国共建成县级电商公共服务中心和物流配送中心 2 120 个，村级电商服务站点 13.7 万个。快递网点已覆盖全国 3 万多个乡镇，覆盖率达 97.6%，全国 27 个省（区、市）实现快递网点乡镇全覆盖。2020 年农村地区揽收和投递快递包裹量超过 300 亿件，农村地区邮政快递业务量比重达 36%，比 2019 年提高 12 个百分点。在政府政策的引导支持下，我国冷库面积快速增长，冷库面积占仓库面积的比重不断提升，根据物联云仓数据显示，2020 年上半年我国冷库面积达到 952.26 万米^2，占仓库总量的 5.53%，较 2019 年年底增长 45.9%。

（三）在抗疫保供稳民生中发挥重要作用

疫情下农产品电商表现出强大韧劲，其即时性、便捷性、线上线下交互性以及创新性优势得到充分体现，在防疫情、保供给、稳民生方面发挥了重要作用，成为疫情防控期间农产品流通的重要渠道。疫情初期，线下购物不便，线上交易显著增多。根据课题组对国内近 40 家重点电商平台的监测，2020 年 2 月在疫情防控最严峻的时期，全国农产品网络零售额 467.9 亿元，比 2019 年同期增长 57.6%；3 月疫情管控全面开启，农产品网络交易有所回落；4 月随着交通、物流的逐渐恢复，农产品网络零售交易订单又爆发式增长，增速同比达到 84.4%。疫情防控期间，线上线下融合的购物方式受到消费者青睐，以阿里新零售、京东到家、美团买菜、每日优鲜、叮咚买菜为代表的新零售平台快速响应，积极满足消费者生鲜农产品购买需求。京东生鲜春节期间销量同比增长 215%，销售生鲜农产品超过 1.5 万吨，蔬菜销售量同比增长 450%，猪牛羊肉和禽肉等单品销售量同比增长均超过 400%，其中猪肉增长超 10 倍。从地域看，阿里新零售在全国 24 个省（区、市）的零售额增速均超 100%，西部地区省（区、市）增长尤为明显，其中重庆、云南、甘肃、青海等同比增速均超 300%，湖北同比增速也超过了 60%，为保障民生消费发挥了积极作用。

（四）扶贫增收活跃农村经济的成效凸显

电子商务作为精准扶贫的重要载体之一，为贫困地区脱贫攻坚注入了强大的动力，在打赢脱贫攻坚战中起到了重要的作用。仅 2020 年通过互联网为贫困地区销售农产品约 212 亿元①，电子商务扶贫已累计带动了 771 万农民就地创业就业，带动了 618.8 万贫困人口增收，成为贫困群众脱贫增收最直接、最有效途径之一。

农产品电子商务不仅通过解决贫困地区农产品卖难问题起到了对贫困主体的具体帮扶作用，还促进了农业产业和农村经济的整体发展，缩小了城乡差距，为我国“三农”问题的解决提供了一条有效路径。电子商务使贫困地区的优质特色农产品更直接地融入市场经济产业链中，改变了传统的生产销售方式，赋予龙头企业、合作社、个体户等市场主体更多选择，形成更加稳定的利益联结机制，为农村产业兴旺奠定了基础。电子商务在带动贫困地区经济互动和产业升级的同时，还提升了贫困地区干部群众的思想意识，拓展了乡村产业发展思路。电子商务扶贫还将成熟的理念、致富思路留在当地，充分调动了贫困户积极性，激发内生动力，使“扶贫”与“扶智”相结合，“治标”与“治本”相结合，为农业农村发展注入了新活力。农村电子商务蓬勃发展与返乡创业碰撞融合，激发带动了大批年轻人创业就业。2020 年，全国各类返乡入乡创业创新人员达到 1 010万人，返乡入乡创业项目中，55%运用信息技术，通过开办网店、云视频、直播直销、无接触配送等打造“网红产品”。返乡青年经过大城市工作的历练，大多具有开阔的视野、专业的技能，并且积累了资金、提升了观念，不仅壮大了乡村电商人才队伍，也逐步成为农村基层生产和生活的主心骨和领头雁，有力促进了农村产业结构调整，生产方式和生活方式转变，加快了农村经济发展步伐。

① 数据来源于商务部。

二、2020 年中国农业电子商务发展主要特点

（一）疫情催动新业态新模式快速发展

在互联网、大数据、虚拟现实等新一代信息技术的带动下，我国农业电子商务业态模式的创新层出不穷，线上线下的融合日益紧密。尤其是 2020 年年初突如其来的新冠肺炎疫情影响了整个社会正常的生产、生活，疫情防控要求人们减少外出聚集活动，线上购物成为公众首选，新消费场景下，无接触配送应运而生，直播电商、社区团购迸发新活力、出现新趋势，既有效地满足了应急时期的消费需求，也开拓了新的市场空间。

1. 无接触式配送快速响应、应运而生

为了抗击疫情，保障春节期间百姓基本生活，外卖行业率先推出“无接触”订单模式和“无接触配送”，之后物流配送、电商等行业迅速跟进，“无接触配送”大范围铺开，还带动了智能快递柜新一轮的发展。美团外卖率先在武汉推出“无接触配送”服务，保证用户和快递骑手在收餐环节的安全，最大程度减少人与人的接触。京东、便利蜂、盒马鲜生、天猫等企业也迅速跟进。许多线下实体超市、便利店、餐饮单位、农贸市场等企业也通过小程序、自营 App、第三方综合电商平台、线上线下融合等多种方式销售农产品，通过线上下单、到店自提的方式减少或避免购物时的人员聚集。为了规范“无接触配送”的操作过程，2020 年 11 月 19 日，国家市场监督管理总局和国家标准化管理委员会发布并实施《商品无接触配送服务规范》（GB/T 39451—2020），为电子商务平台、配送和餐饮企业提供翔实可操作的无接触配送服务模式，保障新冠肺炎疫情期间用户安全消费。疫情期间“无接触配送”的兴起和普及反映了互联网平台快速响应市场需求、创新业务模式的巨大优势，也一定程度上推动了物流环节机器人智能分拣的技术创新应用和末端配送环节“最后一公里”设施条件的改善，有利于弥补农产品电商发展中快递物流配送的短板。

2. 农产品直播电子商务井喷式发展

随着农村互联网的发展以及智能手机等移动终端的普及，农产品电商直播的发展如火如荼，成为许多农民直接参与电商销售的重要方式，也成为电商扶贫的重要形式之一。2020年疫情期间，为了缓解农村地区农产品的滞销卖难问题，商务部发布《关于进一步做好疫情防控期间农产品产销对接工作的通知》，鼓励电商企业要通过扶贫频道、专区、直播带货等多种渠道提供流量支持，拓宽滞销农产品销路。不管是平台、网红、明星，还是“素人”，甚至政府官员都纷纷借助直播或者短视频陆续带货和销售农产品，农产品直播电商出现了井喷式发展趋势，并呈现多平台参与、主播多元化、政策支持力度加大等特点。

2015年农产品直播电商兴起时，直播平台以农村淘宝直播等电商平台开设的直播渠道为主，由于参与门槛低、方便易学、成本也较低，参与农产品电商直播的多是农民群体。2020年新冠肺炎疫情暴发后，“直播+电商”迎来爆发式增长，农业领域也不例外。线下多家网络平台联合媒体为湖北“助力”，央视主持人朱广权联合淘宝主播李佳琦为湖北“带货”，之后包括拼多多、快手等平台都开辟了地方政府官员线上推销本地农产品的“直播间”，许多明星、头部主播还有县市长都加入农产品直播带货的大军，农产品直播电商进入全民带货的新阶段。

疫情防控期间农产品直播带货由于其扶贫助农的作用，既带有一定的公益性，也带有为平台引流的自带流量，各大电商平台和直播平台把农产品作为平台流量的必争之地。电商平台如淘宝、拼多多、京东等加大了对农产品直播的投资力度。淘宝发布村播计划2.0，计划2020年联合陕西、山东、河南等多个省区市的商务和农业部门，共同孵化20万名新农人，通过直播带货农产品销售额达到150亿元。拼多多上线抗疫农货专区，探索出“市县长当主播，农户多卖货”的爱心助农模式，专注开展特色农产品的全网联动直播。快手、抖音等短视频平台也加大了对农产品直播带货主播的扶持和引流。直播电商的流量竞争进入白热化阶段。

习近平总书记对直播脱贫模式给予高度肯定，2020年4月20日，总书记在陕西省柞水县小岭镇金米村考察时，对正在准备直播的村民说：“电商作为新兴业态，既可以推销农副产品、帮助群众脱贫致富，又可以推动乡村振兴，是大有可为的。”通过电商直播把农产品销售出去，成为打赢脱贫攻坚战的有效方式。许多省、市也推出了支持直播电商发展的政策措施。四川省商务厅印发《品质川货直播电商网络流量新高地行动计划（2020—2022 年）》，计划在 2022 年实现直播带货销售额 100 亿元，带动产值 1 000亿元，这是全国首个省级直播行业发展计划。“直播电商+特色产业”是其中的重点。许多农业大县把“网红+直播+电商”模式作为农村经济转型升级和电商扶贫的新机遇，在地市级城市中，山东省菏泽市率先制订了《菏泽市直播电商发展行动方案（2020—2022 年）》，推动当地特色产品上行和直播经济蓬勃发展。

3. 社区团购再获资本青睐爆发式增长

2020 年新冠肺炎疫情给社区团购带来新的发展契机，进入新一轮爆发式增长期。社区团购模式，是近年来发展颇为跌宕起伏的电子商务行业的一个新业态。社区团购主要从生鲜电商发展而来，具有明显的本地化特征。2018 年前后，由于资本入局，社区团购曾迎来一段高速发展期。但到了 2019 年由于资金流不够、供应链脆弱等问题，大量社区团购企业出现倒闭和兼并，行业出现“洗牌”重组。2020 年上半年疫情防控期间，居民外出购物受限，社区统一采购配送等模式逐步普及。而社区团购品类恰好以生鲜为主，解决了消费者日常生活的刚性需求。由此，兴盛优选、十荟团、同程生活等社区团购的头部企业迎来高速增长。重获新生的社区团购吸引了多家互联网企业相继入局，也再次赢得了资本的青睐。美团、拼多多、京东、阿里等纷纷将社区团购提升为重点战略发展方向。2020 年 7 月，美团成立“优选事业部”，推出社区团购新业务“美团优选”正式进军社区团购市场，瞄准下沉市场，以“预购+自提”的模式，满足家庭用户的日常所需。8 月，拼多多旗下社区团购项目“多多买菜”上线，在湖北武汉和江西南昌开展首批试点，并迅速扩张，截至 2020 年年底，已在包括湖北、江西、陕西、重庆、四川、山东等 13 个省（市）的共计 30 余个城市开张业务。滴滴也在成都、北京等城市推出“橙心优选”，进军社区团购领域。

但进入 2020 年下半年，部分社区团购企业利用资金优势，大量开展价格补贴，扰乱市场价格秩序，引发了社会各界广泛关注。2020 年年底，国家市场监督管理总局联合商务部组织召开了规范社区团购秩序行政指导会，提出社区团购要遵守“九个不得”，包括不得通过低价倾销、价格串通、哄抬价格、价格欺诈等方式滥用自主定价权，不得违法实施经营者集中，不得利用数据优势“杀熟”等。从发展趋势来看，监管层对社区团购利用资本扩张进行指导约束，将会推动社区团购的竞争重心从流量逐步转向仓配、供应链等核心能力构建。

从资本涌入情况来看，社区团购所蕴含的商业价值一直被资本所关注。与2018年相比，本轮社区团购更致力于向广大下沉市场发展，加快对交易品类和平台用户的覆盖和扩张，这为提升利润空间、进而实现盈利和可持续发展创造了条件。但是，本轮社区团购的表面繁荣能持续多久，还要基于后续的行业竞争是继续“拼资本”“拼补贴”，还是转为“拼创新”“拼执行”。

（二）平台与资本对下沉市场加大布局

电子商务作为现代经济活动中一种重要的商业模式，始终保持着创新活力，不断释放经济发展新动能，惠及亿万消费者。2020年在农村地区互联网覆盖率持续提高、移动互联网持续下沉、城市用户流量接近天花板、“低线”城市加快消费升级和政府政策的积极引导等共同因素的作用下，各大电商平台和社会资本不断下沉布局农村市场。

2020年3月初，阿里巴巴线上重启聚划算业务，加码淘宝直播规划，大力推广淘特App，加强对下沉市场的布局。线下针对农村物流“最初一公里”和“最后一公里”的痛点，菜鸟自2019年以来启动乡村快递物流智慧共配项目，通过数智技术推动快递公司在县、乡、村的仓网资源和人力资源融合、共享，推动乡村物流降本增效，积极探索农产品出村进城通道。京东线上通过拼购模块“京喜”向下沉市场渗透。线下京东加快完成三四线城市“一城一店”的下沉布局，实现了对全国2.5万个乡镇、60万个行政村的全面覆盖，同时在业务上增设专为下沉市场线下门店提供优质商品和服务的京喜通板块，从线上到线下全面聚焦于下沉新兴市场消费人群。苏宁易购在线上继续借助苏宁拼购到下沉市场社区场景中获取低线城市用户。线下重点打造零售云业态，截至2020年年底，零售云门店数已达到8 000家，直接辐射上万个乡镇，服务用户规模超2.5亿个。苏宁零售云的愿景是用数字化的方式重塑县镇市场，24小时内随时随地直达乡镇和社区两个下沉的消费场景。拼多多作为起步于下沉市场的新型电商平台，在低线城市的渗透率显著高于其他综合性电商平台，且近两年更是大力度投入农产品上行。自2020年8月以来，随着多多买菜业务的发展，拼多多将8亿名消费者的农产品消费需求和供应链进行本地化高效率匹配，在下沉地区布局仓储、冷链建设方面加大投入，并不断通过数据算法优化农产品物流配送路径，为建立一个灵活而领先的农产品物流新体系持续发力。

电商资本不断下沉，一方面丰富了“下沉市场”地区的消费场景，让“低线”城市人群获得同“一二线”城市相同的购物机会，同时也能深入挖掘农村地区消费的需求，进行差异化布局，实现下沉市场的消费升级；另一方面大型电商企业的下沉布局，为农村地区人们带来了大量的就业机会，也带动了当地农业产业结构升级，从而促进了整体增收。随着城乡居民收入与消费双升级的良性循环，庞大的消费市场潜力逐渐得到释放，为促消费、扩内需奠定了基础，从这一角度来讲，农业电子商务无论是对疫情期间的经济恢复与产业升级，还是对“国内大循环”新发展格局的构建都起到了极强的助推作用。

（三）电子商务成为农业数字化转型新引擎

电子商务凭借对消费端的精准把握和对生产端及供应链端的数字化管理能力，不断推动农产品价值提升，在带动农业产业升级，推动农业产业数字化转型上发挥着积极的作用。

在生产端，京东与江苏省徐州市丰县建立合作，落地数字化农场基地。通过实时、可视化物联网设备导入智能化管理，建立《京东农场丰县苹果生产管理标准》，从产地环境质量、农药使用、肥料使用、产品加工、采后处理与贮藏运输等方面制定标准，全面提升了丰县苹果传统粗放的果品质量。基于标准化产品，配合农产品品牌营销，推动优质优价销售模式，使丰县苹果鲜货均价由 2.32 元/斤①提升至 5 元/斤，农民增收超过 70%，带动周边农民就业 2 000人次。2020 年拼多多举办 AI 种植大赛，组织新农人和青年农业科学家通过利用植物生长模型、人工智能等科技手段种植草莓，结果显示，AI 组的果实产量平均值高于农人组平均值 196.32%，AI 组投入产出比平均值高出农人组平均值 75.51%。人工智能团队验证了新技术和新模式在农业种植上的可行性。在仓储物流端，阿里巴巴集团利用网络销售大数据布局全国冷链产地仓和全国各城市销地仓，共同形成一张数字化的仓配分销网络，配合菜鸟乡村的 1 000多个县域物流共配中心，3 万多个乡镇和村级共配点，2020 年通过共同

① 1 斤=0.5 千克，全书同。

配送模式帮助相应区域内的乡村快递成本减少 20%～30%，人员效率提高 30%。电商的发展，也让一些农产品基地开始改变以往的流通模式。“国家级菜篮子”山东省寿光市在 2020 年“双招双引”重点项目远程视频签约仪式上与拼多多签约，依托大数据、云计算、物联网等新一代信息技术，建立起完整的农业产销大数据，不再依赖于传统销售渠道。在营销端，2020 年京东与山东小乔农场合作，进行品牌规划升级，制定小而美的命名策略，以全程可视化溯源作为产品安全卖点宣传，从产品包装、防损、定价、策略等方面精心设计，使得产品溢价得到显著提升，蜜桃从 3.5 元/斤卖到 10 元/个。

从当前各地区和各平台的探索实践来看，农业数字化在农产品生产、交易、供应链、物流运输、支付结算、营销场景、管理等各个环节都有成功的应用案例，在电子商务的发展助力下，农业产业有望全面打通数字化堵点，逐步实现全产业链的数字化升级。

三、农业电子商务发展面临的难点与挑战

现阶段我国农业电子商务整体发展势头良好，对于巩固拓展脱贫攻坚成果、助力农业供给侧改革等方面具有重要意义。但我国的内外部发展环境正面临深刻复杂的变化，电商经济在蓬勃发展中还存在许多有待解决的问题，企业核心竞争力和技术创新能力不强，数据产权、交易规则和服务体系还不健全，数据要素价值潜力尚未有效激活，与电子商务业态模式创新相适应的治理体系亟待建立，城乡间、区域间、不同领域间的电子商务发展水平不平衡，具体到农业农村领域，电子商务高质量发展还面临许多难点和挑战。

（一）农业全产业链数字化进程相对缓慢

从农业产业属性和农村经济社会整体环境来考虑，农业全产业链向数字化转型和农业产业互联网化的进程相对缓慢，会对农业电子商务持续快速发展形成一定制约。农产品流通环节及消费端的数字化转型和互联网化开展较早、推进较快，一定程度上农业电子商务的发展是牵引农业产业数字化的重要动力，而农业生产端、种养殖环节的数字化和互联网化起步较晚、推进较慢，农业自动化智慧农业尚不具备规模化推广的条件，目前基本实现数字化、智能化的农业生产主要分布于现代农业园区的试验基地或者高校、科研院所的示范基地，尚不能完全支撑以销定产、精准调控、标准化生产、质量安全与管理溯源等的实现，与销售端较高的数字化程度不相匹配。

根据2020年1月农业农村部和中央网络安全和信息化委员会办公室发布的《数字农业农村发展规划（2019—2025年）》，2018年农业数字经济占农业增加值比重为7.3%，到2025年计划达到15%，农业生产经营数字化转型任重而道远。农业生产本质上是自然再生产与社会再生产相互交织的复杂过程，生产周期长，投资收益慢，生产组织模式创新、科技创新和产业创新的难度大，加之产业大数据积累严重不足、整合共享不充分、开发利用不足，所以数字经济在农业中的占比远低于工业和服务业。目前我国农业机械

化水平最高的是大田农作物耕种收环节，其综合机械化率超过68%，而果园综合机械化率仅在30%左右，并且这些机械远没有实现数字化。受产业组织结构、产业运行模式的影响，农业产业链不同环节包括生产端、流通端、消费端和社会化服务等数据的互联互通也存在很多障碍，与电子商务的数据积累极不对称。数字农业有助于实现农业经营、管理、销售的在线化和数字化，同样农业生产、加工等环节数字化进程缓慢会制约农业经营、管理和销售的加速在线化。

（二）农业小生产与大市场矛盾依然突出

我国正处于传统农业向现代农业转型的关键时期，小生产对接大市场仍是当前我国农业产业的主要特点。传统农业土地规模小且分散，80%以上的土地分散在2.6亿个小农户手中，农业生产经营的组织化程度低，劳动生产率低，机械化水平低，资源利用率低。分散的小农户和小规模的生产方式是农资电子商务的主要销售对象和服务对象。中国农村广阔分散，而农资产品多数大而重，农资电子商务必须以低成本高效率的物流系统为支撑才能实现发展。当前除了面对农村物流配送体系落后的现实，还要解决面向众多小农户的产品信任、技术服务和售后等问题，农资电子商务仍面临“最后一公里”的巨大考验。

随着农产品市场体系建设和网络渠道打通，我国农产品流通体系不断发展完善，但小生产对接大市场依然是农产品流通的基本格局。我国农产品流通体系规模庞大、环节众多，在实现“买全国、卖全国”的同时，由于信息不对称和生产结构调整的盲目性及滞后性，农产品结构性失衡时有发生，农产品供给难以高效匹配消费分层或消费升级的需求，市场波动风险大，分散化生产的农户利益也难以保障。农产品网络销售的通道虽然已经打通，但是在产地端，农产品的货源组织、汇集、物流等环节绝大部分依然依赖传统渠道，农产品流通组织化和集约化程度不高、冷链物流存在短板和断链、供应链松散、组织成本高等突出问题一直是制约农产品电商加快发展的短板，并且在农产品上行的“最初一公里”集中凸显。

（三）农产品供应链体系建设仍普遍薄弱

近年来农产品电商竞争重心不断沿着农业产业链前移，农产品供应链体系建设成为政府部门和市场主体共同关注的焦点。电子商务环境下，农产品流通环节减少，信息不对称有所改善，市场导向作用得到更好体现，部分渠道、部分商家的品牌农产品也建成了相对完善的供应链。但绝大部分农产品在上行过程中还缺乏高效运转的供应链体系的支撑，各环节的市场主体联结机制松散，农产品从生产到消费的整个链路没有形成一个具有强掌控能力的核心主体，在生产规划、农资供应、质量控制、品牌建设、渠道优化、市场营销、物流等方面不能形成一体化的组织和协同，对社会化资源的整合能力也不足。由于缺乏供应链组织的竞争优势，既制约了农业电子商务价值链的提升，不能更充分地满足消费需求，也制约了农业产业链闭环的形成，难以持续惠及生产者、特别是广大农户。

（四）电子商务运营主体核心竞争力亟待提升

运营主体的培育和发展是农业电子商务发展的关键，近年来，在国家政策引导和扶持下，农业农村电子商务运营队伍不断壮大，许多新型农业经营主体、返乡创业人员、小农户加入进来，成为电商运营的市场主体。但整体上，电商运营主体还是以小微企业为主，数量多、规模小，有的一个县有上千个商家，但带动力强的电商龙头企业少，综合运营能力参差不齐，创新创业的发展能力不足，趋同经营、同质化竞争的情况比较普遍，同产地同品种的产品“你卖我也卖”，品牌建设与规划缺失，众多小品牌各自为战，产业附加值较小，宣传力度不足，影响力有限，难以形成农产品出村进城的规模优势。在国家级电子商务示范县建设中，部分承接建设的运营主体由于自身实力和市场竞争等因素，也没有发挥应有的带动作用，整合带动力度欠缺，政府的扶持资金“断奶”后，市场化运营难以为继，发展后劲不足。

社会化服务体系不健全、服务滞后是影响运营主体能力提升的重要因素。各地普遍重视综合性农业电子商务平台载体的发展，涉农电子商务产业园区数量逐步增加，县域以下农村电子商务综合服务中心、服务站、服务点几乎遍布乡村。但许多电子商务园区仅能起到聚集作用，对入驻企业的服务能力弱，市场运营、配套服务的成熟度还有待提高，与当地农业产业链的关联度也不够紧密，无法满足电子商务运营主体对行业分析、管理策划、营销推广、高端人才服务等方面的迫切需要。还有许多县市忽视本土中小微电商企业的培育，认为依赖知名大平台就能一劳永逸解决农村电商发展问题，将大部分政府资源投向阿里、京东等大平台、大企业。但这些大的平台企业，其本质上并不是独立的第三方服务商，具有较强的封闭性和排他性，开放性、包容性不足，难以提供全方位的公共服务，难以引导各类服务资源有序竞争与合作，服务的“公共性”没有真正实现。

（五）数字经济下竞争秩序维护面临挑战

数字经济开始全面进入农业农村领域，在推动农业电子商务发展的同时，也对市场竞争秩序维护不断带来新的挑战。农产品电子商务在快速发展过程中，一直没有彻底摆脱粗放式“野蛮生长”，竞争失序现象长期普遍存在，主要表现有虚假宣传、价格欺诈、悲情营销、价格歧视、低价倾销等。平台经济固有的网络效应、数据封锁、“赢者通吃”等特性，让平台企业有可能在资本实力、数据优势、规则制定权的加持下，滥用数据、用户流量和算法等破坏正常的市场竞争秩序，导致一系列垄断乱象，这在农产品上行市场也不例外，并带来损害中小企业、生产者和消费者利益等诸多问题。2020 年，各大互联网平台企业大举进入社区团购市场，秩序不规范、操作不合法等问题日益显现，引发社会各界广泛关注。2020 年 12 月，国家市场监督管理总局联合商务部组织召开规范社区团购秩序行政指导会，要求互联网平台企业要严格规范社区团购经营行为，严格遵守“九个不得”。2021 年 3 月，国家市场监督管理总局依法公开对 5 个社区团购企业低价倾销、价格欺诈等不正当价格行为顶格罚款，反垄断强监管、严监管成为新常态。

四、“十四五”农业电子商务发展趋势与建议

当前，以互联网、物联网、大数据、人工智能等为代表的现代信息技术，不断推动社会生产力发生新的质的飞跃，日益成为经济社会变革发展的先导力量，也带来我国农业电子商务的蓬勃发展。“十三五”期间，在公共政策的支持引导和各类市场主体的积极参与下，农业电子商务进入了政策支持体系初步建立、电商模式推陈出新、线上线下融合发展、农业产业链与电商开始整合的发展阶段。进入“十四五”时期，作为加快农业供给侧结构性改革、推动一二三产业融合发展的关键动能，农业电子商务承担着推动农业农村数字经济高质量发展和城乡融合发展、实现共同富裕的新使命，将继续发挥在消费互联网与产业互联网结合、乡村与城市连接、小农户和现代农业发展衔接中的重要平台作用。下面重点从市场潜力、产业协同、主体培育、环境优化四个方面分析农业电子商务发展趋势，并提出发展建议。

（一）瞄准提质扩容需求，农业电子商务高质量发展势在必行

经过“十三五”的高速发展，我国农业电子商务体系已经比较健全，奠定了良好的发展基础，从整体发展态势来看，信息化、城镇化、农业现代化快速发展，中等收入群体将进一步扩大，“十四五”期间我国农业电子商务提质扩容的需求更加旺盛，电子商务与农业产业融合创新的空间将更加广阔。但农业电子商务发展的机遇和挑战并存，农业电子商务发展还面临诸多难点，存在许多问题，特别是由于复杂的外部宏观经济环境和新冠肺炎疫情反弹的影响，农业电子商务的增量市场开拓难度加大，存量市场的竞争也越来越激烈。2020年新冠肺炎疫情对线下经济打击严重，线上经济得以快速增长，促进了农产品电商下沉市场的布局和电商模式的创新，2020年农产品网络零售额同比增长38.1%，交易规模显著扩大。但也要看到，特殊时期农产品线上购买需求培养和扩大的同时也提前部分透支了农产品上行的市场潜力，且受疫情影响，经济增长整体放缓、消费增长有限，这将导致短期内农产品上行市场扩容的空间被

压缩。在增量市场有限、存量市场竞争加剧的背景下，社区团购重新兴起，直播带货蔚然成风，更多互联网平台跨界进入农产品领域，平台之间以及商家之家的竞争愈演愈烈。对同质化程度本就偏高的农产品电子商务而言，竞争加剧会不断抬高获客成本，线上营销费用越来越高，利润空间被一再被压缩，以“量”取胜的经营方式难以为继。所以，不管是从不断升级的市场需求来看，还是从平台、商家突破激烈竞争重围的生存需求来看，提质扩容高质量发展都是农业电子商务发展的必然选择。

（二）加快数字化转型，推动电子商务与农业全产业链协同

农业电子商务是发展农村数字经济、推动农业产业数字化转型的重要抓手，反之，农村数字经济全面发展，农业全产业链加快数字化转型也将促进农业电子商务的高质量发展，提升电子商务与农业产业协同水平大有可为。根据《数字农业农村发展规划（2019—2025 年）》，“十四五”期间，我国数字技术与农业产业体系、生产体系、经营体系加快融合，农业生产经营数字化转型取得明显进展，管理服务数字化水平明显提升，农业数字经济比重大幅提升，到 2025 年农业数字经济占农业增加值比重预计达到 15%，农产品网络零售额占农产品总交易额比重预计达到 15%。为实现这一目标，需进一步强化数字技术创新和数据要素驱动对电子商务发展的重要作用，并推动农业产业数字化转型发展。

农产品电子商务和农资电子商务的数据要素驱动与高质量发展，主要体现在电商大数据不仅要服务于农产品或农资的网络营销和服务环节，更要服务于农业全产业链。“互联网+”农业的作用机制将融入现代农业生产体系、经营体系、服务体系的各个环节，从农业生产资料供给、社会化服务、产前规划、产中指导、产后商品化处理、设施配套到质量安全追溯、品牌打造等，不断形成覆盖全链条的农业产业数字化解决方案。因此，需要加快平台公共属性类数据的合作开发利用，推动平台大数据与政策目标结合，配合农业生产“三品一标”① 提升行动，推进品种培优、品质提升、品牌打造和标准化生产，通过全流程、数字化的信息分享，破解传统生产体系中信息不对称和滞后的问题，

① “三品一标”指绿色食品、有机农产品、无公害农产品和农产品地理标志。

线上和线下协同的问题，推动农资、农产品供给与市场需求的高效衔接。

“互联网+旅游”的深化将提升休闲农业文旅产业与电子商务的协同水平，发展新业态新模式。通过深入发掘农业农村的休闲观光、文化体验、健康养老等多种功能和多重价值，探索发展创意农业、认养农业、观光农业、健康养生、创意民宿等乡村共享经济的新业态。通过发展智慧休闲农业平台，引导乡村旅游示范县、美丽休闲乡村开展在线经营，探索数字创意漫游、沉浸式体验等经营新模式，实现电子商务与休闲农业、乡村旅游的深度融合。

(三) 培育壮大市场主体，完善供应链和电商运营服务体系

进入新时期，农业电子商务的高质量发展将更加依赖健全的农产品供应链体系和电商运营服务体系，并在实质上基于农业产业链、农产品供应链、电子商务运营、服务等多元市场主体的壮大与协同。“互联网+”农产品出村进城工程、电子商务进农村综合示范、“数商兴农”，都把培育市场主体和完善供应链体系作为重点建设内容。要加强数字驱动，通过构建基于互联网的供应链管理模式，推动多元市场主体形成协同高效、利益共享的优质特色农产品供应链体系，提升农产品供应链管理效率和电商运营服务能力。

农业产业链和供应链是支撑区域农业电子商务高质量发展的产业基础。针对当前还普遍存在的市场主体小、弱、散和供应链涣散等现状，需围绕主导产业，着力培育和壮大农业产业化主体，前端联结农资供应、技术研发、生产管理等环节，后端延展加工、储运、品牌、营销等环节，优化提升产业链供应链的组织化和规模化水平。引导有条件有实力的企业，打造农产品供应链核心主体，通过建设供应链大数据平台，推进供应链数字化转型，将上中下游经营主体纳入平台，打通全产业链上中下游环节，实现信息共享、品牌共创、渠道共建和质量安全可追溯。

电子商务主体运营能力和社会化服务水平是决定农业电子商务高质量发展规模和效率的关键。要充分发挥头部平台和企业的引领作用，将平台、物流、商贸、金融等各类主体和相关的基础设施和服务布局覆盖到乡村，完善农村商贸生态体系；鼓励和支持头部企业和平台向产地端发力，在田头市场、产地仓、产地商品化处理和县乡村三级物流体系建设中加大布局和投入，创新农产品产地市场建设模式和电商运营机制。也要充分激发腰部和尾部中小平台和企

业的创新活力，加大本地化运营商、分销电商、服务商的培养，加强分层次多环节的运营能力培训，多渠道对接，多平台推广，提升全网营销能力。

（四）全面优化发展环境，提高农业电子商务普惠性和公平性

“十三五”期间，农业农村电子商务发展的政策支持体系逐步建立，行业发展顶层设计逐步成型，相关试点、示范工作不断推进，相关法律法规、政策体系也不断完善。进入“十四五”，农业电子商务的政策利好将持续兑现，也需要更多政策支撑和制度规范，促进区域平衡发展、激发新业态和新模式创新、促进电商生态多元化，维护市场竞争秩序，提高电子商务的普惠性和公平性。

精准施策，继续完善农业农村电商基础设施环境。农业电子商务在一定程度上能突破地理位置的制约，给经济欠发达地区赋能、助力“弯道超车”，但对道路交通、物流快递、加工包装、营商环境等基础条件和环境要素的要求也较高。率先发展起来的地区其网络流量、仓储物流、产业集聚等具有先发优势和规模效应，对后发地区和周边地区的“虹吸效应”与渗透和带动作用并存，落后地区有沦为初级农产品供应链上游和工业产品低端市场的可能。需要通过政策支持引导，发挥制度、技术、模式的后发优势，提升三四线城市尤其是农村物流的配送网络，降低中西部等边远地区的物流配送成本，推动相关试点、示范的优秀经验和典型模式的扩散、应用和再创新，有效弥合区域差距。

监管与引导并行，维护电子商务市场良好竞争秩序。在构建新发展格局的背景下，对各类垄断和不正当竞争的强监管、严监管成为新常态。2018 年《中华人民共和国电子商务法》颁布实施，2021 年《中华人民共和国反垄断法（修正草案）》公布，保障电子商务健康发展的法律法规体系逐步健全和完善。维护农业电子商务正常的竞争秩序，要规范与发展并举，才能全面优化营商环境。第一，加强反垄断监管的技术创新，要准确判断新现象新问题，监管平台是否妨碍新机构进入、以算法达成更隐蔽的共谋、拒绝开放应当公开的信息、胁迫或误导用户和消费者等，避免产生监管滞后甚至监管空白。第二，推动行业自律，引导相关方对反垄断合规的正确认识和解读，比如对农产品低价倾销等垄断行为研究形成统一的标准和规范。在应对激烈的市场竞争的同时，明晰合法经营行为与垄断行为的界限，在企业内部管理体系中有序纳入反垄断

合规机制，避免涉入垄断风险。第三，做好产业政策和竞争政策的协调。在对各类垄断和无序竞争加强监管的同时，维护各类市场主体的合法权益，支持市场主体特别是中小电商企业在电子商务领域创新能力的提升，鼓励利用新技术、新模式创造新业态、新市场，促进电商生态多元化，提高电子商务的普惠性和公平性，才能持续促进农业电子商务的健康发展。

第二章

2020年农产品网络零售市场发展报告

在对天猫、淘宝、京东、苏宁易购、拼多多等10余个全国性主流电商平台，以及线上与线下相结合的新零售渠道的农产品网络零售监测数据①整理和分析基础上，形成了本报告的相关研究成果。数据采集分析过程中，根据国家统计局、农业农村部发布的权威数据进行了适当修正。

本章中界定的农产品以初级农产品和初加工农产品为主，也包括部分与农业农村发展密切相关的深加工农产品和食品。分类上，主要依据《国民经济行业分类》（GB/T 4754—2017），同时为了数据采集的便利性和可靠性，参考了国内一线电商平台销售端的商品分类，采用二级分类体系，共涉及10个一级农产品品类，67个二级农产品品类。将平台所有商品分类按体系标准进行划分归属，后期随数据采集方式优化，将进一步调整和细化农产品分类标准。

本章中界定的农村地区为下辖行政单元为乡（镇）、村的县级行政单元（包括县、县级市、自治县、旗、自治旗、特区、林区，以及贫困县），共计涵盖1 933个县级行政区域，监测统计了注册地在上述县级行政区以内的电子商务商户销售农产品的情况，以反映农村地区农产品借助“互联网+”出村进城的情况。

① 北京欧特欧国际咨询有限公司提供主要的数据支持。农产品网络零售监测数据不包含香港特别行政区、澳门特别行政区、台湾省，以及海外。

一、全国农产品网络零售概况

（一）农产品网络零售额突破 8 000 亿元，保持高速增长

农产品网络零售规模保持高速增长态势。2020 年全国农产品网络零售额 8 258.7 亿元，按照可比口径①较 2019 年增长 31.8%（图 1），零售量 266.5 亿件，较 2019 年增长 30.4%。其中通过各类直播形式销售农产品 939.8 亿元，占比 11.4%，同比 2019 年增长 57.0%，2020 年在线直播带货在助力农产品出村进城上发挥了重要的作用。

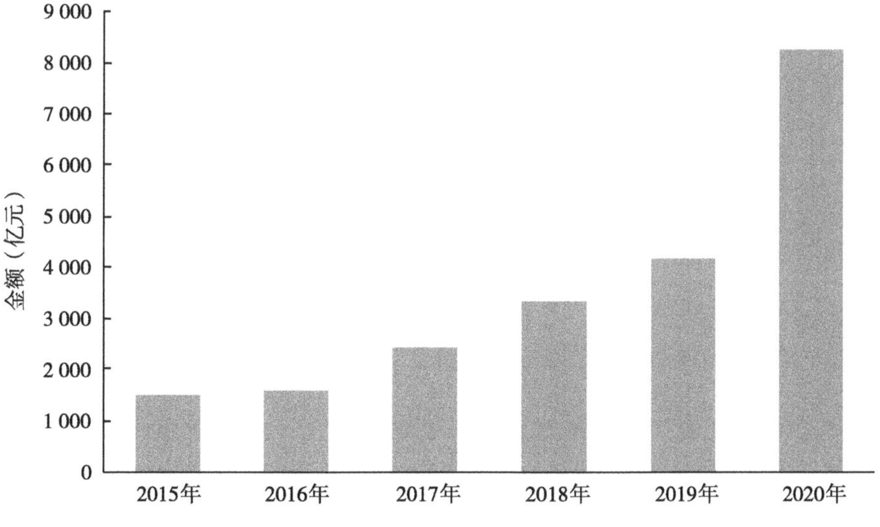

图 1　2015—2020 年农产品网络零售额

① 2020 年农产品网络零售监测品类有所调整，扩展了酒类、饮品类、方便食品类等。

（二）休闲食品和生鲜产品类市场份额最大

2020 年各品类农产品网络零售额占比如图 2 所示，其中占比最大的为休闲食品和生鲜产品，零售额分别占 20.4%和 17.9%，方便食品和特产滋补占比最小，零售额分别占 5.7%和 5.5%，其他品类零售额占比其次为：酒类占比 11.5%，调味品占比 9.3%，乳及乳制品占比 7.8%，饮品占比 7.7%，粮油米面占比 7.1%，茶占比 7.0%。与 2019 年相比，2020 年方便食品网络零售额增速最高，达到 78.2%；休闲食品增速最低，仅为 7.3%。

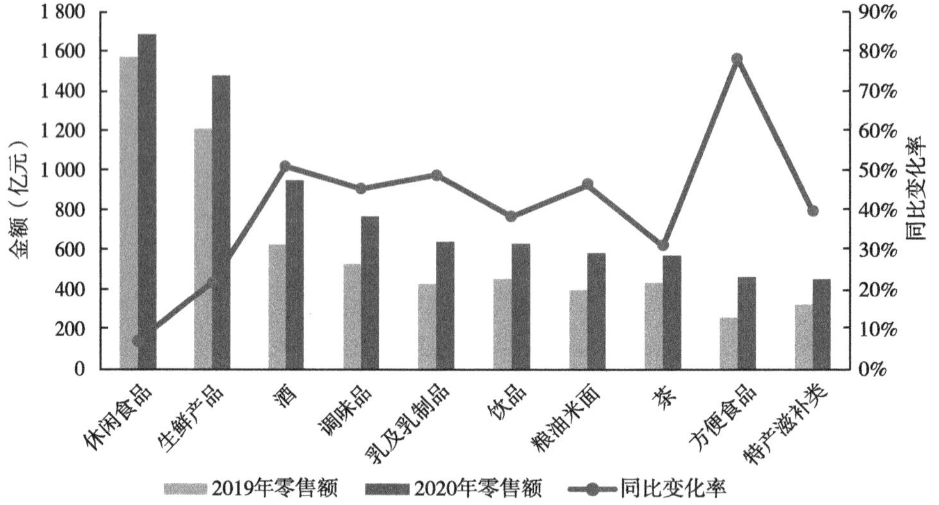

图 2　2019—2020 年农产品一级品类网络零售额及其同比变化率

2020 年各品类农产品网络零售量占比如图 3 所示，零售量占比最大的为休闲食品和生鲜产品，分别占 27.9%和 19.7%，调味品零售量次之，占比 16.2%，其他品类零售量占比均不高于 7.0%，酒类零售量占比最小，仅为 2.2%。

从品类结构及增速变化来看，方便食品是 2020 年农产品网络零售市场表现最为抢眼的品类，零售额、零售量同比分别增长 78.2%和 63.7%，远高于农产品平均增速。分析其原因是受疫情影响，线下食品购买受阻，耐存储的方便、即食食品等受到市场追捧。休闲食品的零售额、零售量增速分别仅为

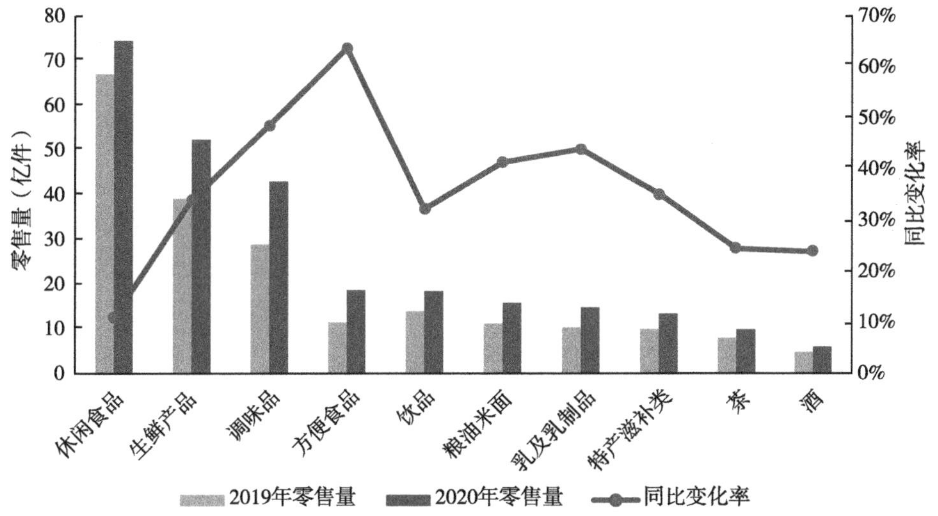

图 3　2019—2020 年农产品一级品类网络零售量及其同比变化率

7.3%和 11.0%，较 2019 年分别减少 6.3 个和 5.4 个百分点，其原因：一是疫情导致消费者出行受限，也抑制了休闲食品消费的增速；二是经过前几年的高速增长，休闲食品零售市场份额逐渐趋于饱和。

生鲜产品 2020 年零售额增速为 22.0%，较 2019 年零售额增速下滑 27.8 个百分点，分析其原因：一是 2020 年上半年疫情影响了物流运输，导致生鲜农产品网络零售区域受限，影响了销量；二是部分农产品通过对接地方有能力的“社区团购”商家分区域进行运营销售，分流了普通电商平台的市场份额，但社区团购数据尚不在本研究监测数据范围内；三是因在进口水果、水产品的冷链环节检测出新冠病毒阳性，影响了消费需求，进口水果、水产品整体价格略有降低，使得零售额增速仅为 22.0%，但零售量依然保持 34.0%的增速。

2020 年民生类的农产品网络消费增多，疫情的不确定性给人们带来了恐慌，使得一部分人有储备粮油以备不时之需的想法，方便食品、粮油米面成为零售额增长较大的品类，零售额同比增长均超过 45.0%，零售量增速均超过 41.0%。疫情也使得人们的养生保健意识加强，乳及乳制品和特产滋补类农产品需求量增大，网络零售额增速分别为 49.0%和 39.9%，零售额增速也均在 35.0%以上。茶、酒和饮品类零售额增速分别为 31.2%、51.1%和 38.5%，零售量增速分别为 24.4%，23.9%和 32.2%。

（三）西部和东北地区加速发展，农产品电商化水平整体提升

按照我国四大经济区域①来看，2020 年全国农产品网络零售呈现“东部率先发展、西部和东北部地区加速发展”的格局（图 4）。东部地区 2020 年农产品网络零售额占全网零售额的 67.0%，零售量占 67.2%，中部地区和西部地区网络零售额分别占 16.0% 和 13.5%，零售量占 14.0% 和 14.8%，东北地区网络零售额和零售量分别占 3.6% 和 3.9%。2020 年，西部地区和东北地区农产品网络零售额均实现了约 45% 的零售额增速，远高于东部地区和中部地区，中部地区零售额增速最低，仅为 15.5%。

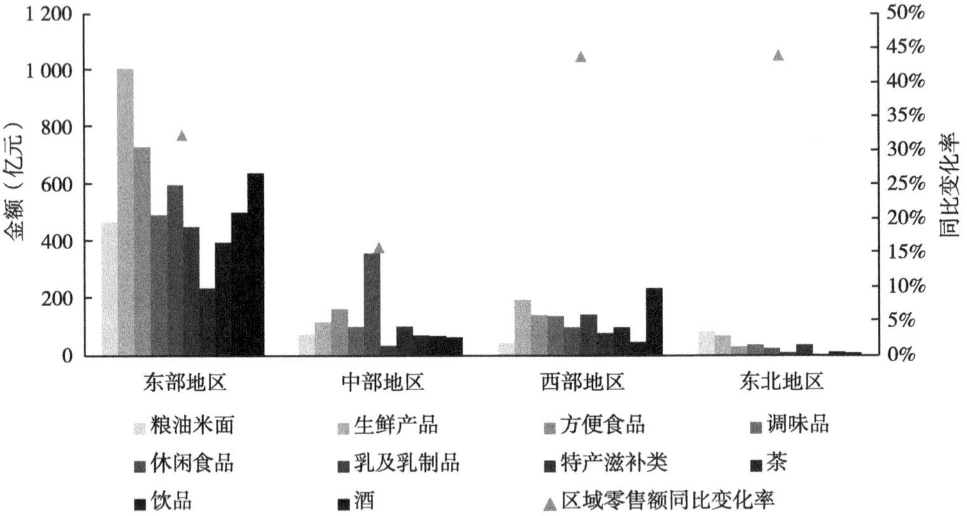

图 4　2020 年全国各区域农产品网络零售额及其同比变化率

① 四大经济区域划分标准：东部地区是指北京市、天津市、河北省、上海市、江苏省、浙江省、福建省、山东省、广东省和海南省，共 10 省（市）；中部地区是指山西省、安徽省、江西省、河南省、湖北省和湖南省，共 6 省；西部地区是指内蒙古自治区（全书简称内蒙古）、广西壮族自治区（全书简称广西）、重庆市、四川省、贵州省、云南省、西藏自治区（全书简称西藏）、陕西省、甘肃省、青海省、宁夏回族自治区（全书简称宁夏）和新疆维吾尔自治区（全书简称新疆），共 12 省（区、市）；东北地区是指辽宁省、吉林省和黑龙江省，共 3 省。引用自 2020 年中华人民共和国国民经济和社会发展统计公报。

从各省（区、市）2020 年农产品网络零售增速来看（图 5），西藏以 195.9%的增速跑赢全国，内蒙古、贵州、天津和辽宁增速均超过 50%，共计 16 个省（区、市）的农产品网络零售额增速超过全国 31.8%的平均水平，其中大部分省（区、市）位于西部地区和东北地区，西部地区的内蒙古、贵州、甘肃、重庆、广西和四川，东北地区的辽宁、黑龙江、吉林的农产品网络零售增速明显高于全国平均增速。上海、宁夏、广东、江西、云南、河南、山东和江苏的增速低于全国平均增速，但均高于 21.5%。陕西、海南、山西、新疆、安徽和青海增速在 12.3%～16.5%。全国仅湖北省农产品网络零售额出现下滑，较 2019 年减少 3.1%。

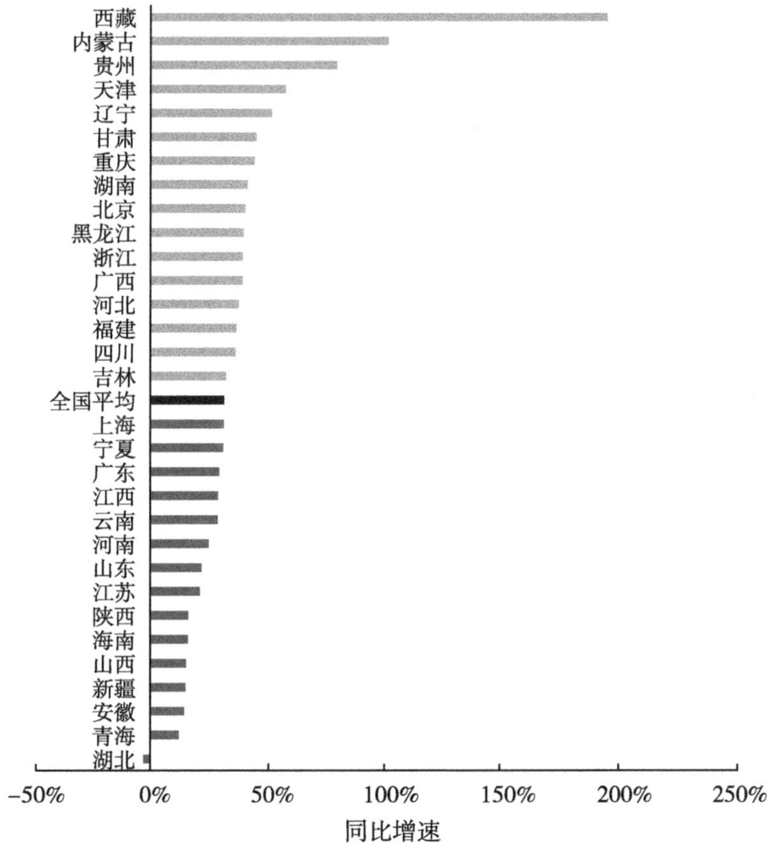

图 5　2020 年各省（区、市）农产品网络零售额同比增速

根据2020年各省（区、市）农产品网络零售额与各省（区、市）农林牧副渔产值的比值估算了各省（区、市）农产品电商化指数（图6），北京和上海的农产品电商零售额远超过本市农林牧渔总产值，电商化指数分别高达351.5%和290.3%，说明注册在北京和上海的电商企业是全国其他省（区、市）农产品网络销售的重要分销渠道。浙江、西藏、广东、天津、福建、安徽和江苏的农产品电商化水平均超过了全国平均水平6.0%。绝大多数省（区、市）的农产品电商化水平低于全国平均，但均较2019年有不同程度提升。

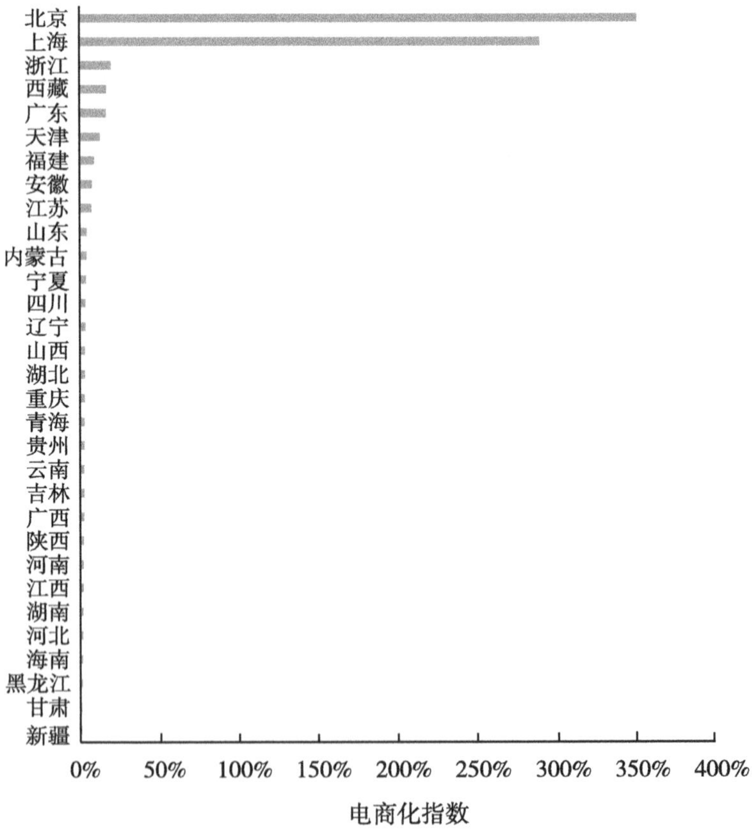

图6　2020年各省（区、市）农产品电商化指数

（四）农产品网络零售月度波动幅度加大

2020年农产品网络零售月度表现受疫情影响变化较大。就近几年的零售市场监测数据来看，农产品网络零售整体上下半年的增速普遍略高于上半年，除农历正月外，全年月度同比增速基本较为平稳。而受疫情影响，2020年农产品网络零售额月度浮动较大，2020年2月的农产品网络零售同比增速57.6%，远高于2019年2月的同比增速-15.3%（图7）。第二季度开始，农产品网络零售同比高速增长，4月网络零售额同比增长84.4%，4—7月均实现了高于45.0%的同比增速，从第三季度的8月开始农产品网络零售市场同比增速才趋于平稳。

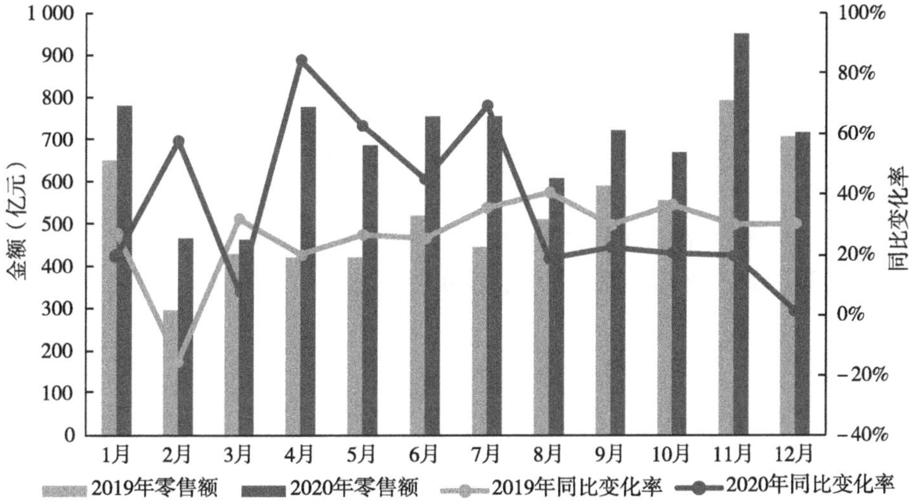

图7　2019—2020年全国农产品月度网络零售额及其同比变化率

从月度农产品网络零售额变化情况来看，农产品的网络零售情况受疫情影响较大。2020年1月底疫情暴发初期，部分地区出行不便，依赖于网络消费，使得2月农产品零售额较往年同期需求增加；随着疫情的进一步加剧，线下消费及物流受阻，而线上流通渠道尚未打通，使得3月农产品网络零售额增速回落；进入4月，疫情初步得到缓解，交通物流逐步恢复，各大电商平台积极打通线上流通渠道，农产品网络零售额立即回升，较2019年同期高出84.5%，且市场热度持续至8月疫情得到基本控制才逐步回落。可见，农产品电商在保障民生供给方面发挥了积极的作用。

二、农产品网络零售品类及区域分析

（一）休闲食品

2020年休闲食品网络零售额1 687.9亿元，占全网农产品零售额的20.4%，可比口径同比增长7.3%，为全网零售额占比第一大品类，零售量74.4亿件，占比27.9%，同比增长11.0%。从全网各品类零售额增速来看，休闲食品2020年零售额增速最低，增速较2019年减少了6.6个百分点，较2018年减少9.0个百分点，增速呈逐年下降趋势。

1. 坚果炒货零售额下滑明显

2020年休闲食品网络零售中饼干蛋糕是零售额占比最大的品类（图8），其次为肉干肉脯和坚果炒货，分别占30.5%、20.8%和20.8%。2020年肉干肉脯网络零售额占比有所提升，其他品类占比均略有下降。休闲食品中，仅肉

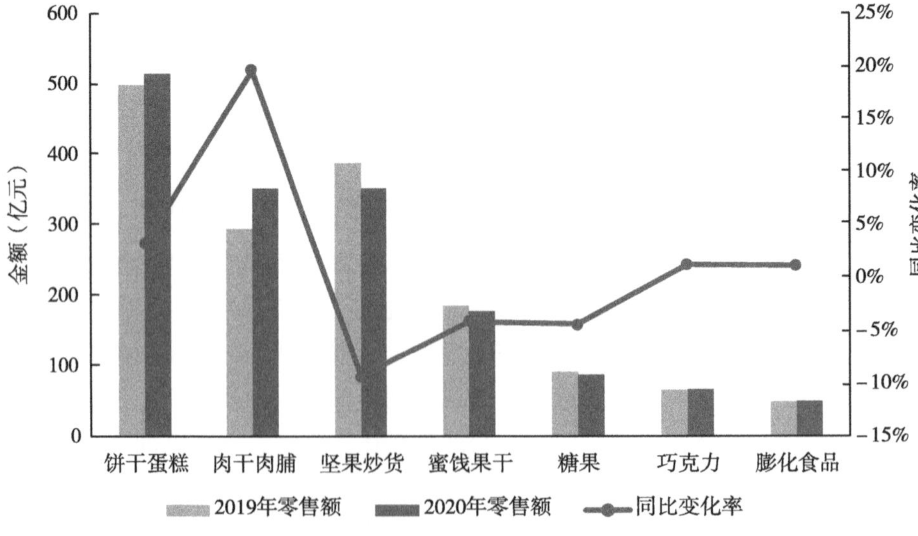

图8　2019—2020年休闲食品网络零售额及其同比变化率

干肉脯实现了 19.5%的零售额增速，坚果炒货、蜜饯果干和糖果均为负增长，其中，坚果炒货零售额较 2019 年减少了 36 亿元，占比减少 3.8 个百分点。其他品类零售额与 2019 年持平，增速不超过 3%。

2. 东部和中部地区为主要零售区域

2020 年休闲食品网络零售额占比排在前十位的省（区、市）均位于东部和中部地区，广东、安徽、浙江、上海、湖北和福建等 10 省（区、市）的休闲食品网络零售额占全国的 85%左右（图 9）。宁夏、青海等 15 省（区、市）休闲食品网络零售额占比不足 1%。整体来看，休闲食品网络零售的区域主要集中于东部和中部地区。西部地区中四川凭借麻辣小零食等特色产品，内蒙古凭借风干牛肉、奶糖等特产在休闲食品零售市场占有一定份额，分别为 2.3%和 1.4%。东北地区中辽宁休闲食品零售额占比超过 1%。

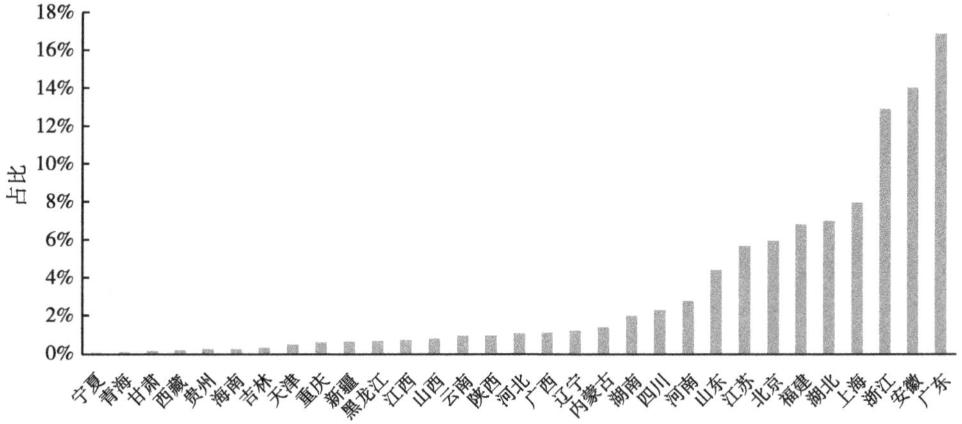

图 9　2020 年各省（区、市）休闲食品网络零售额在全国的占比

3. 近 1/3 省（区、市）休闲食品零售额负增长

2020 年有近 1/3 的省（区、市）休闲食品网络零售额负增长。甘肃、西藏、天津、北京和福建休闲食品零售额增速在 35%以上，甘肃增速最高，为 51.1%。新疆、宁夏和黑龙江等 9 个省（区、市）休闲食品零售额出现下滑，较 2019 年减少 0.1%~29.0%不等。其中，新疆的坚果炒货、蜜饯果干和巧克力糖果等品类的网络零售额均同比减少了 1/3 以上。宁夏的饼干蛋糕品类零售额同比减少 50% 以上，坚果炒货零售额均同比减少 1/3 以上，蜜饯果干和膨

化食品也减少约1/4。

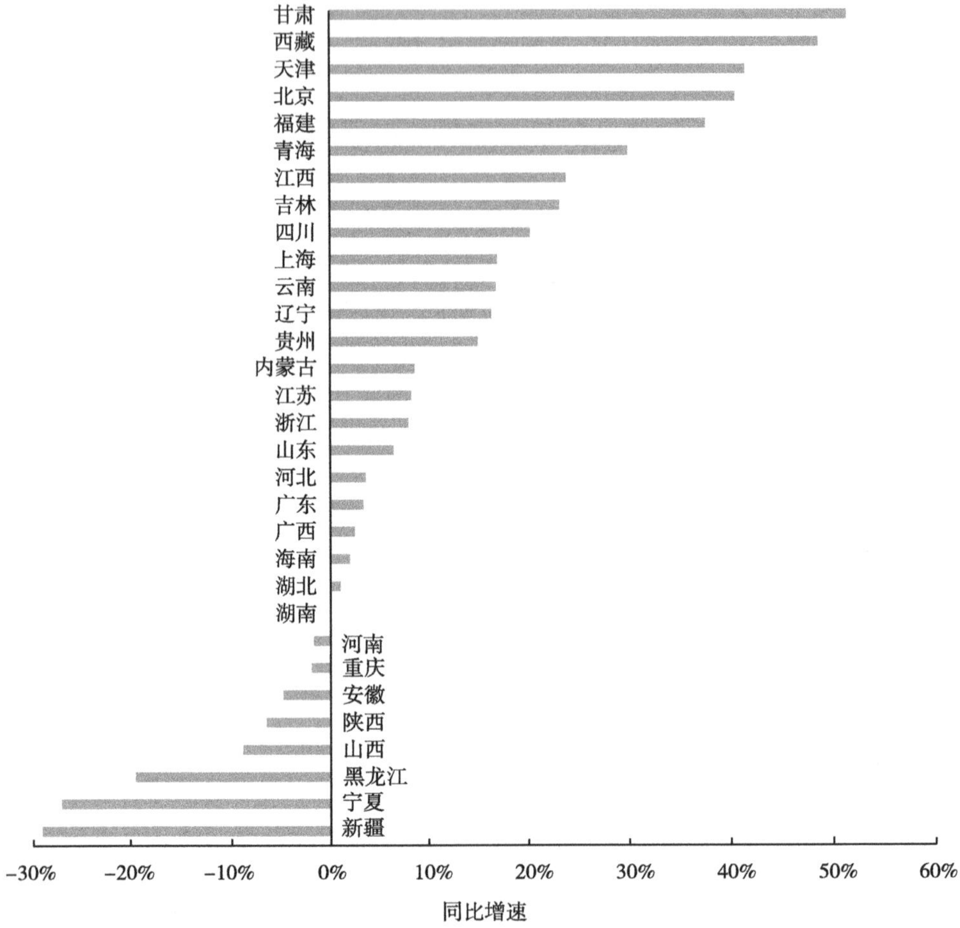

图10　2020年各省（区、市）休闲食品网络零售额同比增速

4. 休闲食品主导安徽、湖北市场

从休闲食品网络零售额占各省（区、市）农产品网络零售额的比例来看，安徽、湖北、新疆、浙江、福建等9省（区、市）的占比超过20.4%的全国平均水平（图11）。安徽作为小零食集散地和产地，休闲食品依旧是省内农产品网络零售的主导品类，但零售额下滑幅度较大，零售额占比为51.8%，较2019年减少11.8个百分点。其次是湖北省，休闲食品零售额超过省内农产品零售额的一半。新疆由于特色坚果、蜜饯果干等品类出现零售额同比大幅下滑，休闲食品市场份额由 2019 年的 2/3 减少至 1/3。除安徽、湖北、新疆和浙江外，其他省（区、市）休闲食品零售额占比均不足各省（区、市）农产品零售额总额的 1/4。

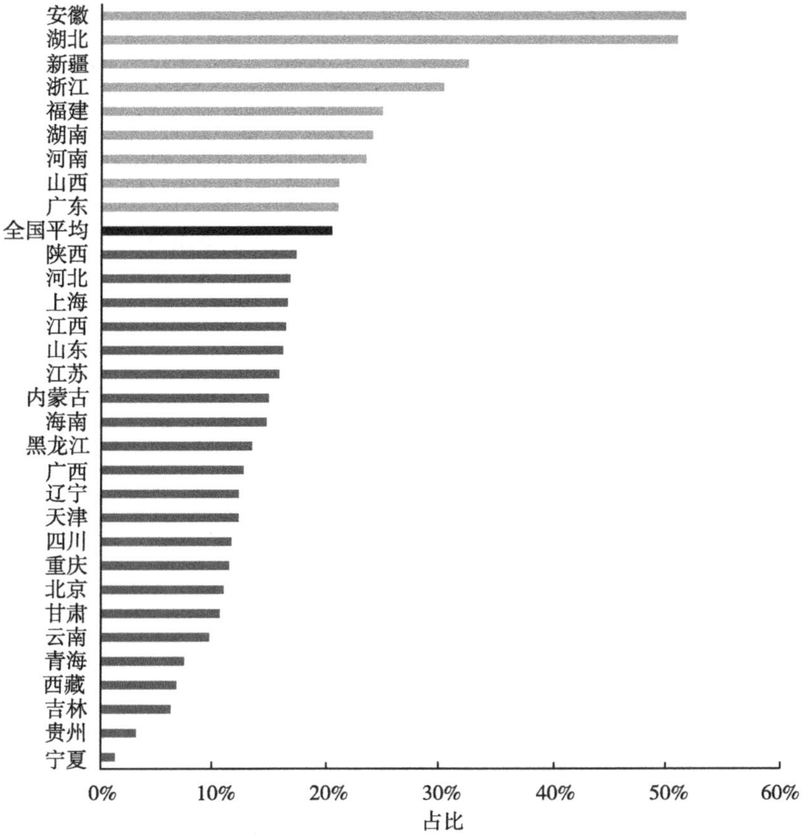

图 11　2020 年休闲食品在各省（区、市）农产品网络零售额中的占比情况

（二）生鲜产品

2020 年生鲜产品网络零售额 1 479. 6 亿元，占全网农产品零售额的 17. 9%，比增长 22. 0%，为全网零售额占比第二大品类，零售量 52. 4 亿件，占比 19. 7%，同比增长 34. 0%。与 2019 年相比，2020 年生鲜产品整体增速放缓，且每单均价减少近 3 元。

1. 畜禽产品和预制食品网络零售额高速增长

从零售额占比来看，畜禽产品、水果、水产品是网络零售额较大的品类，分别占 29. 3%、27. 6%和 24. 0%，畜禽产品占比较 2019 年增加了 6. 7 个百分点，水产品占比较 2019 年减少 1. 8 个百分点，水果占比较 2019 年减少 6. 9 个百分点。

从零售额及其同比变化率来看（图 12），畜禽产品和预制食品增速明显高于其他品类，畜禽产品零售额 433. 7 亿元，增速 57. 9%，预制食品零售额 67. 5 亿元，实现增速 55. 3%，蔬菜和水产品增速分别为 32. 4%和 13. 2%。水果零售额较 2019 年减少 2. 6%，约 10. 9 亿元，但零售量同比增长 16. 3%，量涨价跌。分析其原因，一是疫情影响了高价进口水果的网络零售，二是疫情导致传统销售渠道受阻，部分滞销水果通过网络实现产销对接，零售量较 2019 年增加，但水果每单均价较 2019 年减少了 5 元，导致零售额降低。

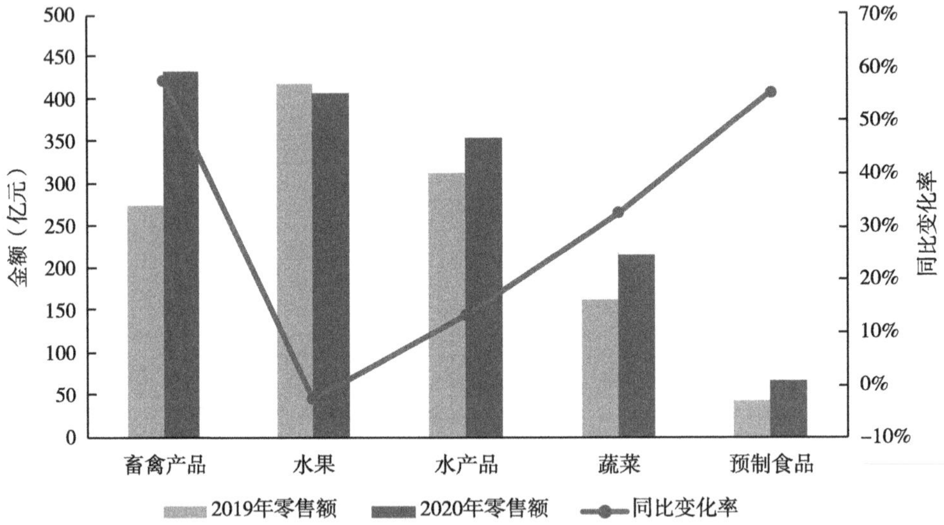

图 12　2019—2020 年生鲜产品网络零售额及其同比变化率

2. 生鲜零售区域集中在东部地区

生鲜产品网络零售的区域主要集中于东部地区。2020 年上海、山东、广东、江苏、浙江、北京等 10 个省（区、市）的生鲜产品网络零售额占全网生鲜产品网络零售额的 80%（图 13）。上海、北京作为一线城市，人口集中，生鲜零售规模较大。山东的生鲜产品网络零售以鲜肉、苹果、蔬菜及水产品为主。江苏的水产品和水果占比较大，辽宁则以水产品为主，广西、四川主要是特色水果贡献了较大的零售额。

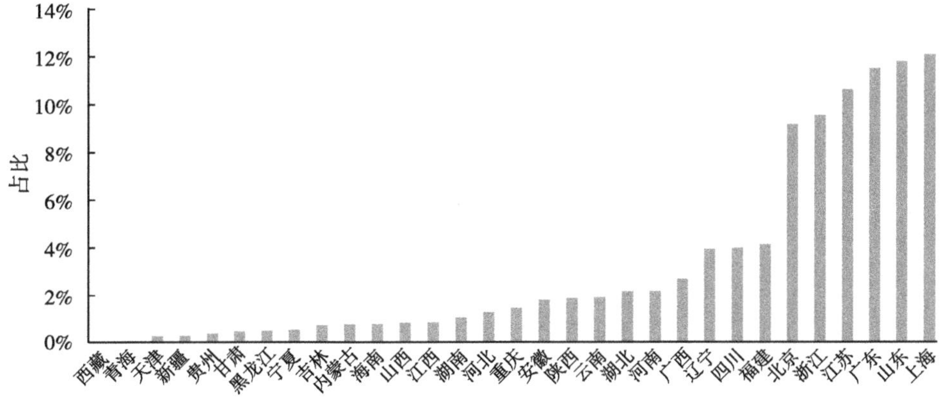

图13　2020年各省（区、市）生鲜产品网络零售额在全国的占比

3. 西部四省（区、市）领跑生鲜发展增速

各省（区、市）生鲜产品网络零售额均实现不同程度的正增长（图14），

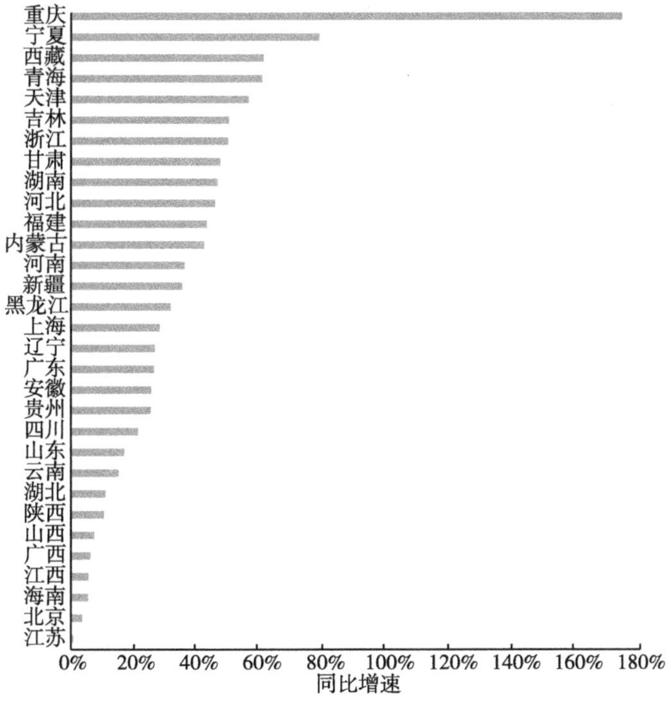

图14　2020年各省（区、市）生鲜产品网络零售额同比增速

西部地区的重庆、宁夏、西藏、青海 4 个省（区、市）位列增速排行前四名。重庆市生鲜产品网络零售额实现 174.8%的增速，其细分品类中鲜肉零售额 13.7 亿元，较 2019 年翻了 6 倍多，宁夏、西藏和青海分别实现生鲜产品零售额增速 78.7%、61.2%和 60.8%，其中，鲜肉网络零售额均呈倍数增长。10 个省（区、市）生鲜产品网络零售额增速低于 20%，不及全网平均水平，其中江苏 2020 年生鲜产品零售额增速最低仅为 0.5%，与 2019 年持平。

4. 各省（区、市）生鲜产品零售额占比整体下降

从生鲜产品网络零售额占各省（区、市）农产品网络零售额比例来看，海南、甘肃、山东、辽宁、陕西等 12 省（区、市）的生鲜产品网络零售额占比均高于 17.9%的全国平均水平（图 15）。2020 年，生鲜产品网络零售额占省（区、市）内农产品网络零售额总额的比重均较 2019 年有所减少。以海南

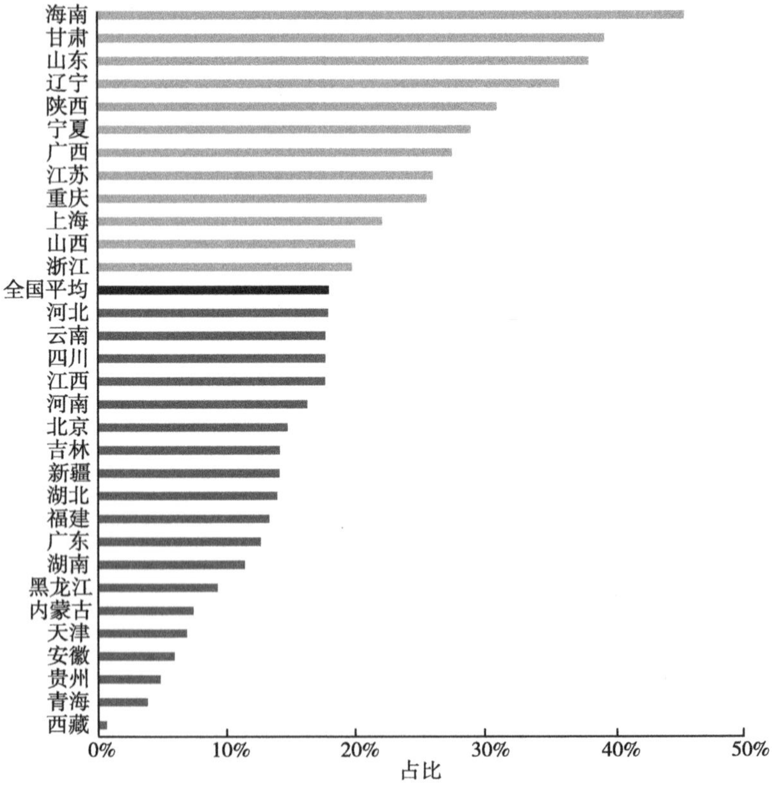

图 15　2020 年生鲜产品在各省（区、市）农产品网络零售额中的占比情况

为例，生鲜产品是海南农产品网络零售额占比最大的品类，但 2020 年占比较 2019 年减少了 24 个百分点，仅为 45.2%，其中，水果网络零售额较 2019 年减少了约 1 亿元。甘肃生鲜产品网络零售额占比与 2019 年持平，以鲜肉、水果和蔬菜为主。山东生鲜产品网络零售以海鲜水产、水果和蔬菜为主，总占比较 2019 年减少 10.9 个百分点。辽宁生鲜产品网络零售 70%以上为海鲜水产类，总占比较 2019 年减少 15.5 个百分点。陕西生鲜产品网络零售 70%以上为水果，总占比较 2019 年也减少 15.5 个百分点。

（三）粮油米面

2020 年粮油米面网络零售额 588.7 亿元，占全网农产品零售额的 7.1%，同比增长 46.4%，零售量 15.7 亿件，占比 5.9%，同比增长 41.3%。因疫情影响，线下购买不便，粮油米面作为民生刚需，是家家户户必备的物品，2020 年其网络售零售额和零售量均实现了高速增长。

1. 各细分品类均实现高速增长

粮油米面中网络零售额最大的为食用油（图 16），零售额约 241.3 亿元，同比增加 46.6%，食用油和大米共占粮油米面零售额的 70%左右，杂粮、面

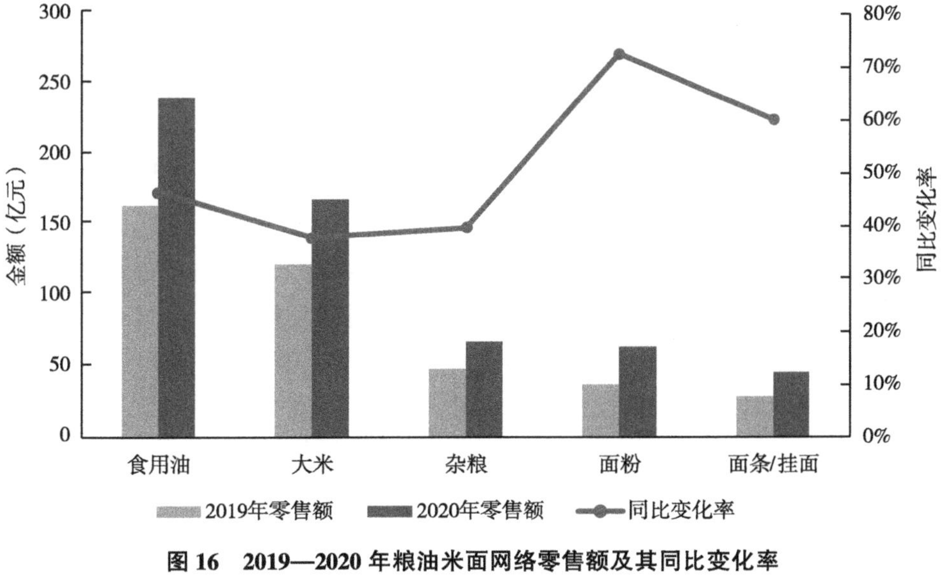

图 16　2019—2020 年粮油米面网络零售额及其同比变化率

粉、面条/挂面各占10%上下。按网络零售额增速排序，面粉类零售额同比增幅最大，为72.6%。各品类零售额增速均超过35%，整体实现高速增长。

2. 东部及东北地区市场份额较大

2020年粮油米面网络零售份额主要来自东部及东北地区（图17），广东、北京、山东、辽宁等排名前八位的省（市）共占全国粮油米面网络零售总额的75.2%。广东、北京、江苏和浙江的电商业态良好，网络商铺众多，粮油米面零售额较高，山东、辽宁、黑龙江作为粮油作物生产大省，产地优势使得其粮油米面零售额非常可观。包括西藏、青海、宁夏等在内的共计13个省（区、市）粮油米面零售额占比不足1.0%，西部地区省（区、市）粮油米面零售额相对较低。

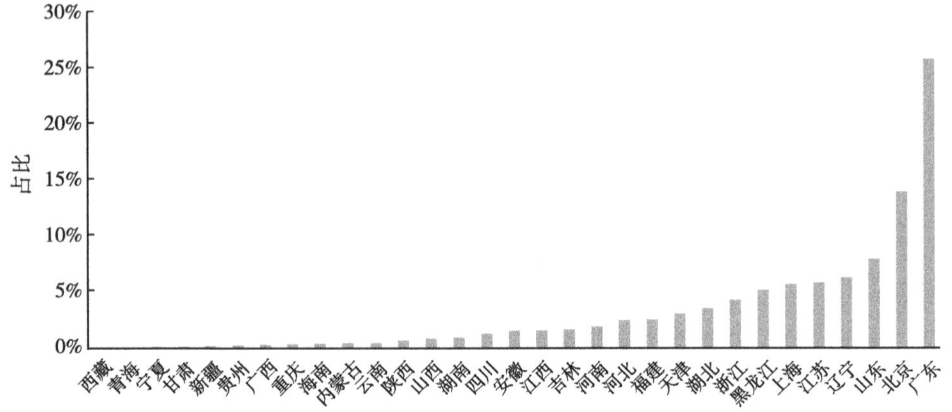

图17　2020年各省（区、市）粮油米面网络零售额在全国的占比

3. 辽宁粮油米面增速领先

2020年除湖北和青海外，其他省（区、市）粮油米面网络零售额均实现了较快增长，增幅均在25.0%以上（图18）。辽宁省以增速185.5%排名第一，其大米和杂粮是本省农产品网络交易的重要产品，2020年网络零售额同比增速分别为230.0%和166.0%。海南、西藏、宁夏在全网粮油米面零售额占比均不足1.0%，但其零售额与2019年相比实现了翻倍，增速超过100.0%。湖北和青海的粮油米面网络零售额较2019年有所减少，同比分别减少44.6%和7.9%。湖北省的食用油和大米的网络零售额下滑较大，分别减少9.7亿元和8.1亿元。

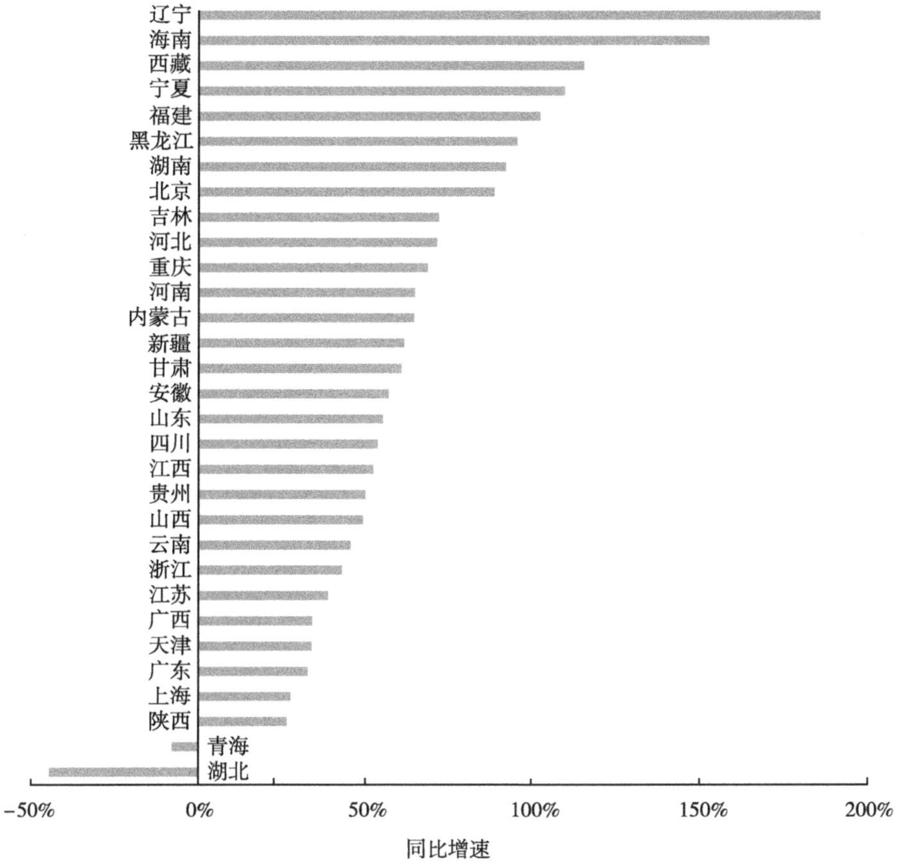

图18　2020年各省（区、市）粮油米面网络零售额同比增速

4. 粮油米面为东北地区网络零售重要农产品

从粮油米面网络零售额占各省（区、市）农产品网络零售额的比例来看，黑龙江、天津、辽宁等12个省（市）粮油米面网络零售额占比超过全国7.1%的平均水平（图19），东北地区的黑龙江、辽宁和吉林省凭借优质大米、大豆、杂粮等优势产业，省内粮油米面网络零售额分别占省内农产品总零售额的37.2%、22.6%和12.4%，五常大米、盘锦大米、舒兰大米、九三大豆油等地理标志农产品享誉全国，销量较大。天津作为东北及华北地区的物流仓储枢纽，为粮油米面类产品的网络零售提供了便利，销量也较大。17个省（区、市）省内粮油米面占比不超过5.0%，整体上粮油米面网络零售额占比较小。

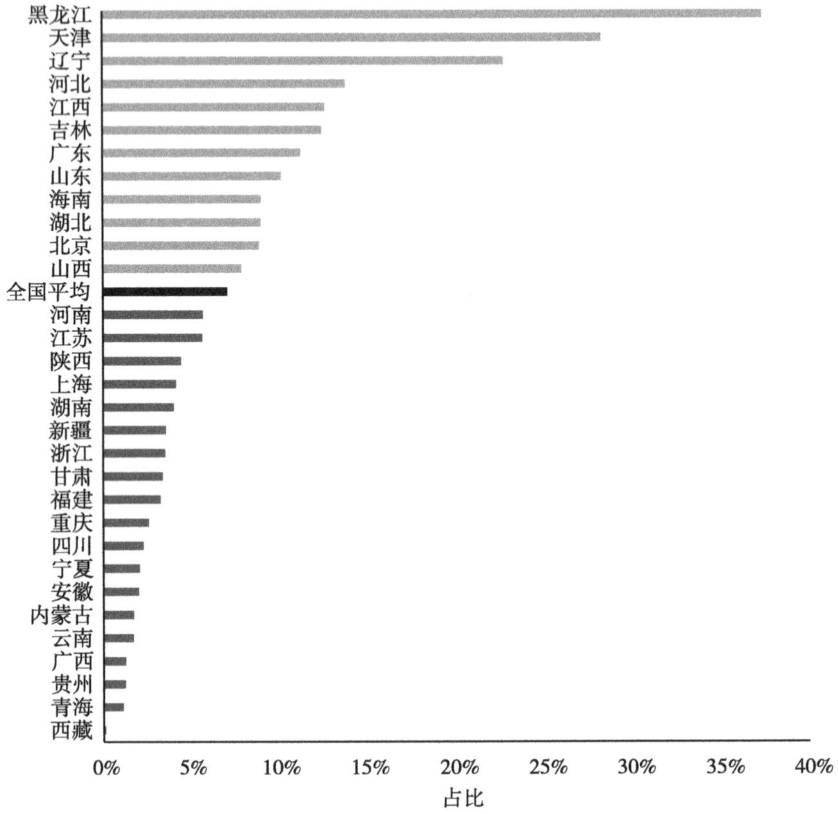

图 19　2020 年粮油米面在各省（区、市）农产品网络零售额中的占比情况

（四）调味品

2020 年调味品网络零售额 772.1 亿元，占全网农产品零售额的 9.3%，较 2019 年增加约 241.3 亿元，零售额同比增长 45.5%，零售量 43.0 亿件，占比 16.1%，同比增长 48.6%。受疫情影响人们无法外出就餐，居家餐饮增多，调味品作为烹饪必备材料，网络售零售额和零售量实现了较高速增长。

1. 调味品零售额实现高速增长

在监测数据中，调味品类主要划分为传统调味品和其他调味品，传统调味品包括香辛料、调味糖、谷物杂粮调味品（谷物酿造的酱油、醋、大酱）等，其他调味品包括蔬菜酱、花果酱、坚果酱、畜禽水产调料、复合调味料等。两品类2020年网络零售额相当，传统调味品略多，同比增速40.7%，其他调味料增速50.9%（图20）。目前市场上各种调味新品受欢迎度较高，尤其是一些烹饪复合调味料在一定程度上取代了传统酱油等的调味作用，成为调味品网络销售额新的增长点。

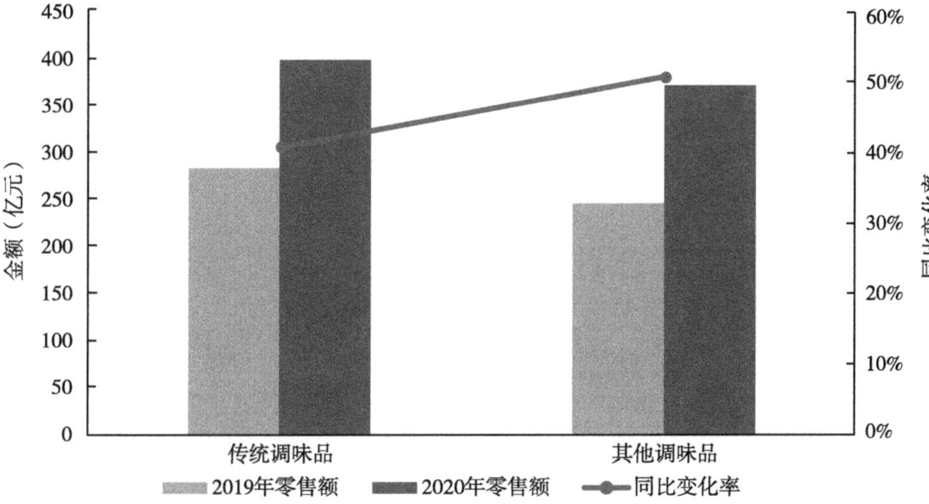

图20　2019—2020年调味品网络零售额及其同比变化率

2. 东部地区为调味品网络销售主要区域

从2020年各省（区、市）调味品网络零售额占比来看（图21），上海、

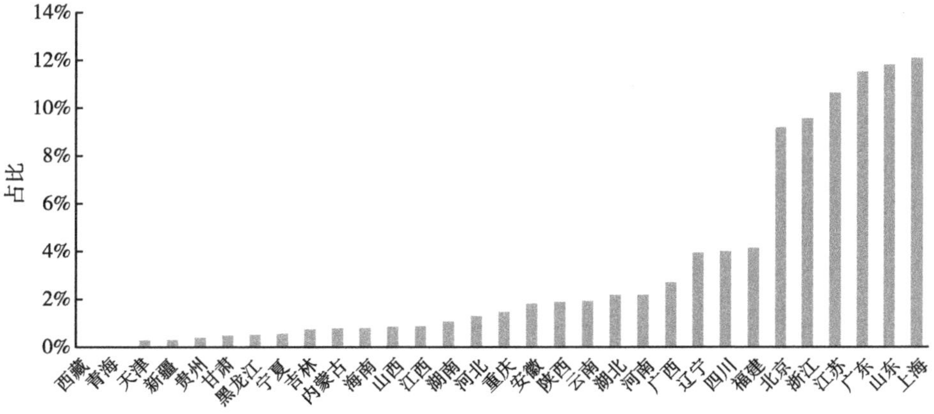

图21　2020年各省（区、市）调味品网络零售额在全国的占比

山东、广东、江苏等排名前八位的省（市）调味品零售额占调味品网络零售总额的72.9%，且前七位都是东部地区省（市）。排在第一位的上海调味品网络零售额占比12.1%；排在第八位的四川以麻辣小吃和香辛调味品著称，其调味品零售额占比4.0%；排在第九位的辽宁占比3.9%，其他省（区、市）调味品零售额占比均不超过2.7%。零售区域相对较为集中。

3. 西部地区调味品网络零售增速较快

除云南外，2020年西部地区其他省（区、市）调味品网络零售额均实现了较快增长，增幅均在27.0%以上（图22），云南省最低，仅为8.7%。西藏、青海、浙江、内蒙古和宁夏2020年调味品网络零售额增速都在65.0%以上，

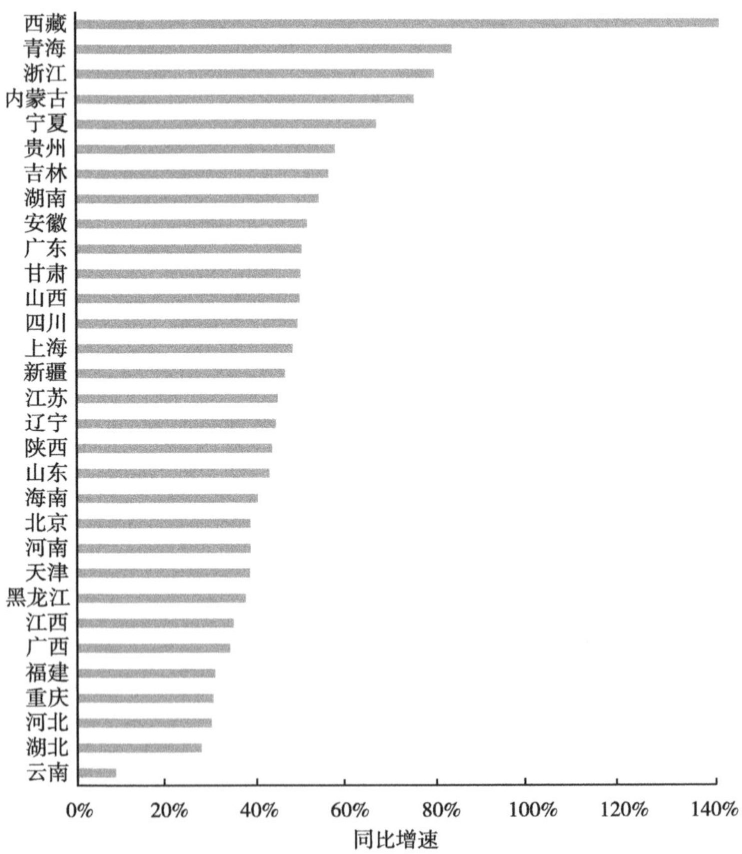

图22 2020年各省（区、市）调味品网络零售额同比增速

其中有4个省（区）位于西部地区。贵州、甘肃、新疆和陕西调味品网络零售增速排名也较靠前，均超过43.5%。整体上各省（区、市）的调味品网络零售市场均实现了较快增长。

4. 调味品为川渝地区网络零售主要农产品

从调味品网络零售额占各省（区、市）农产品网络零售额的比例来看，重庆、四川、黑龙江和上海等12个省（市）调味品网络零售额占比超过全国9.3%的平均水平（图23）。重庆和四川作为麻辣之都，麻辣调味品备受青睐，调味品零售额占比远高于其他省（区、市），重庆农产品网络零售额中调味品占了1/3，四川农产品网络零售额中调味品占了1/5。东北三省黑龙江、辽宁和吉林作为农业大省，粮食酿造类调味品市场规模

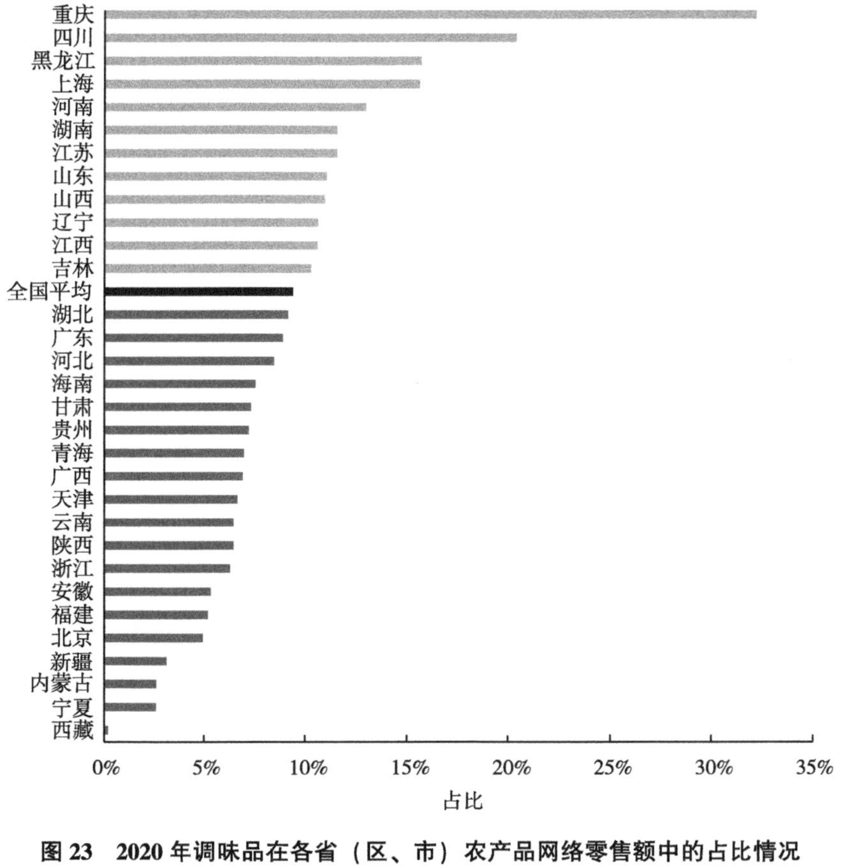

图23　2020年调味品在各省（区、市）农产品网络零售额中的占比情况

大，在省内调味品网络零售额占比也较大，均超过 10.0%，高于全国平均水平。

（五）方便食品

2020 年方便食品网络零售额 468.0 亿元，占全网农产品零售额的 5.7%，较 2019 年增加约 205.5 亿元，零售额同比增长 78.2%，零售量 18.6 亿件，占比 7.0%，同比增长 63.7%。方便食品为 2020 年农产品零售市场的明星品类，零售额增速全网最高。受疫情影响，外卖停摆，方便面行业迎来了转机，2020 年以方便面、螺蛳粉等为代表的方便食品备受欢迎，网络销量呈倍数增长。

1. 方便速食成为新的增长引擎

在监测数据中，方便食品类主要划分为方便速食和熟食腊味，方便速食包括方便主食（方便面、方便粉丝等）、速食代餐（面包、麦片等），熟食腊味包括熟肉制品、蛋制品、罐头等。受疫情影响，方便面、方便粉丝等即食的产品备受上班族欢迎。2020 年方便食品网络零售额增长了 1.5 倍，方便速食和熟食腊味的增速分别为 78.6%和 77.4%（图 24）。网红产品柳州螺蛳粉，网络销量超过 40 亿元。快节奏生活方式下，消费者对于方便快捷食品的依赖度越

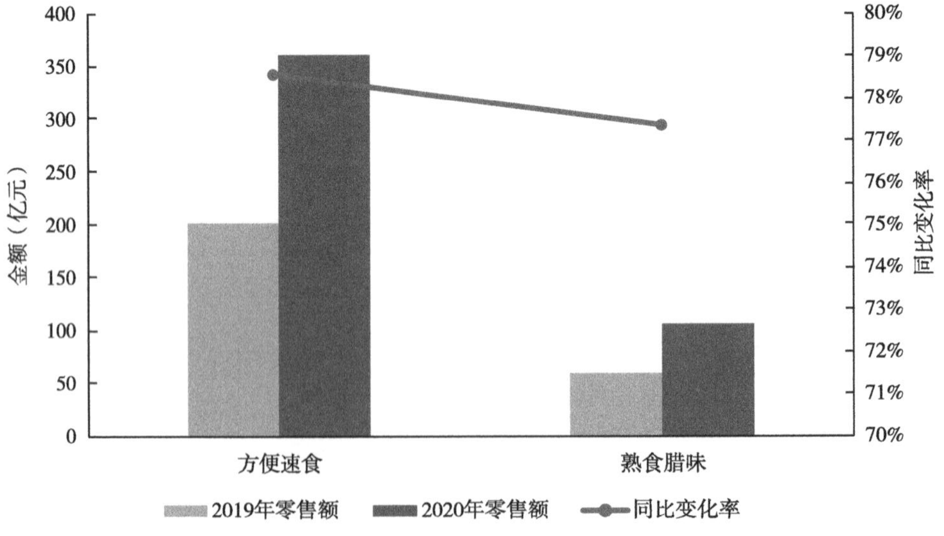

图 24　2019—2020 年方便食品网络零售额及其同比变化率

来越高，方便速食有望成为食品行业新的增长引擎，也成为网络零售市场新的增长点。

2. 东部地区占方便食品网络零售额一半以上

从2020年各省（区、市）方便食品网络零售额占比来看（图25），广东、上海、浙江、广西、北京等10省（区、市）占方便食品网络零售总额的80.0%以上，其中东部地区广东、上海、浙江、北京和江苏零售额占全网零售额的一半以上，可以看出生活节奏越快的省（区、市）对方便食品的依赖度越高，需求越大。广西网红食品螺蛳粉近年来大热，产地效应使得广西实现方便食品网络零售额47.5亿元，占比10.1%。四川拥有受年轻人欢迎的麻辣方便粉丝等产品，2020年方便食品网络零售额28.5亿元，占比6.1%。

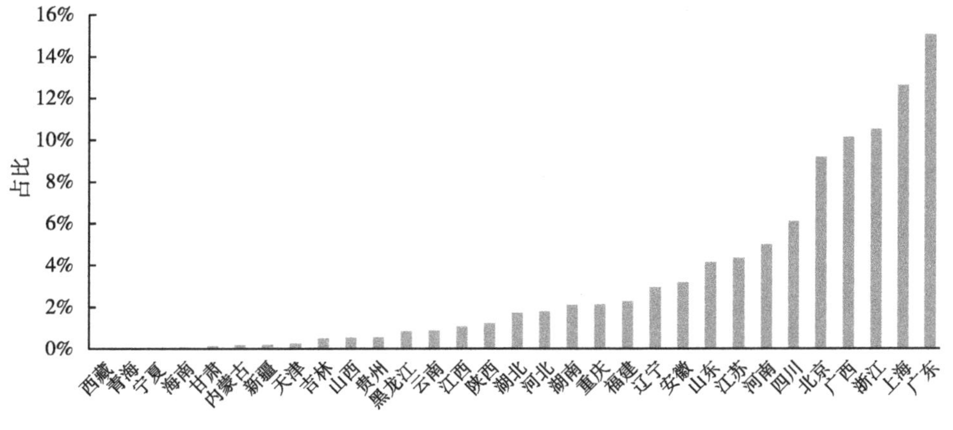

图25 2020年各省（区、市）方便食品网络零售额在全国的占比

3. 8省（区、市）方便食品零售额翻倍

2020年方便食品类零售额全国各省（区、市）普遍实现较高增速，新疆、内蒙古、浙江和广西等增速排名在前八位的省（区、市），其方便食品零售额增速都在100%以上（图26），其余多在20.0%以上，仅重庆和湖北低于10.0%。部分西部地区省（区、市）方便食品零售额占比较低，但发展增速较快，如新疆、内蒙古、广西、四川、贵州、西藏、甘肃增速都在70.0%以上。

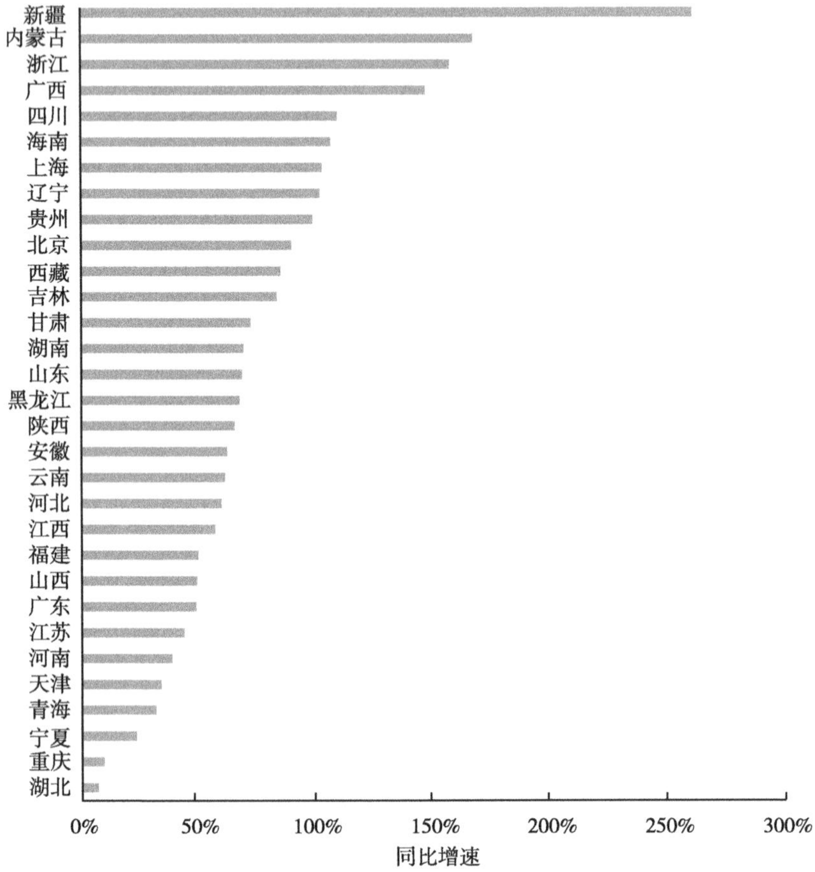

图 26　2020 年各省（区、市）方便食品网络零售额同比增速

4. 方便食品成为广西网络销售主要产品

从方便食品网络零售额占各省（区、市）农产品网络零售额的比例来看，广西、河南、重庆、四川和辽宁等 11 个省（区、市）方便食品网络零售额占比超过全国 5.7%的平均水平（图 27），其中，方便食品网络零售额占广西农产品网络零售额总额的 1/3。随着广西特色螺蛳粉文化在网上的不断发酵，一碗螺蛳粉不仅做成了畅销的网红美食，还带出了“螺蛳粉+”产业链，已带动周边原料及加工产业产值过“双百亿”。互联网时代，打造一款好的网络爆品，可以带动一个产业，富裕一方百姓，柳州螺蛳粉就是个很好的典型。

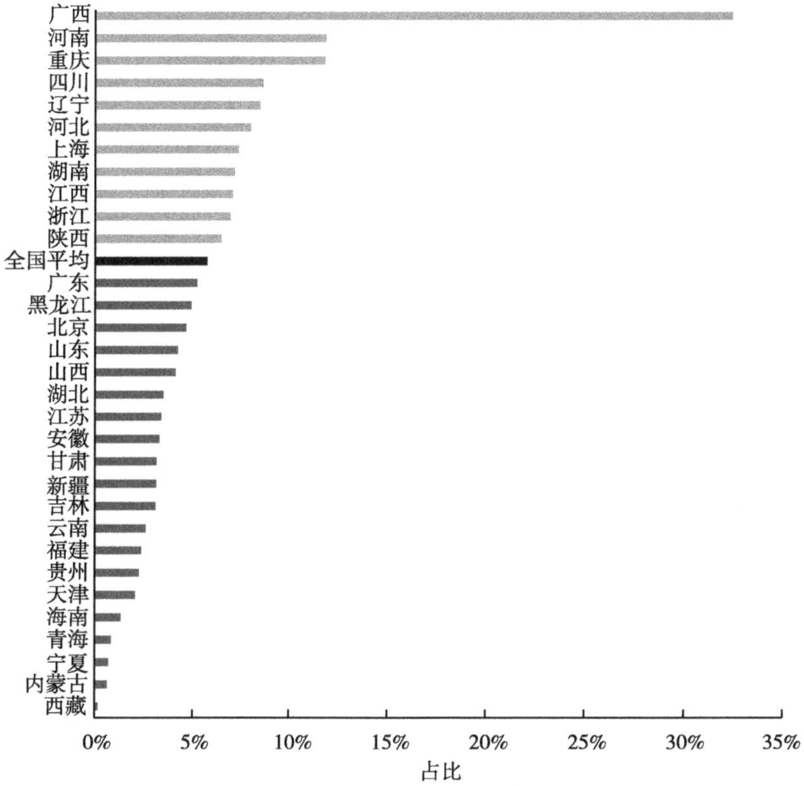

图27 2020年方便食品在各省（区、市）农产品网络零售额中的占比情况

（六）乳及乳制品

2020年乳及乳制品网络零售额643.7亿元，占全网农产品零售额的7.8%，较2019年增加约211.7亿元，零售额同比增长49.0%，零售量14.8亿件，占比5.5%，同比增长43.9%。2020年疫情反复，大众普遍有意识补充高蛋白食品，提升免疫力，乳及乳制品受欢迎程度增加。

1. 牛奶零售额占比和增速均最高

从乳及乳制品网络零售额排序看（图28），牛奶零售额占比超过一半，为56.3%，增速也最高，达61.2%。牛奶含有丰富的微量元素及矿物质，能够为机体补充优质的蛋白质，提高机体免疫力，是各年龄阶段人群的首选饮品。酸奶和成人奶粉 2020 年网络零售额增速也都在 30%以上，乳制品的网络销售也较 2019 年明显提升。

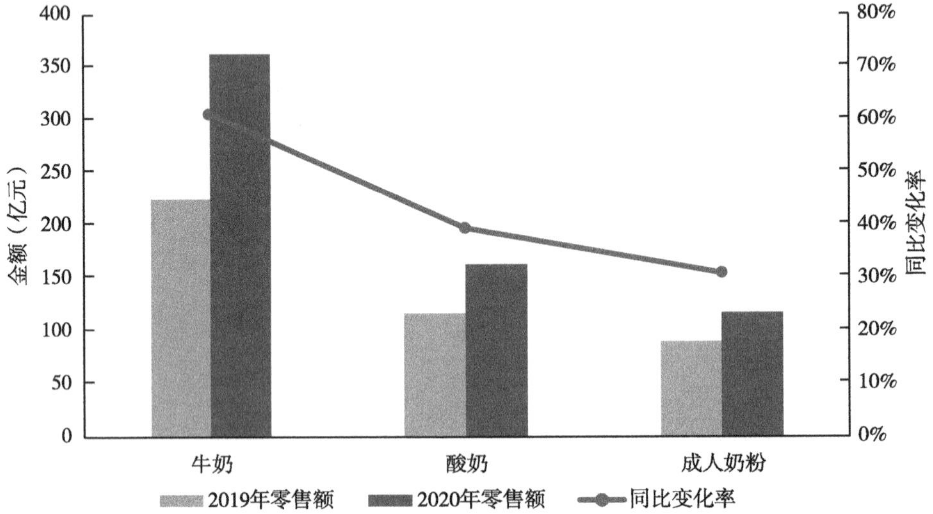

图 28　2019—2020 年乳及乳制品网络零售额及其同比变化率

2. 80%零售额集中在 6 省（区、市）

2020 年乳及乳制品网络零售额较大的省（区、市）依次是广东、内蒙古、北京、上海、浙江和江苏，6 省（区、市）乳及乳制品网络零售额共占全国的 82.0%，其他各省（区、市）乳及乳制品网络零售额占比均不超过 2.1%（图 29）。

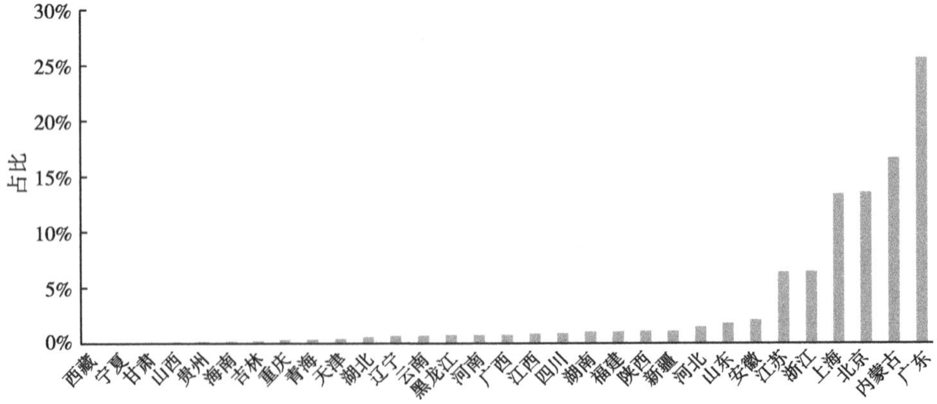

图 29　2020 年各省（区、市）乳及乳制品网络零售额在全国的占比

广东、北京、上海、浙江、江苏的乳及乳制品网络零售规模大主要是因为人口众多、经济较为发达、消费水平高，加之物流便利，而内蒙古具有天然牧场的资源优势，奶业发达，支撑了乳及乳制品电商的发展。

3. 内蒙古乳及乳制品网络零售增速第一

从各省（区、市）乳及乳制品网络零售额增速来看（图 30），乳及乳制品网络零售市场发展比 2019 年加快，除宁夏和西藏零售额较 2019 年下滑外，其他全部省（区、市）都实现了超过 10.0%的零售额增速。内蒙古、广西、云南和河北 4 省（区）乳及乳制品零售额增速超过 100%，尤其是内蒙古，乳及乳制品网络零售额增速达 171.5%，较 2019 年提升了 98.1 个百分点。2020 年

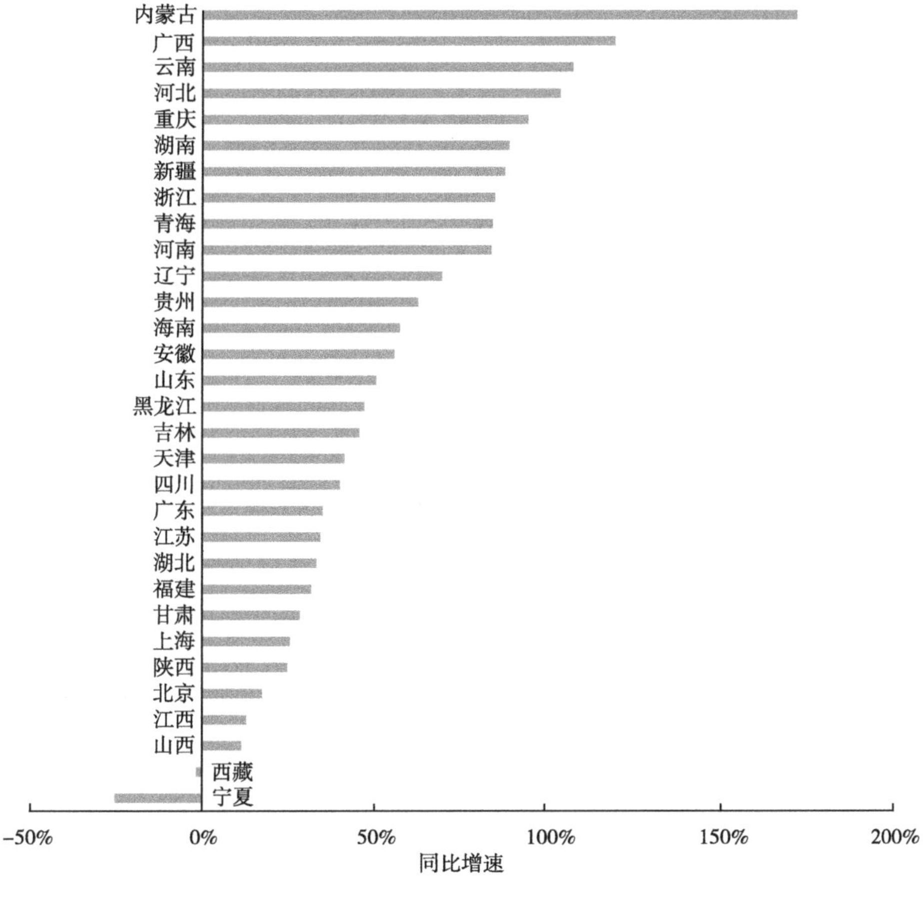

图 30　2020 年各省（区、市）乳及乳制品网络零售额同比增速

新疆乳品电商发展较快，乳及乳制品零售额增速实现 87.0%。

4. 乳及乳制品为内蒙古支柱性产业

从各省（区、市）乳及乳制品网络零售额占农产品网络零售额的比例来看，内蒙古、新疆、青海、广东、上海、北京、河北和陕西 8 省(区、市)的乳及乳制品网络零售额占比均超过 7.8%的全国平均水平（图 31）。内蒙古、新疆和青海作为我国重要的牧区和畜牧业基地，乳及乳制品占比全国排名前三位，尤其是内蒙古，乳业是区内农业的支柱性产业，全国 1/5 的牛奶来自内蒙古，2020 年内蒙古牛奶乳品网络零售额占本区农产品总零售额的 68.4%，占比与 2019 年相比提升了 24.5 个百分点，其中牛奶和酸奶都同比增长约 180.0%。青海省将牦牛乳选定为“互联网+”农产品出村进城工程试点农产

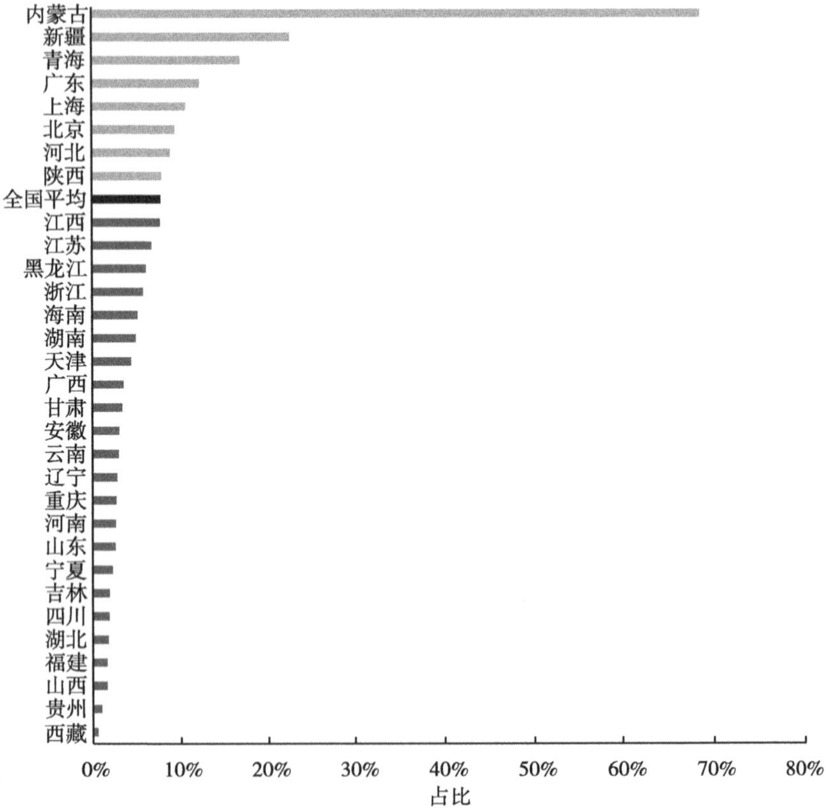

图 31　2020 年乳及乳制品在各省农产品网络零售额中的占比情况

品，不断优化电商环境，2020 年乳及乳制品零售额占比也较大。北京、广东、上海等省（市）奶制品消费需求大，市场份额占比较大。

（七）特产滋补类

2020 年特产滋补类农产品网络零售额 457.1 亿元，占全网农产品零售额的 5.5%，较 2019 年增加约 130.3 亿元，零售额同比增长 39.9%，较 2019 年增速提高了 17 个百分点，零售量 13.4 亿件，占比 5.0%，同比增长 35.1%，增速同比提高了 6 个百分点。整体上 2020 年的特产滋补类网络零售市场好于 2019 年。

1. 仅个别细分品类零售额出现下滑

2020 年特产滋补类网络零售市场中，蜂蜜/蜂产品、枸杞、人参/西洋参、三七和冬虫夏草的零售额排名前五（图 32），但单品类零售额占比最大不超过 10%。与 2019 年相比，2020 年特产滋补类零售市场回暖趋势明显，除三七和雪蛤外，其余品类零售额均较 2019 年有所增长，而 2019 年大部分品类零售额是同比减少的。从网络零售额增速排名来看，海参为 2020 年明星单品，零售额增速为 200.0%，蜂蜜/蜂产品、冬虫夏草零售额同比增幅接近 50.0%，三七

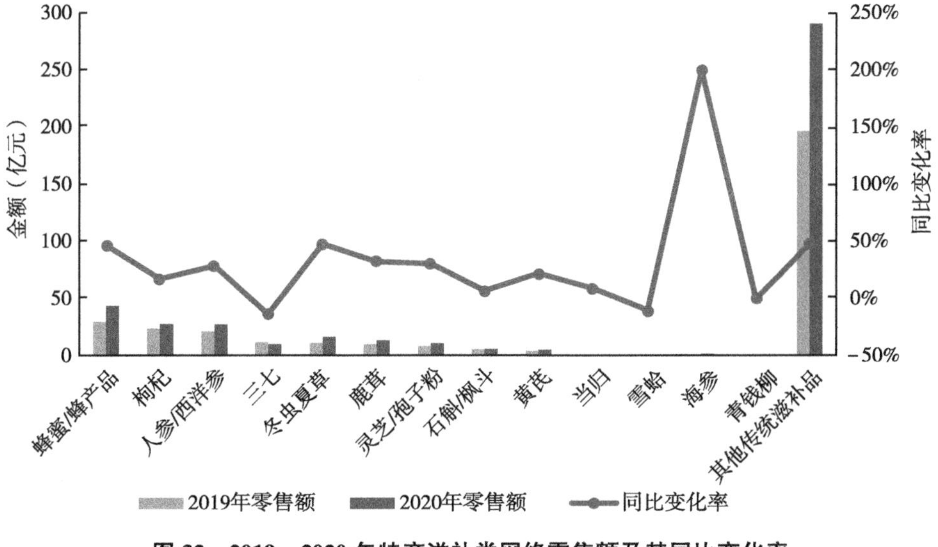

图 32　2019—2020 年特产滋补类网络零售额及其同比变化率

和雪蛤零售额小幅下滑。

2. 广东为特产滋补类网络零售大省

2020年特产滋补类农产品网络零售排名前十的省（区、市）有广东、安徽、北京、吉林、福建、江苏、浙江、河南、云南及宁夏，零售额共计占比73.4%（图33）。广东省依旧占据特产滋补网络零售额占比排行的榜首，占比13.9%，同比略有下降。西部地区的云南、宁夏，以及东北地区的吉林，因产地优势，其特产滋补品在全网较受欢迎，零售额占比均排在前列。

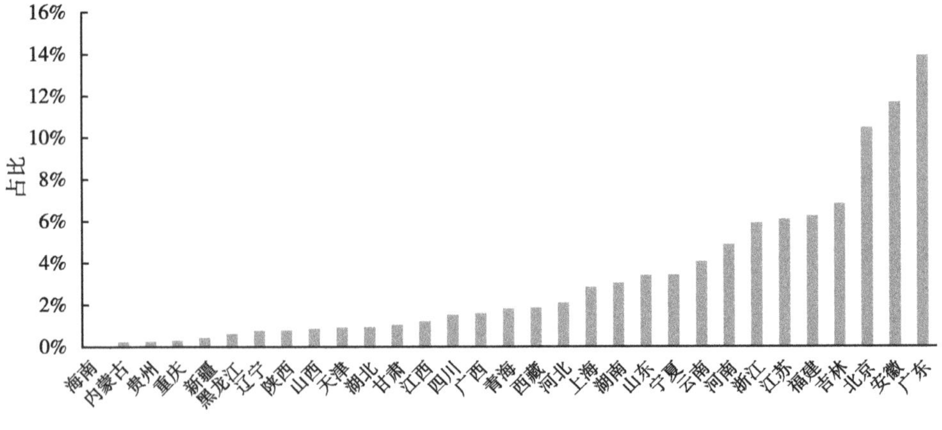

图33　2020年各省（区、市）特产滋补类网络零售额在全国的占比

3. 多数省（区、市）零售额增速较2019年增加

从各省（区、市）网络零售额增速上来看（图34），2020年特产滋补网络零售额增速排在前五位的省（区、市）是北京、广西、山西、福建和西藏，增速均在83%以上，其中北京增速高达138.9%。仅新疆、湖北和青海3省（区）零售额较2019年有所减少，最大降幅12.1%。总体来看，2020年全国特产滋补类零售市场优于2019年，零售额同比下降的省（区、市）数量明显减少，2020年零售额增速超过30%的省（区、市）有16个，而2019年仅为7个。这反映出疫情之下，人们对养生滋补类产品的需求在一定程度上有增加趋势。

4. 特产滋补类主导西北部农产品电商市场

从各省（区、市）特产滋补网络零售额占农产品网络零售额比例来看，共有15个省（区、市）特产滋补类网络零售额占比高于全国5.5%的平均水平（图35），主要集中在西部及北部地区，阶梯现象明显。青海、宁夏、吉

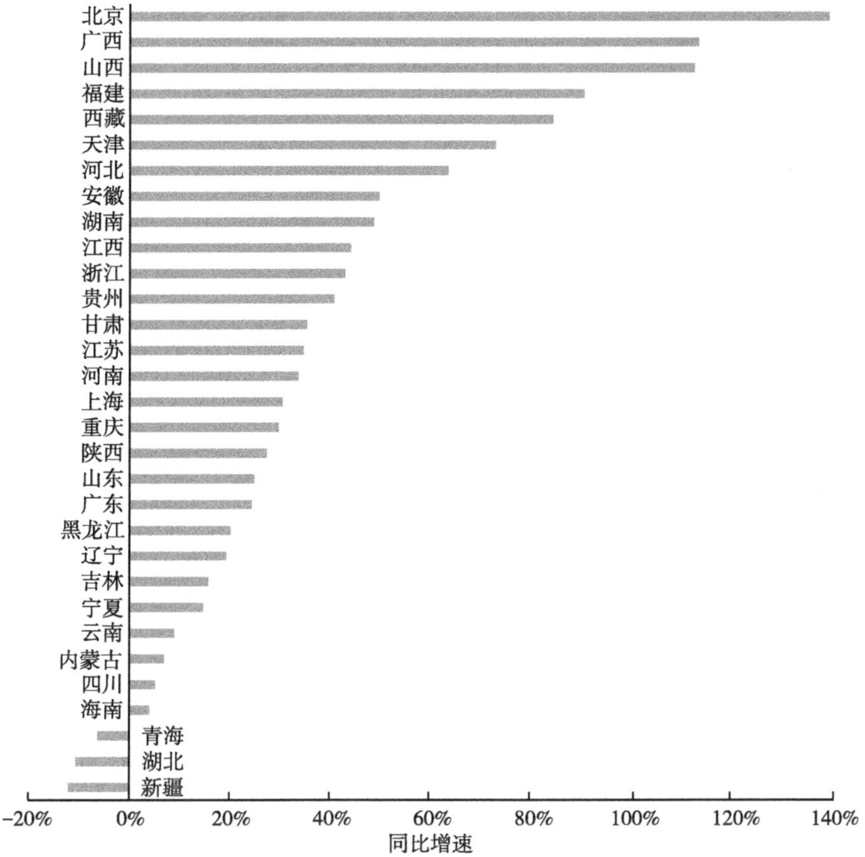

图 34　2020 年各省（区、市）特产滋补类网络零售额同比增速

林、甘肃和西藏等省（区）盛产各种特产滋补类农特产品，零售额占省（区）内网络零售额比例分别为 58.7%、55.1%、39.7%、25.3%和 21.0%，其他省（区、市）特产滋补类市场贡献额均不高于 12%。青海的特产滋补产品以枸杞和冬虫夏草为主，零售额分别占全省农产品网络零售额的 18.5%和 14.2%。宁夏的特产滋补产品以枸杞为主，占全区农产品网络零售额的 49.5%。吉林的特产滋补以人参/西洋参和鹿茸为主，零售额分别占全省农产品网络零售额的 13.0%和 9.0%。甘肃特产滋补以黄芪为主，网络零售额占全省农产品网络零售额的 7.0%。西藏特产滋补以冬虫夏草为主，网络零售额占全区农产品网络零售额的 17.3%。

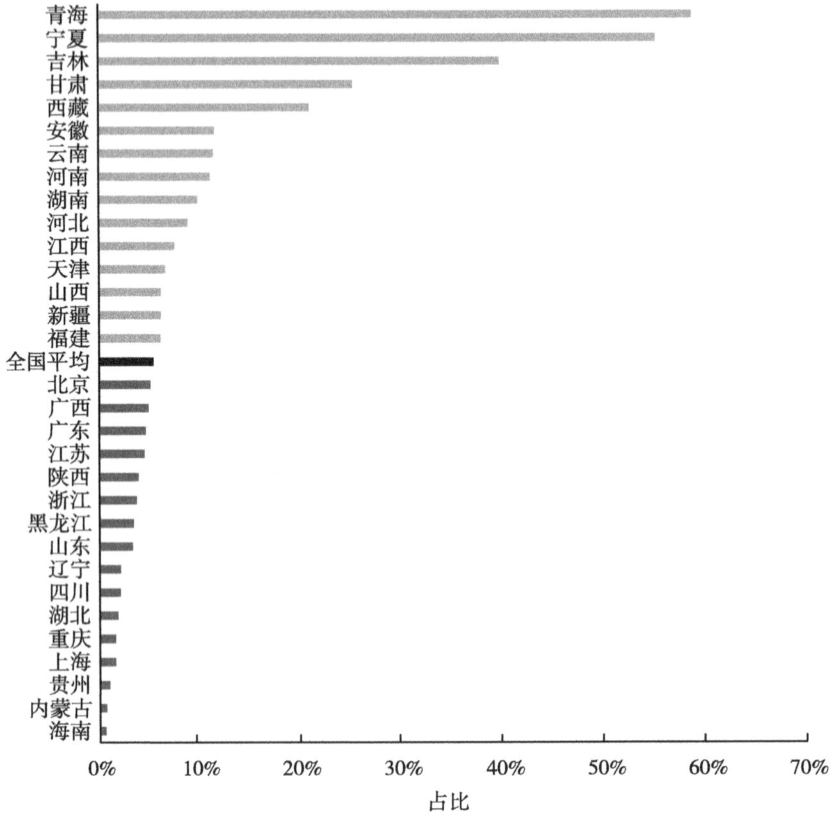

图 35　2020 年特产滋补类在各省（区、市）农产品网络零售额中的占比情况

（八）茶

1. 白茶及小众茶零售额增速较高

按茶网络零售额排序（图 36），普洱茶、花草茶/花果茶依然保持零售额排名第一位和第二位，零售额较 2019 年分别增长 30.8%和 8.9%，普洱茶增速加快，花草茶/花果茶增速放缓。红茶、绿茶零售额保持稳定增长，红茶同比增长 25.1%，绿茶同比增长 20.2%；白茶、乌龙茶、黄茶增幅均在 24.0%以上，白茶高达 91.8%，一些茶品零售额翻倍，增速 105.4%，市场受欢迎度较高。2020 年铁观音网络零售额同比减少 6.8%。

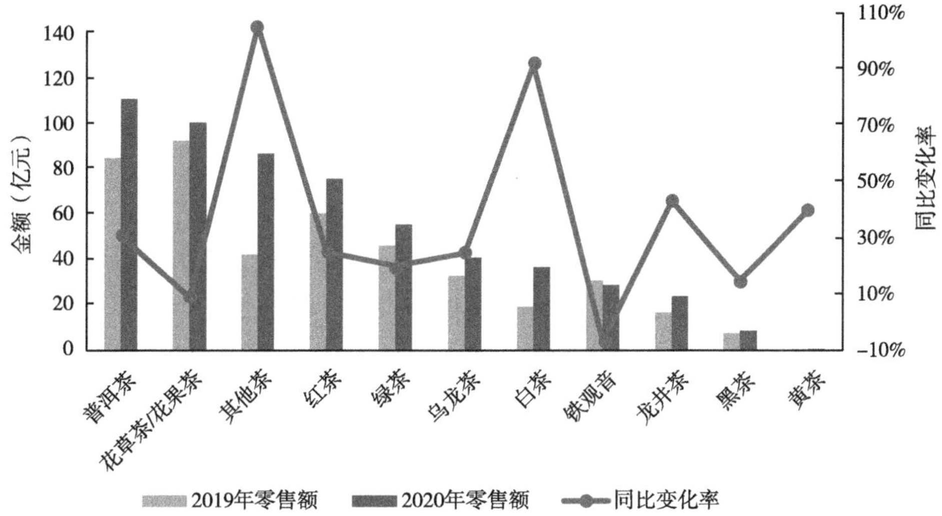

图 36　2019—2020 年茶网络零售额及其同比变化率

2. 茶网络零售区域依然高度集中

茶类网络零售区域集中度较高。2020 年，按零售额占比排序，福建、云南、浙江、广东、北京、安徽和山东排在前七位，共占全国茶网络零售额的 80.3%，其中茶网络零售额有近 1/3 来自福建（图 37）。福建凭借安溪铁观音、大红袍、正山小种、金骏眉等众多知名茶品，其零售份额始终保持在全国

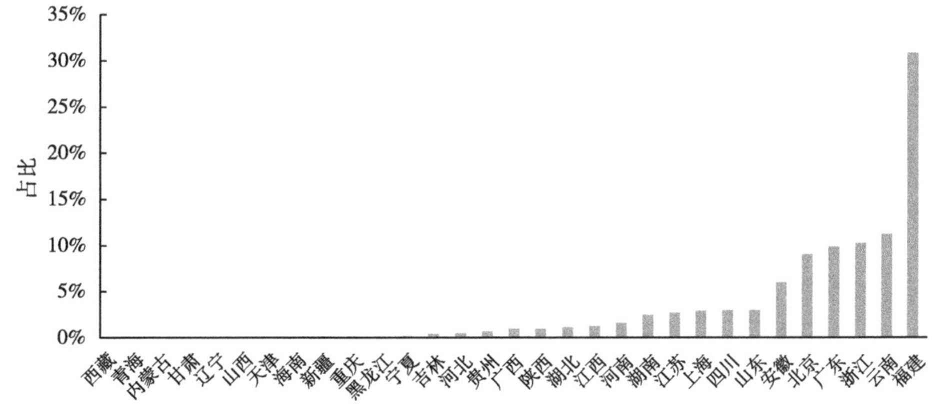

图 37　2020 年各省（区、市）茶网络零售额在全国的占比

零售总额的30.0%以上，稳居第一。云南、浙江、广东和北京的茶网络零售额两年维持在全国茶零售额总额的10.0%左右，上下浮动不大，零售额也相对稳定。

3. 非优势地区加速发展

从各省（区、市）茶网络零售额增速来看（图38），新疆、黑龙江、宁夏和贵州等省（区），2020年茶网络零售额增速排在前四位，这些省（区）的茶网络零售额在全国的占比均不足0.7%，不属于茶电商发展的优势地区，但增速却都在85.0%以上，呈现出加速发展的态势。2020年仅吉林的茶网络零

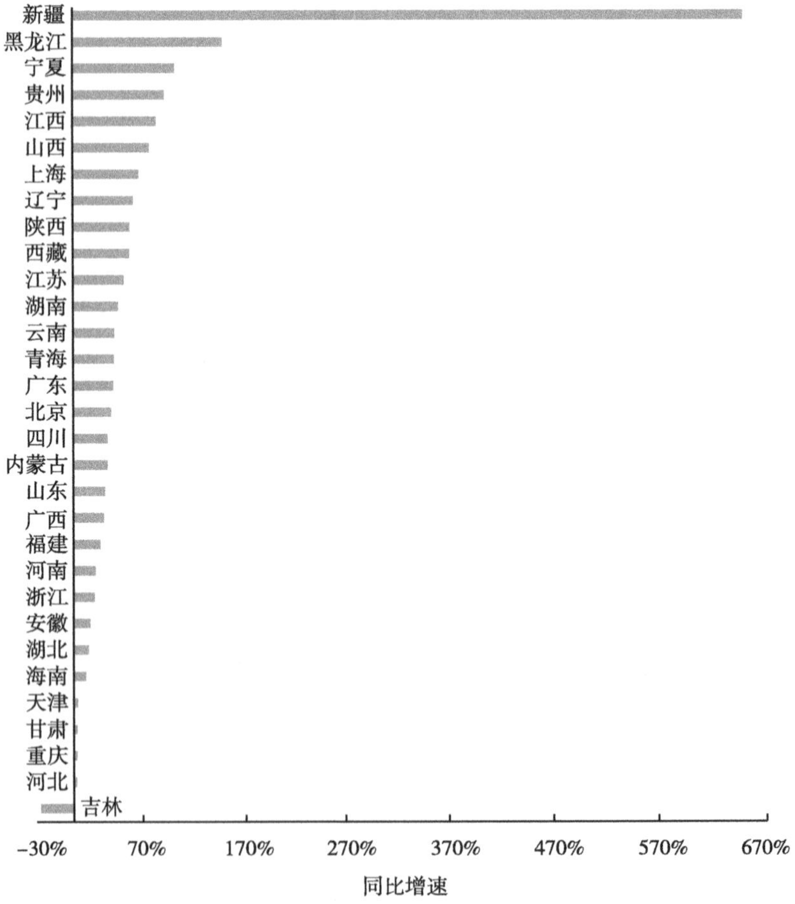

图38　2020年各省（区、市）茶网络零售额同比增速

售额出现下滑，同比减少31.6%。

4. 茶是福建、云南网络销售的主要产品

从各省（区、市）茶网络零售额占农产品网络零售额的比例来看，云南、福建、湖南、江西、浙江和安徽6个省的茶网络零售额占比均高于全国7.0%的平均水平（图39）。2020年云南茶类贡献了40.2%的农产品网络零售额，福建农产品网络零售额的38.4%来自茶零售，占比排在全国前两位，远远高于其他省（区、市），但同比较2019年有所减少。从二级品类来看，普洱茶零售额占云南茶网络零售额的86.2%以上。福建的红茶、铁观音和乌龙茶零售额均较大，共占福建茶网络零售额的58.8%。西部及北部部分省（区），如内蒙古、西藏、辽宁和青海茶网络零售占比不足0.5%，茶电商具有明显的地域特点。

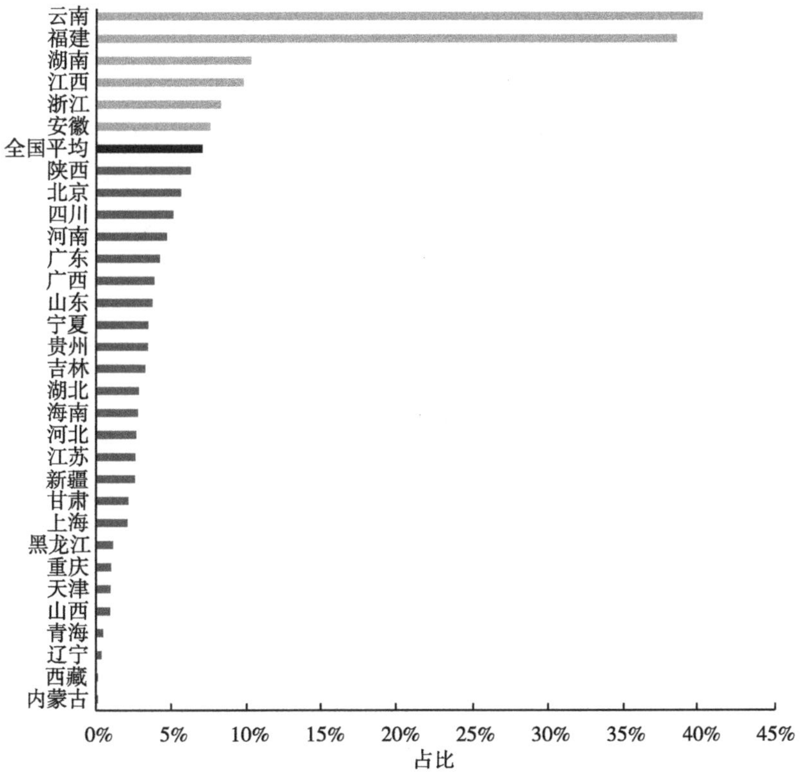

图39　2020年茶在各省（区、市）农产品网络零售额中的占比情况

（九）饮料冲调品

1. 冲调类饮料占比及增速较高

按饮料冲调品的网络零售额排序（图 40），固体饮料、其他饮料冲调品和咖啡/咖啡豆网络零售额排在前三位，共占饮品零售总额的 92.7%。固态形式的冲调饮品由于耐保存、耐运输，销量较大，零售额增速都在 25%以上。液态类饮品除茶饮料的零售额实现增长外，乳酸菌饮料和中草药饮料零售额出现下滑且幅度较大，同比分别减少 14.5%和 27.1%。

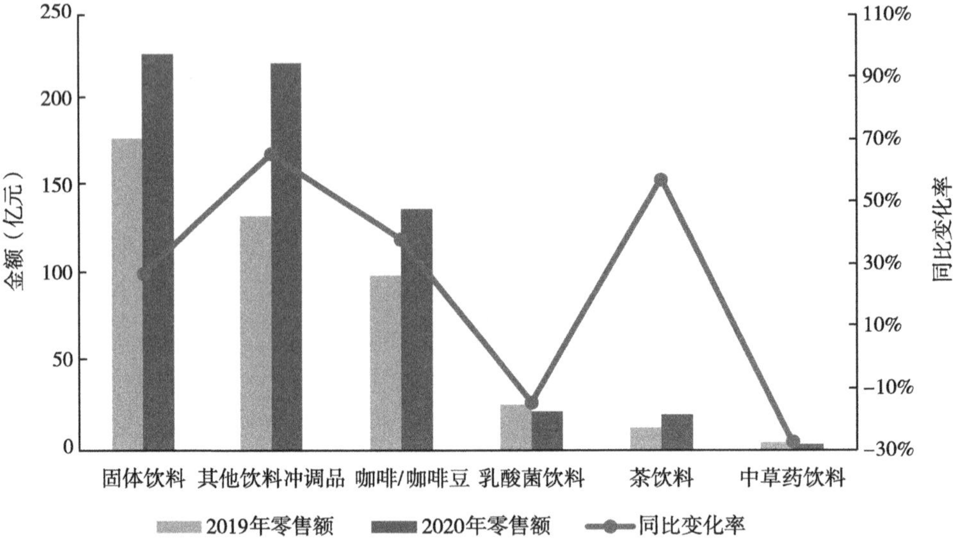

图 40　2019—2020 年饮料冲调品网络零售额及其同比变化率

2. 70%的零售额集中在东部地区

2020 年饮料冲调品网络零售额分布具有明显的区域性，主要集中在东部地区。2020 年，广东、上海、北京、浙江和江苏 5 个省（市）饮料冲调品网络零售额比重达 71.1%。部分西部省（区）饮料冲调品网络零售市场规模很小，如西藏、青海、宁夏、甘肃和贵州等（图 41）。

3. 各省（区、市）零售额增速实现整体提升

从各省（区、市）网络零售额增速上来看（图 42），有 5 个省（区）饮

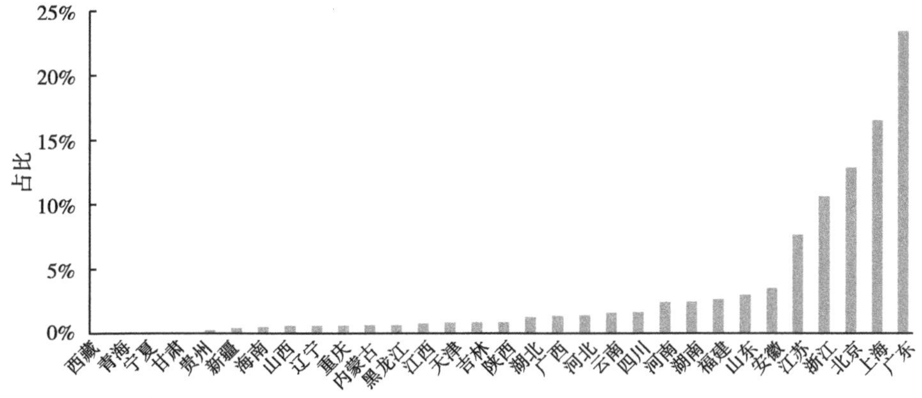

图 41　2020 年各省（区、市）饮料冲调品网络零售额在全国的占比

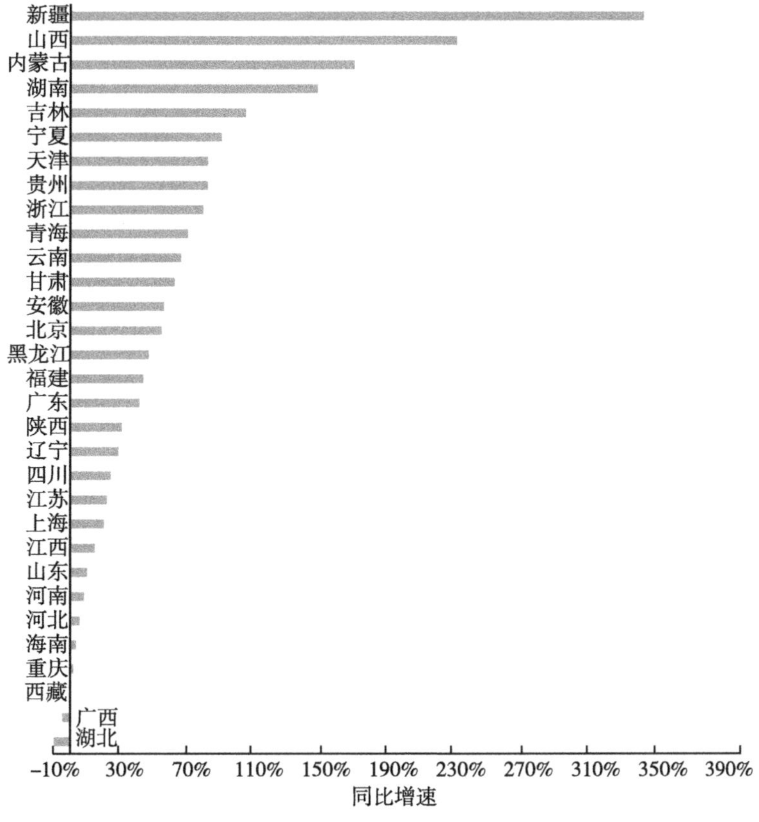

图 42　2020 年各省（区、市）饮料冲调品网络零售额同比增速

料冲调品网络零售额增速超过 100%，包括新疆、山西、内蒙古、湖南和吉林，增速在 104%~341%，其中，湖南和吉林两省连续两年饮料冲调品零售额增速排名前五位，饮品市场发展较快。湖北和广西两省（区）的饮料冲调品网络零售额较 2019 年有所减少，降幅在 5%~10%。部分省（区、市）（如江西、河北等）2019 年饮料冲调品零售额增速超过 100%，2020 年则增速放缓，不足 15%。

4. 多省（区、市）饮料冲调品网络零售额占比增加

从各省（区、市）饮料冲调品网络零售额占农产品网络零售额的比例来看，上海、海南、湖南、广东、浙江等 10 个省（区、市）饮料冲调品网络零售额占比超过全国 7.7%的平均水平（图 43），除西藏外，各省（区、市）饮料冲调品零售额占比均在 1.2%以上。上海和湖南的咖啡/咖啡豆零售额占比最大，而海南则以固体饮料为主，如椰子粉等销量较大。与 2019 年相比，各省（区、市）饮料冲调品零售额占比均有所增加。

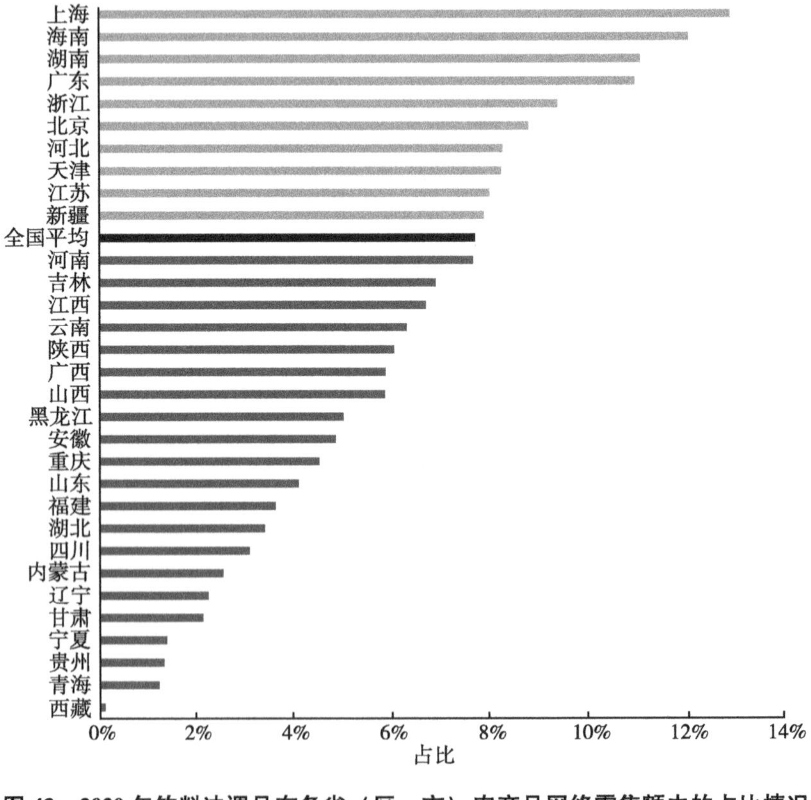

图 43　2020 年饮料冲调品在各省（区、市）农产品网络零售额中的占比情况

（十）酒

1. 白酒的网络零售额增速领先

从酒网络零售额排序来看（图44），白酒的零售额及增速均排在第一位，零售额占酒类总零售额的73.7%。2020年白酒网络零售增速达70.9%，其次为啤酒28.7%，黄酒/养生酒15.6%，葡萄酒5.3%。随着网络购物环境不断优化，线上购买酒类产品的消费群体不断增加，酒类网络零售额保持高速增长，2020年酒类网络零售额增速达到51.1%，仅低于方便食品。但酒类网络零售量增速仅为23.8%，可见网络零售额高速增长主要是单价提升造成的。

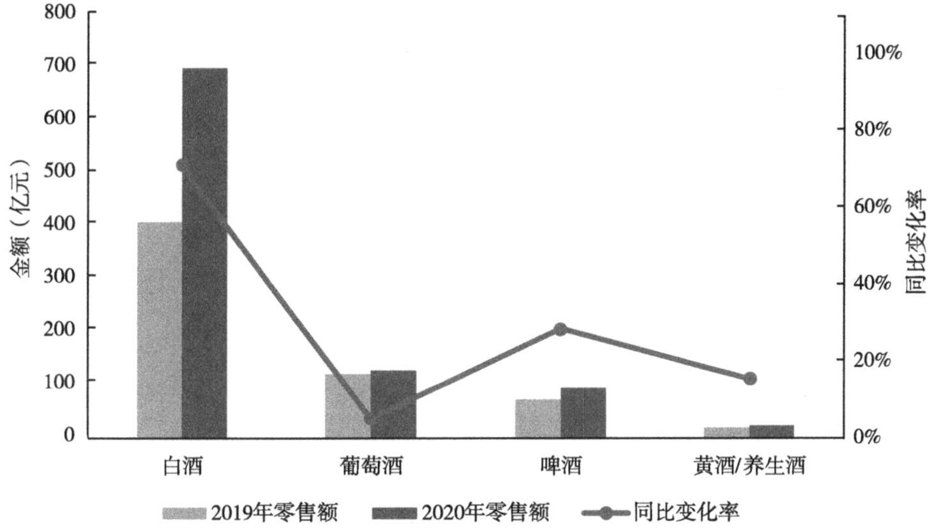

图44 2019—2020年酒网络零售额及其同比变化率

2. 零售额2/3集中在东西部地区

酒网络零售分布具有区域集中的特点，2020年零售额的2/3集中在东部地区，北京、广东、江苏、上海、浙江和山东6个东部省（市）酒类网络零售额比重达64.2%（图45）。北京、广东、江苏、上海和浙江电商业态发展良好，经销商众多，酒类销量较大；山东白酒销量可观；盛产名酒的贵州和四川2个西部省零售额也高于其他省（区、市）。上述8省（市）零售额占全国酒类网络总零售额的85%以上。

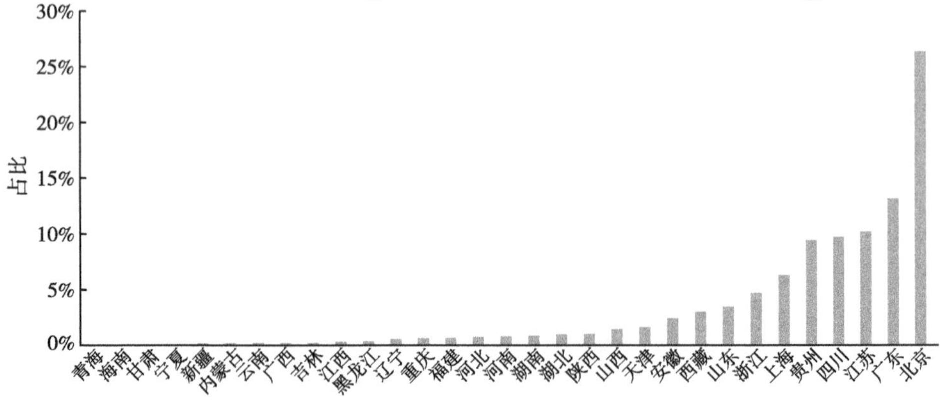

图 45　2020 年各省（区、市）酒网络零售额在全国的占比

3. 西部省（区、市）零售额增速较快

从各省（区、市）网络零售额增速上来看（图 46），西藏、天津、安徽、

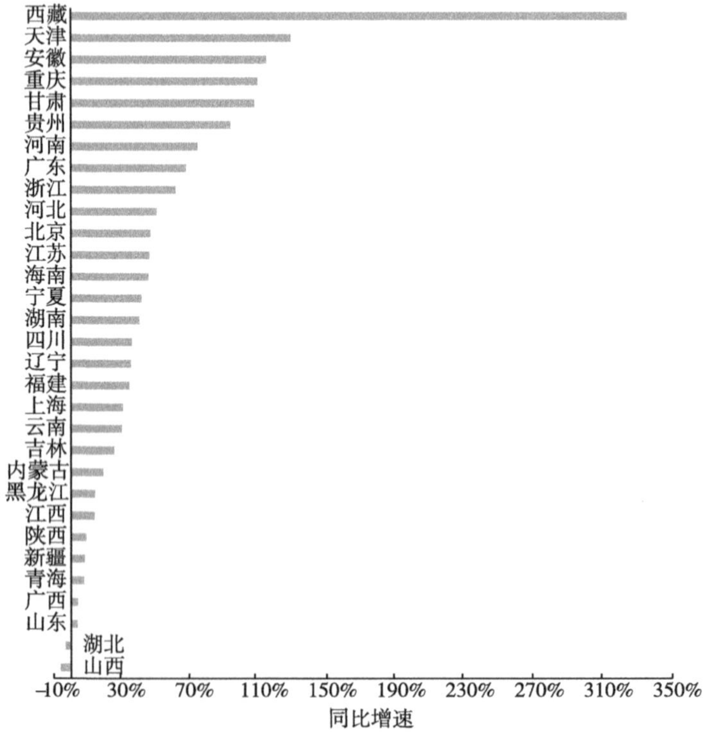

图 46　2020 年各省（区、市）酒网络零售额同比增速

重庆、甘肃、贵州 6 省（区、市）酒的网络零售额实现大幅增长，增速在 93.8%~324.2%。按网络零售额增速排名，西部省（区、市）酒网络零售普遍发展较快，如西藏、重庆、甘肃和贵州等；而湖北和山西两省的酒网络零售额则较 2019 年有所减少，降幅在 3.1%~6.2%。

4. 贵州酒类为网络销售优势产品

从各省（区、市）酒网络零售额占农产品网络零售额的比例来看，仅贵州、西藏、四川、北京、天津、山西和江苏 7 个省（区、市）的酒网络零售额占比超过全国 11.5%的平均水平（图 47）。贵州茅台酒国内外闻名，价值较高，贵州省农产品网络零售额中酒占比高达 74.9%。西藏酒网络零售额占比也较高，为 70.6%。

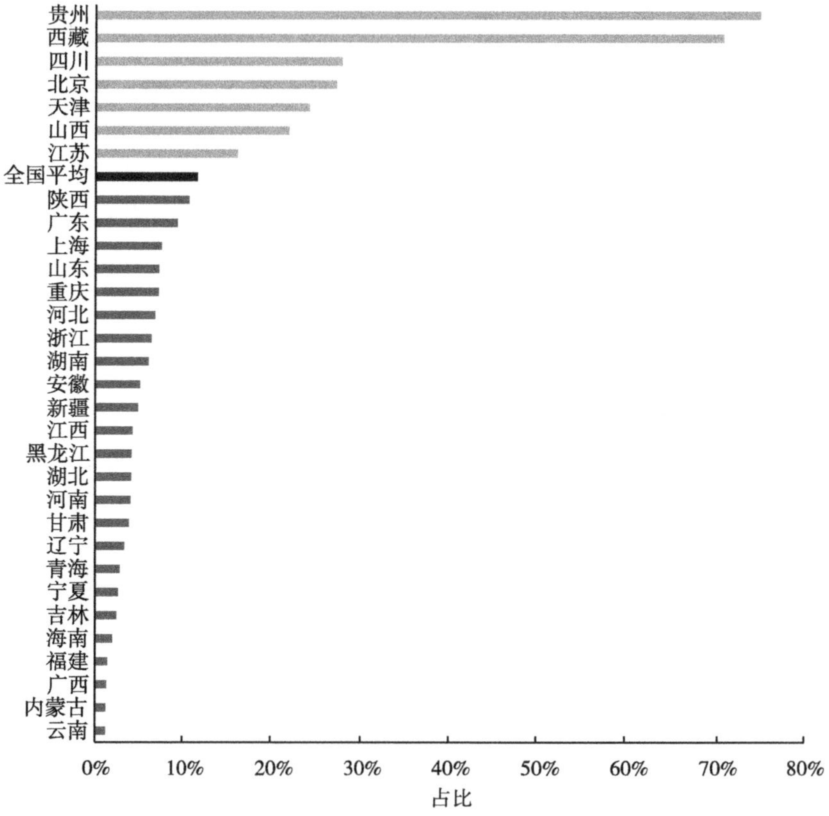

图 47　2020 年酒在各省（区、市）农产品网络零售额中的占比情况

三、农村地区农产品网络零售分析

2020 年中央一号文件指出，要推动电子商务进农村，建立农村现代市场体系，助力脱贫攻坚和乡村振兴。随着国家支持农业农村发展的各项政策的不断落实，农村地区的仓储、物流等基础设施不断完善，服务逐步提升，电子商务环境进一步优化升级，2020 年农村地区农产品零售额保持快速发展态势。

（一）农村地区农产品网络零售规模

2020 年农村电商总零售额 1.79 万亿元，同比增长 8.9%。农村地区农产品网络零售总额1 463.2亿元，占全网农产品网络零售总额的 17.7%，同比增长 42.1%，城市农产品电商零售额6 795.5亿元，同比增长 30.1%（图 48）。2020 年农村地区农产品电商发展增速明显高于城市农产品网络零售额的增速，农村地区农产品电商发展正在加速崛起。

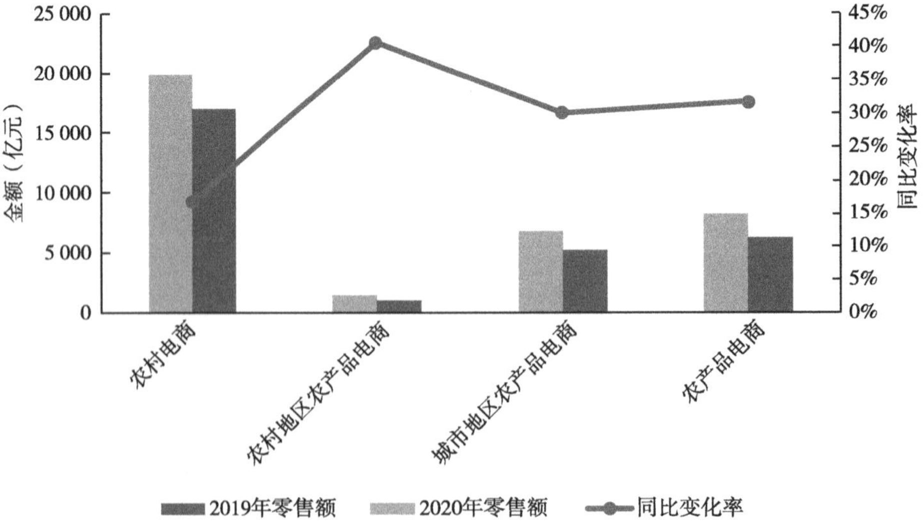

图 48　2019—2020 年农村地区电商零售额及其同比变化率

(二) 农村地区农产品网络零售区域分析

农村地区农产品网络销售存在明显的区域差异。山东、江苏、浙江、福建和内蒙古5省（区）农村地区农产品网络零售额排名前五，合计占全国农村地区农产品网络零售额的比例为52.2%；零售额排名前十位的省（区、市）合计占比为72.3%，比重均较2019年有所增加。重庆、辽宁、青海、内蒙古、浙江和黑龙江农村地区农产品网络零售额增速位于前列，均在70%以上。从增速来看，2020年北部和西部省（区、市）农村地区农产品网络零售发展较快，如重庆、辽宁、青海、内蒙古和黑龙江；山东、河北和西藏3省（区）的农村地区农产品网络零售额增速也高于全国农村地区农产品零售额平均增速。整体而言，东部沿海省（区、市）农村地区农产品网络零售能力较强，山东、江苏、浙江和福建4省零售额占比均在10%以上（图49）；西部和

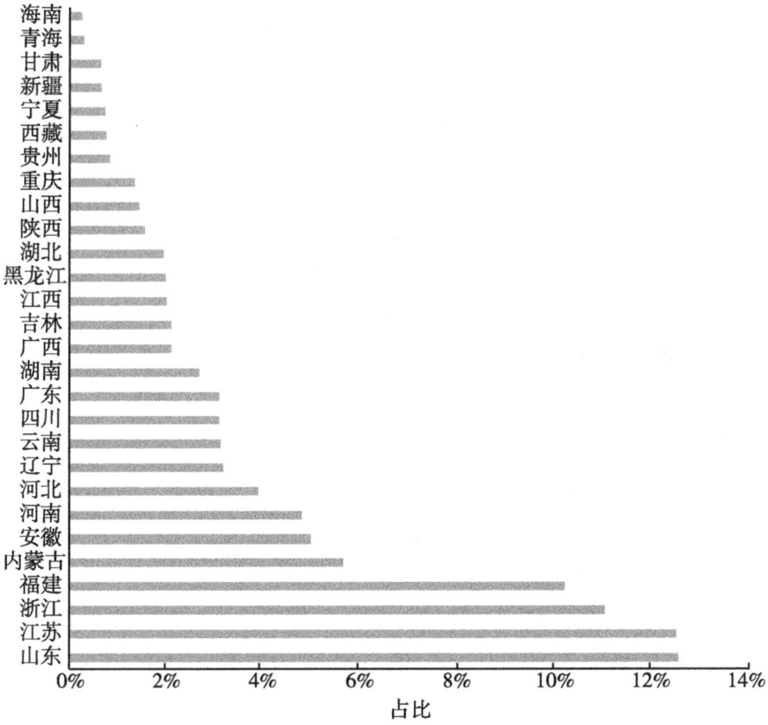

图49　各省（区、市）农村地区农产品网络零售额在全国占比情况

北部地区发展较快，重庆、辽宁、青海和内蒙古零售额均实现大幅的增长（图 50）。湖北、陕西、广西、新疆和山西 5 省（区）农村地区农产品零售额出现下滑。受疫情影响，湖北等省（区、市）农村地区农产品快递物流一度停滞，农产品网络零售受到较大影响。

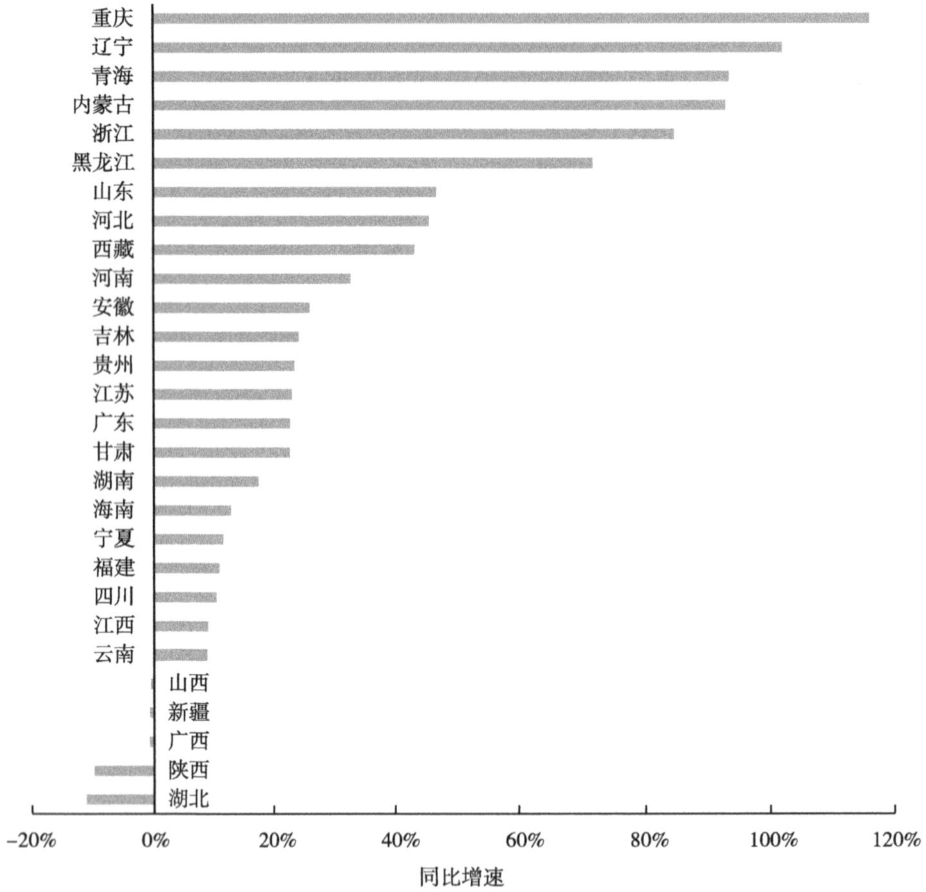

图 50　各省（区、市）农村地区农产品网络零售额同比增速

按照网络零售额进行排序，2020 年农村地区农产品网络零售额有 21.3% 来自前十位县市，包括安溪县、沭阳县、和林格尔县、莱阳市、新民市、慈溪市、土默特左旗、平湖市、兴化市和永康市，与 2019 年相比有一定的变化，其中，安溪县、沭阳县、和林格尔县、莱阳市和兴化市连续稳居农村地区农产品零售额排名前十。排名前 100 位的百强县市占农村农产品网络零售总额的 58.2%，该比例较 2019 年提升了 7 个百分点，说明 2020 年农村地区农产品网络零售继续呈现强者愈强的发展格局。

农产品网络零售额百强县市分布在全国 20 个省（区、市），其中，江苏、山东各有 18 个县市，浙江有 14 个县市，福建有 10 个县市进入百强（表 1）。从区位分布来看，2020 年农村农产品网络零售愈加集中化，2/3 的百强县来自东部沿海地区的 5 个省（区、市），强者愈强态势明显。

表 1　农产品网络零售额百强（Top100）县市的分布情况

省（区、市）	百强县市数量（个）
江苏、山东	18
浙江	14
福建	10
河北、河南、广东	4
安徽、广西、湖南、吉林、内蒙古	3
辽宁、宁夏、四川、云南、重庆	2
山西、陕西、黑龙江	1

2020 年，国家级贫困县①的农产品网络零售额合计为 212.1 亿元，占农村地区农产品网络零售总额的 14.5%，同比 2019 年增长 67.2%，占比提升 1.1 个百分点。其中零售额排在前 100 位的百强贫困县农产品网络零售额 145.1 亿元，占贫困县农产品网络零售额的 68.4%，零售额占比较 2019 年有所减少，说明贫困县都积极发展农产品电子商务，电商水平整体提升。百强贫困县市分布在全国 19 个省（区、市），其中，安徽有 14 个县市，江西、云南各有 12 个县市，河南有 9 个县市，河北有 7 个县市，陕西有 6 个县市，湖北和重庆各有 5 个县市（表 2）。其中，重庆市丰都县、云南省西双版纳傣族自治州勐海县、安徽省宿州市砀山县、云南省文山苗族自治州文山市、重庆市秀山土家族苗族自治县、河北省保定市涞水县依旧凭借自身特点，优质农产品再次跻身于全国农产品网络零售额百强县之列。

① 又称国家扶贫工作重点县。全国共有 832 个国家级贫困县。截至 2020 年 11 月 23 日，中国 832 个国家级贫困县全部脱贫“摘帽”。

表2 农产品网络零售额百强贫困县市的分布情况

省（区、市）	百强贫困县市数量（个）
安徽	14
江西、云南	12
河南	9
河北	7
陕西	6
湖北、重庆	5
贵州、湖南、内蒙古、四川	4
青海省、西藏	3
甘肃、广西、黑龙江	2
吉林、宁夏	1

丰都锦橙、勐海普洱茶、砀山酥梨、文山三七、秀山白术、涞水核桃等都是地方特色、地理标志农产品，这些县市借助自身优势农产品，依托国家各项扶植政策，大力发展电商业态，助力农产品上行，不仅实现电商脱贫，而且连年跻身全国电商网络零售额排行百强之列。

第三章

地方篇

一、天津市农业电子商务发展报告

（一）“十三五”期间农业农村电子商务发展情况

1. 涉农电商平台建设情况

近年，天津市启动农产品网络销售全覆盖工程以来，天津本地涉农电商平台建设快速发展。截至2020年年底，建设完善区域农产品电商平台8个，市级农产品电商企业平台7个，新型规模经营主体自建平台100余个。休闲农业电商平台日益完善。建立3 000多个益农信息社，几乎覆盖全市行政村，有效推动了农产品“出村进城”。

2. 涉农电商平台应用情况

2020年天津农产品区域电商平台和市级农产品电商企业平台入驻的新型规模经营主体为1 300家。区域电商平台入驻的农业企业约400家，合作社、家庭农场和种养殖大户超过600家，其他经营主体（包括帮扶和农业园）200多家。

3. 电子商务服务体系日益完善

一是大力推进农村电子商务服务体系建设。2015年以来，天津市通过与阿里巴巴集团、苏宁云商集团、京东商城、拼多多平台合作，截至2020年，天津市已建成5个农村电商区级公共服务中心，近400个村级电商服务站。二是天津市市级农产品区域电商平台和电商企业为农产品“出村进城”搭建了较好的网络产销渠道，同时多家知名企业入驻天津电子商务产业园，推动京津冀协同发展。

4. 农业品牌建设快速发展

天津市委、市政府高度重视农业品牌建设，天津市市农业农村委员会分别制定《关于加快推进农产品品牌建设的实施方案》《关于加快推进农业品牌振兴的实施方案》和《天津市“津农精品”认定管理办法》，共认定170个“津农精品”品牌（其中，区域公用品牌12个、企业品牌69个、产品品牌89

个），认定36个“国内知名”品牌和3个“国际有名”品牌，品牌体系初步形成，知名农产品品牌建立了生产、加工、物流、销售等全产业链农产品质量溯源体系。

（二）“互联网+”农产品出村进城工程进展

1. 做好顶层设计

为更好开展天津市“互联网+”农产品出村进城工作，天津市农业农村委会同市发展改革委、市财政局、市商务局及其他市有关部门制定了《关于开展“互联网+”农产品出村进城工程的实施方案》，重点从加强农产品生产体系建设、加强农产品支撑体系建设等10个方面推动天津市“互联网+”农产品出村进城工作。2020年，经过推荐和评选，天津市静海区和蓟州区被农业农村部推选为“互联网+”农产品出村进城工程全国试点县。

2. 加大资金扶持

2020年天津市财政安排专项资金2 000多万元支持“互联网+”农产品出村进城工作。一是支持农产品物流体系建设。安排预算支持18个标准化菜市场建设，完善城市蔬菜流通体系布局，满足居民便捷、安全、优质农副产品消费需求。二是支持农产品质量安全监管体系建设。安排预算资金支持开展产地农产品质量安全监测、监督管理等工作，确保农产品生产经营者严格落实质量安全主体责任。

3. 持续优化物流配送环境

一是配发轻型、微型封闭式载货汽车专用通行证，采取互联网自助申领通行证的便利措施，可不受外环线以内载货汽车区域限行措施限制。二是积极做好农产品仓储冷链保鲜设施建设启动工作，组成了专家技术团队，全面摸排城市建设需求，研究起草了实施方案、技术方案和验收方案。

4. 进一步提升经营服务能力

积极开展农产品展销对接活动，推动农产品出村进城。一是组织天津市生产经营主体参加中国国际农产品交易会、中国长春国际农业·食品博览（交易）会、中国沈阳国际农博览会、第五届京津冀品牌农产品产销对接会、天津市脱贫攻坚成就展和青岛全国农产品区域公用品牌热销暨中国品牌农产品展销，开展了农民丰收节丰收购物季。二是积极开展益农信息社建设工作，利用天津市信息进村入户综合服务平台开设农资商城，保障春耕生产物资，实现农资网上订购。通过综合服务平台发布本地农产品供应信息，制作了农产品直达配送平台和待售信息平台，通过线上线下销售方式，推动农产品产销对接。三是市供销合作总社以原有经营服务网络为基础，不断提升完善各类为农服务载体建设，建设农业生产资料配送中心 19 个，连锁经营网点 594 个，新建和提升改造日用消费品配送中心 27 个，连锁经营网点4 866个，建成鲜活农产品配送中心 14 个。

5. 进一步拓展网络销售能力

积极开展农产品网络销售，推动“互利网+”农产品出村进城。一是会同市商务局组织开展了首届“津春有你”线上购物促销节，组织天津市 19 家农产品电商平台和 40 家“津农精品”企业参加。与中国邮政天津市分公司遴选天津特色农产品和困难村农产品入驻学习强国平台参与换购活动。会同天津市商务局和天津市工信局与拼多多平台签订了框架协议，搭建天津优品馆。二是举办小站稻产销对接会，推动“互联网+农业+快递”发展，引导快递企业加强与农产品电商企业及农产品原产地的合作，拓展农产品线上线下多种销售渠道。三是宁河“家乐在线”、宝坻“劝宝商城”对接中华全国供销合作总社“供销 e 家”，在区域和全国平台的带动引领下，借助线上线下一体化优势，市区两级供销社电子商务公司整体布局、联动发展，对接连锁网络，线上线下融合互促，新农村现代流通服务网络进一步完善。

（三）农业农村电子商务发展特点

1. 以天津区域电商平台为主，多类型、多模式共存

天津农业电商类型主要有区域电商平台、电商企业、自建电商平台、第三方平台（淘宝、京东等）和微商、App 以及公众号等多类型、多模式共存。

2. 区域电商平台有效助推消费扶贫，实现贫困户增收致富

在政府的大力引导与推动下，宝坻区“劝宝商城”、静海区“金仓吉美格”、西青区“华喜汇通”和天津食品集团“农鲜生活”等电商平台，依托自身平台，对“三区三州”农产品和天津定向扶贫地区的农产品进行宣传、推广与销售。

3. 电子商务服务平台对产品严格把关，推动平台产品标准化

自 2018 年 8 月 31 日，《中华人民共和国电子商务法》出台以来，各区域电子商务服务平台严格按法律规定，对本平台产品的资质、检测、认证等方面进行严格把关，有效推动了区域电子商务服务平台的产品标准化。

（四）面临的主要问题

一是天津市农产品电商平台销售市场主要以“京津冀”为主，在全国市场影响力较低，对品牌农产品带动作用不足。二是部分电商平台上的商品仅有简单的安全追溯体系，缺少完善的质量溯源体系。三是因面临京津两大直辖市市场，农产品网络销售快递成本高，日常经营多以直达配送和订单模式为主。

（五）下一步重点工作

一是多途径、多手段提高区域电商服务平台的影响力。加大区域电商平台宣传力度，鼓励知名农产品和市级龙头企业、合作社入驻区域电商平台，提高影响力。引导区域电商平台跨区发展，整合全市资源，对接产能与需求，增加特色农产品品类，实现规模效应，提高价格竞争力。二是政府、电商平台与供货商共同构建完善的质量溯源品控体系。政府引导建立健全适应电商发展的农产品质量分级、采后处理、包装配送、产品追溯等标准体系，认定权威高效的第三方农产品质量安全检验检测机构，推动质量安全检验检测机构与电商平台和供货商合作。加强供货商的标准体系的培训，鼓励与扶持供货商按标准生产，电商平台按标准体系建立完善的追溯体系，逐步实现“从田间到餐桌”全过程可追溯体系。

二、山西省农业电子商务发展报告

（一）“十三五”期间农业农村电子商务发展情况

“十三五”以来，山西省农产品电子商务呈现高速增长态势。2020 年，山西省农产品网上零售额为 40.5 亿元，同比增长 22.4%。阿里、京东、苏宁等龙头电商，以及乐村淘、贡天下等本土电商共同发力，线上线下加速融合，生鲜电商、社区电商异军突起，县域微商交易活跃，涌现出一批农产品电商新模式。

1. 农产品电子商务服务节点覆盖率稳步提升

山西省推进信息进村入户工程，全省累计建设完成17 663个益农信息社，覆盖全省 93%左右的行政村。电子商务进农村综合示范县数量达到 52 个，共建设 50 个县级电商公共服务中心、6 672个村级电商服务站点。实施“快递进村”工程，全省“快递进村”覆盖率达 56.5%，共建设村级服务点4 610个。

2. 推进山西特色农产品线上营销平台建设

天猫・山西原产地官方旗舰店、京东・山西农特产馆、美特好“晋品・晋味”山西品牌农货馆、乐村淘山西消费扶贫电商平台、一亩田山西品牌馆等“晋字号”农产品营销平台上线运营，进一步拓宽了山西特色农产品网络销售渠道。

3. 完善农产品电商市场化推进机制

分别与阿里巴巴（中国)、山西美特好连锁超市股份有限公司、山西乐村淘网络科技有限公司、上海寻梦信息技术有限公司（拼多多）签署农产品出村进城战略协议，共同推进农产品上行。第三个中国农民丰收节主场活动在山西运城举办期间，与阿里联合打造丰收消费季，据不完全统计，2020 年 10 月山西农产品在阿里平台上行超过1 400万笔，成交额超过 6 亿元；拼多多与地市每月打造不少于一场直播活动，场场人气爆满，件件销售火爆；新冠肺炎疫情期间，与美特好联手开展助农行动，销售滞销农产品上千万元。

4. 品牌活动助力农产品上行

山西省打造了中国农民丰收节—“丰收消费季”、大同好粮星光助农活动、隰县梨花直播节等一批农产品电商品牌活动。2020 年，举办了“晋品晋味·助农益农”农产品百日消费季活动，活动包括启动仪式、“十县百村千人”线上直播、“十品百企”品牌推介、鲜活农产品线下对接、特色产品百日促销、系列专场活动和消费扶贫“五进”对接承销 7 个系列活动，全省累计有 143 位市县领导走进直播间，开展直播带货 325 场，累计围观人数达 1.36 亿人次，线上成交约 133.8 万单，销售额达 1.2 亿元，在全国两会期间受到中宣部①关注和通报表扬。

5. 实施农村电商人才培育计划

每年在高素质农民培训中培育2 000名具有电子商务营销技能的新型经营主体。实施“新农人主播”千人培训计划，全省培训具备直播带货技能的新农人主播3 000人。连续 5 年举办了农民手机应用技能培训周，手机成为农民的“新农具”，数据成为农民的“新农资”，直播成为农民的“新农活”。举办百村短视频和直播带货竞赛活动，评选出“十佳人气乡村代言人”。

（二）“互联网+”农产品出村进城工程进展

山西省农业农村厅已制定《山西省“互联网+”农产品出村进城工程实施方案》，实施台账制度，加快推进市场化产业主体培育和对接。太原市阳曲县、吕梁市临县、长治市长子县入选农业农村部“互联网+”农产品出村进城工程试点县。目前，各试点县、运城市万荣县已制订实施方案，稳步开展试点工作。

阳曲县利用乐村淘农产品直播平台、抖音、快手等短视频直播媒体，组织直播活动，对“阳曲小米”进行了品牌传播及站外推广。临县建立消费扶贫爱心超市，委托临县电子商务产业园区运营，充分发挥其园区信息、物流、快递、打包与直播基地优势，打造临县电商供应链。长子县在石哲镇规划建设了一座智慧农业数据中心，提供实时视频监控、环境监测、无线物联网传感器数

① 中国共产党中央委员会宣传部，全书简称中宣部。

据实时传输服务，覆盖服务面积 1 万余亩①；在长子县丹西龙鑫园区进行全县一体化农事网络建设，依托智慧农业数据中心和数字园区，为规模化应用数字农业技术提供系统支持。万荣县发挥益农信息社作用，以村民为主要服务对象，以公共服务、信息咨询和代理服务为主要服务内容，以提升农民创收为目标，为广大村民提供方便快捷的服务。

（三）农业农村电子商务发展特点

1. 直播电商成为流量入口

直播电商通过场景化营销，田间地头变成直播间，县长书记变成代言人，农民达人变成新主播，明星成为助农公益大使，将农产品原生态直观呈现给消费者，对消费者有效引流，增强了消费者购物信心。长治市武乡县郭晋平大姐，通过网络直播 1 斤小米能卖到 16 元，带动当地小米销售搭上电商快车。大同市联合央视电影频道举办大同好粮星光助农活动，在淘宝、抖音、快手、京东 4 个平台实现全网直播，成龙、黄晓明等明星为农产品“吆喝”，“雁门清高”苦荞茶、“东方亮”有机小米等多款产品上线后“秒光”，带动线上线下销售1 000多万元。

2. 社区团购打通农产品销售“最后一公里”

美团、饿了么等全国性生活服务电商平台布局本地社区“菜篮子”市场；唐久便利、金虎便利发挥网点密度高和用户黏性强的优势，纷纷进入社区团购领域；小美一日菜、太好乐等本土生鲜平台，采取团长制迅速打开社区市场，“买菜次日达”服务满足了消费者的购物需求；贡天下除了在机场、高铁站、商圈布局外，还继续扩大居民社区网点密度，寿阳豆腐干、平遥牛肉等本地特色生鲜农产品成为售卖亮点。

3. 电子商务成为稳产保供、助农益农的重要渠道

新冠肺炎疫情期间，电商渠道成为城市居民购买农产品新途径，同时为滞销农产品出村进城提供有效保障。山西省农业农村厅与山西广播电视台新闻中心合作组织开展“抗疫助农”县长直播，通过书记县长站台背书代言等方式，开展6 场“县长带货　抗疫助农”直播活动，累计围观人数近 800 万人次，成

① 1 亩≈667 米^2，全书同。

交农产品5万余单、货值200余万元。

4. 农产品仓储保鲜冷链设施成为农产品电商新基建

山西省作为全国农产品仓储保鲜冷链设施建设首批实施省，积极构建“前店后仓+果农”网销模式，为电商服务提供有力支撑。临猗县修建恒温冷库448座，贮果量75万吨，占总产量的1/3，果库数量占全省1/3。通过品牌网店、涉农冷库与广大果农的结合，构建“前店后仓+果农”的产地网销模式。2020年，该县“御品一园”天猫旗舰店，依托1 500万斤冷藏果库、300户果农和3 000多亩优质苹果，仅4个月就销售苹果500多万元；恬果惠天猫旗舰店，每天销售毛桃、油桃8 000箱，天猫单项类目全国排名第一。

（四）面临的主要问题

贫困地区电商培训服务质量有待提升。由于贫困村条件有限，年轻人群大多外出打工，参加电商培训的大部分是中年人群，只能掌握简单理论知识和实际操作，对于电商经营环节中产品策划、质量标准制定、品牌包装、营销推广以及销售、物流、售后等各个环节并没有清晰的认识。

（五）下一步重点工作

围绕打造省级农产品区域公用品牌，依托龙头电商平台，实施线上整合营销，拓展山西特色农产品销售渠道。大力推进“互联网+”农产品出村进城工程试点，在供应链体系、网络营销体系和保障体系上提供全省可复制可推广的样本。鼓励开展网订店取、社区团购等农产品生鲜电商直配新模式，推进直播电商、内容电商、社交电商等新业态在农产品营销中的应用。继续办好农民手机应用技能培训，夯实农村电商人才基础。

三、吉林省农业电子商务发展报告

（一）“十三五”期间农业农村电子商务发展情况

2016年以来，吉林省在34个县（市、区）实施了省级县域农村电子商务试点项目建设，评选了40个电商镇和400个电商村；引导16个县（市、区）加强与阿里巴巴集团合作，推动农村淘宝项目建设。建设改造县、乡电子商务服务中心268个、农村电子商务服务站5 316个，县域物流集配仓储中心31个、乡镇物流分拨中心341个、培训39.5万人次、孵化网商12.1万人，农村电子商务精准扶贫公共服务基本实现了县、乡、村三级公共服务全覆盖。

1. 拓展市场渠道、积极打造新优势

积极举办“农村电商精准扶贫产品展销会”“农村网络直播促销季”“中国网红吉林行”“年货大集”等线上线下促销活动；支持各地农产品入驻吉林省在其他省市开设的“吉林名优产品营销展示中心”，跨省拓宽销售渠道。在阿里巴巴平台（淘宝、天猫），吉林省农产品网络买入卖出比实现了1：1.14的顺差，人参、鹿产品、黑木耳市场占有率分别达70.8%、45.5%、29.0%，全省农村网络零售额连续3年实现了快速增长。

2. 加强培训孵化、积极抢抓新机遇

依托电子商务进农村综合示范等项目，开展网红直播培训，培育孵化农村电商企业8 980户、网店5.7万个、网商12.1万人，网络直播电商企业993户、网络主播5 112人、直播产品3 806款。据统计，吉林省在阿里巴巴平台（淘宝、天猫）上活跃的农产品网店近6万个，带动创业就业13.2万人，有5个乡（镇）、4个村入选阿里巴巴评选的淘宝镇、淘宝村。

3. 加强平台应用，有效探索新机制

为有效应对农产品滞销积压难题，委托省内信息化龙头企业开发了吉林省农产品产销对接平台，建立了农产品滞销三级预警机制，将产销对接机制化、常态化，逐步实现产销双方供需信息自动匹配、自主交易。2020年8月，吉林省农产品产销对接平台正式上线，目前已入驻供应商、采购商、服务商388户，上线产品363款。整合县域物流资源，优化物流配送路线708条，建设县域物流集配仓储中心或物流产业园127个、乡镇物流快递节点889个、农村物流快递站4 917个，进一步完善了县、乡、村三级电商物流配送体系，农村地区收费与省会长春市基本持平。

4. 积极应对疫情，有效发挥新作用

按照“分级负责、有效对接、多方动员、逐步化解”的工作思路，组织保供促销等工作，为近百家省内外保供企业办理绿色通道车辆通行证、出入城通行证，在城市社区开展无接触配送，累计销售滞销黄瓜、马铃薯、草莓等农产品270多吨、1 120多万元，有力保障居民生活必需品、滞销农产品进城畅通。

（二）“互联网+”农产品出村进城工程进展

为推动“互联网+”农产品出村工程，吉林省农业农村厅等部门联合印发了《关于印发〈吉林省农业农村厅　吉林省发展和改革委员会　吉林省财政厅　吉林省商务厅关于“互联网+”农产品出村进城工程实施意见〉的通知》（吉农市发〔2020〕21号）。

根据农业农村部的精神，吉林省农业农村厅专门下发了《关于“互联网+”农产品出村进城工程试点县遴选工作的通知》，按照县（市）申报、市（州）推荐、部门联审的程序，确定双阳区、蛟河市、双辽市、东丰县、通化县、抚松县、扶余市、通榆县、镇赉县和汪清县10个县（市、区）为“互联网+”农产品出村进城工程省级试点，已公示完毕。同时，推荐双阳区、通化县、通榆县、镇赉县、蛟河市和扶余市6个县（市、区）参加农业农村部组织开展的“互联网+”农产品出村进城工程国家级试点。

（三）农业农村电子商务发展特点

生鲜农产品品牌化，消费体验多样化。生鲜产品对标准化运输有较高要求，从严格标准化的分选、包装到处理，生鲜农产品才能通过考验，实施标准化运输。生鲜农产品消费已进入更加注重质量和品牌的时期，消费者购买生鲜农产品时对质量和品质更为重视，而这种购买观念的升级推动了生鲜产品品牌化趋势。随着人们生活品质的改善，其消费方式也有了巨大转变，传统方式被多样化方式所取代，生鲜平台不断创新线上购买方式。越来越完善的生鲜电商平台供应链系统为实现生鲜农产品消费体验多样化奠定了重要现实基础，推动了生鲜农产品线上线下销售的加速融合，并呈现出更为显著的场景化消费需求。

（四）面临的主要问题

1. 观念转变慢

县（市、区）政府对发展农村电子商务的重要性认识不足，对带动农民发展农村电子商务脱贫致富存在畏难情绪，存在等、靠、要的思想，主动有为的不多。另外，对农民没有做反复细致的培训引导，导致大部分农民上网能力弱、电商意识差、网络消费习惯不足。

2. 农产品上行难

“规模化、标准化、品牌化、电商化”产品少，难以形成有效的供应体系；有的县（市）地广人稀、道路交通不便、物流配送成本高；线下对接渠道不畅通，存在产品找市场、市场找产品的问题。

（五）下一步重点工作

在“十四五”期间，将着眼乡村振兴和供给、需求侧改革需要，指导示范县加强物流资源整合，加强农村物流站点建设，开展城乡高效配送，优化农村物流体系，确保农村电商物流“村村通”。加强对本地农村直播带货主播的培训孵化，不断壮大农村直播带货市场主体规模。支持农村地区商贸流通企业开展数字化建设改造，加强城市线下体验店建设，创新经营管理模式；适时举办农村产品进社区、进商场，展示展销活动，不断优化线上线下流通渠道。

四、黑龙江省农业电子商务发展报告

（一）“十三五”期间农业农村电商发展情况

“十三五”期间，是黑龙江省农村电商起步和快速发展时期，全省上下认真贯彻落实中央和省委、省政府一系列关于农村电商发展政策和意见，加快发展农村电子商务。

1. 交易规模持续扩大

“十三五”初期，黑龙江大米网、生态龙江、惠丰通村网等本土农产品、农资平台型电商，以及以明水壹丰科技、五常王家屯合作社等绿色有机农产品经营主体为代表的交易型电商陆续启动运营，并尝试开展“我在黑龙江有亩田”众筹等活动。到“十三五”后期，黑龙江省农村电商呈现持续、稳定发展的良好局面，2020 年，全省农产品网络零售额达 67.4 亿元，同比增长 58.2%。农产品网络零售额排名前三的行业分别为粮油调味、休闲食品和生鲜食品，占比分别为 70.2%、12.3%和 7.1%。

2. 应用水平不断提升

各地借助各类项目和工程，开展试点和示范，提升全链条应用能力。黑龙江省 31 个县（市）成为国家电子商务进农村综合示范县（市）。建成县级电子商务公共服务中心 29 个、乡镇电子商务服务站 199 个、村级服务站点 2 800 个，县级物流配送中心 31 个。推动建立黑龙江省电商扶贫联盟，以帮扶认证农产品“三品一标”为抓手，整合电商、物流、金融、媒体等多方资源，助力脱贫攻坚。

3. 交易渠道不断拓宽

传统零售数字化进程加速推进，新零售发展渐入佳境，成为农产品外销的重要渠道之一。2020 年，黑龙江省农产品在阿里新零售渠道实现网络零售额 6.7 亿元，同比增速为 47.8%，实现网络零售量 5 405.2万件，零售额在全国范围内排第十三名。直播成为农产品上行的重要途径，2020 年，黑龙江省参与直播的农产品实现网络零售额 9.8 亿元，实现网络零售量2 859.9万件。农产品直播的商品数达51 104个，渗透率为 10.1%。

4. 推进力度持续增加

黑龙江省委、省政府组织了两届农产品营销大赛，借助三届中国・黑龙江国际大米节组织大米线上营销，下发《黑龙江“互联网+农业”行动计划》《农产品电商直播三年行动方案》等系列发展农村电子商务的意见，加大和阿里巴巴等电商龙头企业战略合作，提高龙江优质农产品市场占有率。与阿里集团共建 7 个农产品“数字粮仓”，在天猫建立了“黑龙江原产地”和“小康龙江”两个旗舰店，培育五常大米旗舰店等一批知名店铺，飞鹤官方旗舰店位居天猫渠道畅销店榜首。全省8 857个益农信息社实现电商交易额 1.92 亿元。黑龙江省农业农村厅协调知名电商平台，2020 年牵头举办“龙江有好货”直播活动 16 场，全省累计开展直播活动 170 场，销售农产品 2.93 亿元。

（二）“互联网+”农产品出村进城工程进展

黑龙江省认真落实《农业农村部办公厅关于开展“互联网+”农产品出村进城工程试点工作的通知》要求，组织海伦市、林甸县和绥滨县全面开展试点工作。3 个县（市）结合主导产业，发挥“互联网+”在推进农产品生产、加工、储运、销售各环节高效协同和产业化运营中的作用，扎实推进农产品产销顺畅衔接、优质优价，带动全省农产品出村进城。据北京欧特欧国际咨询有限公司数据显示，2020 年，黑龙江省农村农产品实现网络零售额 31.1 亿元，同比增长 67.5%。

1. 培育运营主体，筑牢市场化发展基础

各试点县（市）依托试点参与企业及农业龙头企业、合作社等各类组织，因地制宜建立健全县级农产品产业化运营主体，探索建立健全利益联结机制。绥滨县积极与吉林云耕农业股份有限公司对接，建设“互联网+”农产品出村进城服务平台，制订了三期项目实施及推动计划，摸清信息化现状、农产品出村进城建设需求，制订具体工作计划，县内运营主体群初步建立。

2. 打造供应链体系，提高农产品流通效率

林甸县制定农村物流解决方案，建设物流信息平台，购买物流专用车辆，建设冷库，为企业提供预冷、鲜贮服务。与邮政、“四通一达”、优速快递等

快递企业达成合作，解决农产品物流成本高的难题。目前，物流快递每日收发快递约 500 件，优速快递省内首重价格由 2017 年的 6 元降低到 2020 年的 4.5 元。海伦市建设占地面积 5 万米^2 的省部共建农产品产地市场，大豆年交易量 50 万吨，年贸易额 25 亿元，年集散量超百万吨，占全省贸易量的 20%，连续 4 年承担大商所“保险+期权”业务，试点面积占海伦市大豆播种面积的 50%。

3. 完善运营服务体系，促进农产品销售提档升级

海伦市举办 2020 年海伦甜糯玉米丰收购物节暨天猫正宗原产地发布会，与天猫公司签订合作协议，推动地域公共品牌建设及传播。聘请北京志起未来咨询公司为海伦市制定品牌发展战略。与京粮集团开展双品牌合作，海伦富硒大豆产品进入京粮集团2 000余家超市。“海伦大豆”品牌入选中国农业品牌目录，进入中国区域农业品牌影响力排行榜粮油类前十强，荣登 2020 年中国区域品牌价值评价排行榜。

4. 建立支撑保障体系，加快区域数字化转型

绥滨县加强对农产品供应链全链条质量安全监管和检测，定量检测 90 批次，定性检测 280 批次，全县农产品质量安全监测合格率稳定在 98%以上。海伦市发布《海伦大豆团体标准》，统一优质大豆品种，海伦大豆由 50 余个品种精减为东升系列 5 个高产、高蛋白品种，吸引天津市利民调料有限公司等 7 家一流企业入驻，全市大豆售价每千克比周边市县高 0.3~0.5 元，年拉动农民增收3 000 万~4 000万元。

（三）面临的主要问题和下一步重点工作

1. 面临的主要问题

黑龙江省农业农村电子商务起步晚，目前仍存在新型经营主体思想观念落后、实力电商平台少、专业人才缺乏、农产品品牌影响力不高等问题，特别是物流环节成为突出短板。黑龙江地理位置偏远、地域跨度大，农产品物流成本高。据调查，黑龙江最知名的大米，物流成本占总成本的 23%以上，平均 1 周左右才能到达消费者手中，客户体验感差，一定程度上制约了农产品电子商务发展。

2. 下一步工作打算

（1）构建完善的网络平台。进一步与阿里巴巴、京东、苏宁等大型电商

企业对接合作，加强与全国农产品主销城市交流，吸引更多电商到黑龙江发展，构建覆盖乡村的网络销售平台和物流配送网络，解决好“互联网+”进农村“最后一公里”问题。

（2）培养和引进农业电商人才。鼓励各级教育机构开设农业信息化或电子商务相关专业，培养高素质、多层次的农业信息化人才。制定相关优惠政策，吸引电商人才入驻县乡或龙头企业。定期举办电商培训，培育一批本地电商人才。

（3）加强农产品标准化与品牌化建设。鼓励有关组织或企业参加品牌评比和产品认证，加快农产品标准化控制，实现品牌产品全程追溯。充分利用中国国际农产品交易会、绿色食品博览会等展会平台，开展农产品产销对接活动，加大农业品牌营销推介力度。引导各企业和基地加快绿色有机食品认证，研发高端产品，抢占高端市场，提高农村电商效益。

（4）加强农产品物流体系建设。制定农产品市场流通体系建设规划，引导各市县培育农产品骨干市场、乡村田头市场。加大政策扶持力度，鼓励和引导合作组织与家庭农场等新型经营主体建设冷冻冷藏等基础设施，方便农民就近就地销售农产品，减少物流成本和农产品损耗。加强物流设备、物流技术和人才的引进，培育一批有实力的农产品物流企业，发展规模化的农产品电子交易中心。

五、上海市农业电子商务发展报告

近年来，上海市各级农业部门积极对接各大电商企业，将地产优质农产品销售从商超渠道扩展到新业态新模式的电商平台，许多有条件的新型农业经营主体也积极采用电子商务开展产品销售，有力推动了农产品电子商务发展。

（一）农产品电子商务发展情况

上海市农产品电子商务交易量持续升高。据统计，2019 年全市电子商务农产品销售额超过 310 亿元。2020 年一季度，全市生鲜平台交易额已达 88 亿元，同比增长 167%，订单量增长 80%。上海市农产品电子商务发展态势主要表现在以下四点。

（1）营销手段多样。线上线下相结合，农业电商采用“虚拟种植”“直播”“小视频”“无接触式配送”等营销手段销售农产品。

（2）注重品牌特色。2020 年为农业质量年，涉农电商与农业管理部门及其他政府机构深度合作，发挥电商大平台的流量优势，共同将上海市农产品推向全国市场，打响上海市农产品品牌。

（3）重视质量追溯。随着近几年食品安全问题的频繁出现，消费者更倾向于购买有追溯信息的产品。2020 年大部分电商平台纷纷推出了更加完善的追溯系统。

（4）休闲农业电商获得较好反响。上海市休闲农业企业采用各类新模式开展电商活动。

（二）农产品电商企业发展情况

上海市规模较大的农产品电子商务平台有 10 余家，发展比较迅速，呈现如下特点。

（1）政策持续聚焦。近几年政策利好不断，国家颁布的“互联网+”“农村物流”“返乡创业”“农产品可溯源”“数字乡村”等内容的政策法规，尤其2020年国家扶贫攻坚时刻，卖农产品和增加农民收入已经成为各大农业电商平台助农的核心任务，特别是新冠肺炎疫情成了各家老字号和传统企业积极转型开展电子商务的催化剂。

（2）更多资本涌入。农产品电子商务具有诱人的发展前景，叮咚买菜、盒马鲜生、美团买菜、每日优鲜等纷纷抢占农产品市场。

（3）经营模式多样。有服务全国化模式，服务区域化模式，线上线下结合模式，农场主与社区直接对接的社区团购电商模式，24小时自助售菜模式，农产品产地直销、微商和直播模式，农户、合作社自营的微信小程序模式以及无接触式配送的社区共享货架模式。

（4）形成“上海模板”进军全国。持续提升的营商环境、不断夯实的信息化基础、日益丰富的创新资源和需求强大的消费驱动力，长期积累的结果使得上海市农产品电商形成了“上海模板”，为进军全国奠定了基石。

（三）面临的主要问题

1. 经营主体生产规模偏小

上海市农业经营主体生产规模偏小，产品品种相对单一，很难满足大型生鲜电商的规模销售需求。

2. 农产品市场化程度比较低

农产品来自田间地头，对于生鲜电商来说获取相关信息难度较大，成本高昂。农产品品控困难，难以取得消费者信任。生鲜电商自建品控标准不一，对消费者缺乏公信力。某些农产品在市场上打响品牌后，存在假冒伪劣、以次充好的问题，市场品牌保护不够。

3. 经营主体与电商企业联系不够紧密

合作社和电商之间沟通理解不够，产品标准不统一，合作社和电商各有各的标准，有的合作社已形成自己的标准，但却无法达到电商的标准，往往造成沟通僵局。没有形成规范化、标准化市场体系，难以推动供应源头的品质把控。

（四）下一步重点工作

1. 扶持规模化生产

加强对本地农产品规模生产设施的扶持，通过协会、第三方组织等协调合作社和生鲜电商发展订单农业，与生鲜电商销售计划提前沟通，畅通合作社田间计划。集中资源与物流谈判，让运输流通更实惠、高效，共用专业的电子商务人员，降低成本。

2. 推动供给侧数字化改革

集中地产优质农产品的信息发布渠道，组织各类对接活动，让电商与农产品生产经营者之间对接更便捷。通过联合知名电商平台，利用好各区农产品特色，形成规模化销售优势。建立农产品电商准入门槛制度，构建农产品生产信息、农业基地信息库，搭建农产品源头检测机制，统一检测标准和流程，公开相关检测数据，从源头提升生鲜产品标准化程度，形成规模化的区域品牌，提升消费者的信任度。

3. 推动智慧零售终端应用

推动智能售货机、智慧微菜场、无人回收站等各类智慧零售终端发展，着力提升智能化、集成化和综合化等服务功能。培育社区农产品销售微商，通过农场直接对接社区。

4. 加强电商人才培养

重视落实电子商务人才的各项政策，并推动校企合作，培养复合型、交叉型、实战型专业人才，为一线的基层创业者提供相关教育培训和服务。

六、江苏省农业电子商务发展报告

“十三五”期间，江苏省各地紧紧抓住打造乡村富民产业、助力农民就业增收“两个关键”，支持广大农业经营主体、返乡下乡留乡人员发展农业电子商务，大力推进“互联网+”农产品出村进城，加快探索乡村数字经济发展路径，不断以新业态、新模式激发消费新活力，助推江苏农业高质量发展。

（一）“十三五”期间农业农村电子商务发展情况

“十三五”期间，江苏省支持农业经营主体发展电商新业态，探索线上线下融合新模式，全省农业电子商务实现快速发展。持续开展电商“万人培训”活动，累计培训人数 6 万多人。与阿里巴巴、京东、苏宁易购等知名电商合作，累计开设地方特产馆 345 个，农产品淘宝卖家数量位居全国第三，累计培育淘宝镇 248 个、淘宝村 664 个，分别位居全国第二位和第三位。各地还累计建设省级农业电商示范基地 261 个、“一村一品一店”示范村 456 个、省级数字农业农村基地 74 个（其中农产品网络营销新业态发展类 43 个）。同时，建成县级农业电商产业园或涉农电商创业园 82 个，其中农产品网络销售额超亿元的有 22 个，通过要素集聚和服务共享，为农业电商主体做大做强提供全方位支持。2020 年，全省农产品网络销售额达 843 亿元，同比增幅超过 34%，连续多年增幅超过 25%，呈现蓬勃发展、持续向好的发展态势。

（二）“互联网+”农产品出村进城工程进展

落实国家“互联网+”农产品出村进城工程部署要求，2020 年 5 月，江苏省农业农村厅、发展改革委、财政厅和商务厅联合印发《江苏省“互联网+”农产品出村进城工程实施方案》，创新性提出构建“1+1+N”产业化运营机制，依托 1 个知名电商企业的技术、数据和金融等服务资源，在县域落实 1 家有规模优势、有资源整合力量的产业化运营主体，并联合全产业链各环节 N

个市场主体，统筹推动特色农产品生产、加工、仓储、物流、品牌、认证等服务。同时，推动建设县域农产品出村进城单品全产业链大数据，促进产业融合、服务聚合、数据整合、平台汇合，形成适应农产品网络销售的数字化供应链体系、运营服务体系和支撑保障体系。按照农业农村部试点工作方案要求，江苏省组织开展了试点县建设申报工作，首批确定了丰县等10个试点县，其中丰县、赣榆区、沭阳县、盱眙县、东台市、海门区6个县（市、区）被农业农村部作为全国试点。

2020年9月，江苏省下发《关于公布全省“互联网+”农产品出村进城工程试点县名单的通知》，督促试点县建立市场运营机制和政府领导负责、跨部门推进的工作机制，着重推进数字技术在农业生产经营中广泛应用，完善农产品智慧化冷链物流体系和县镇村三级电商服务体系，发挥电商园区、电商企业资源汇聚优势和社会化服务功能，打造县域特色农产品数字化全产业链条。同时加强工作调度，制定试点县实施进度统计表，并在江苏省农业信息化覆盖率工作考核系统中加入该统计表报送模块，每个县明确一名工作联络员按时通过系统填报实施进度情况和试点工作进展汇报。

2020年11月，江苏省专门召开了全省“互联网+”农产品出村进城工程建设推进会，邀请10个试点县的县委县政府领导登台交流，阿里巴巴、京东、中国邮政等试点参与企业和县域农产品产业化运营主体也进行了经验交流，促进相互间学习借鉴，提升建设水平。

（三）农业农村电子商务发展特点

目前，江苏省农业农村电商蓬勃发展，主要呈现“两快两好”的显著特点。

1. 电子商务销售额增长快

受新冠肺炎疫情影响，越来越多的城镇居民在“线上买菜”成为常态，大量的市场主体更积极拓展微信团购、社区（平台）拼购、基地直供等电商新模式，特别是苏南地区表现得非常明显。据不完全统计，全省农产品在阿里平台上的销售额位居全国第三，农产品卖家活跃用户数位居全国第二。

2. 直播新业态发展快

这两年，大量农业经营主体试水直播带货，网红新农人纷纷涌现，手机逐渐成为“新农具”。一些政府部门也举办各类电商直播促销活动，不断为地方农产品代言带货，“平台直播”为农产品上行打开了新通道。2020年淘宝发布的中国十大淘宝直播之城名单中，连云港市跻身全国第三位，宿迁、苏州也均上榜。据“第三方”机构数据显示，2020年江苏省参与直播的农产品数超过30万个，位居全国前列，实现网络销售额超过40亿元。

3. 电子商务活动成效好

江苏省与阿里巴巴、京东、苏宁易购、抖音、拼多多等知名电商平台和互联网企业深入合作，积极争取直播、短视频流量等支持优惠政策，开展了多个丰富多彩的电商活动，取得了明显成效，有效助力农产品从“田间地头”走进“千家万户”。联合抖音开展的“苏农直通车——抖音直播带货活动”，吸引全省460多家企业踊跃报名。和阿里巴巴合作的“苏品网上行”——阿里巴巴春雷计划对接活动，全省共300多家企业报名、140多家现场对接。在江苏省农业农村厅指导下，阿里巴巴集团和赣榆区政府合作举办的2020年江苏村播大会——淘宝直播活动，当晚累计销售农产品18万件。

4. 产业与电商融合发展效果好

江苏省依托特色产业发展电子商务，农产品网络营销蔚然成风，大闸蟹、小龙虾、咸鸭蛋、盐水鸭、水蜜桃以及花卉绿植等特色优势农产品，通过电商平台、直播带货等渠道畅销全国乃至海外。引导邮政、快递等服务资源下沉到村，打造的“快递+特色农产品”项目超过100个，沭阳花木连续多年位居国家级“快递服务现代农业金牌项目”首位。

（四）面临的主要问题

1. 物流问题

农产品仓储保鲜、冷链物流等配套设施不够完善，制约了生鲜电商发展步伐。

2. 品牌包装问题

农业电商经营主体规模小，在市场叫得响的品牌农产品还不够多，农产品包装设计水平不足。

3. 资金问题

一些农业电商从业者是农民或青年创业者，抵押担保能力较弱，面临融资难、贷款额度较低、审批手续较为繁复等问题。

（五）下一步重点工作

下一步，江苏省将以农产品出村进城为抓手，大力支持新型消费健康发展。扎实做好农业电商基础设施建设，打造地方特色网销产品和品牌，抢抓电商新业态发展机遇，实现农业电子商务跨越式发展。

1. 着力推进农产品出村进城工程

组织全省试点县（市、区）对照工程试点建设任务，加大推进力度，在数字化生产、网络化营销、产业化运营、数据化管理等方面，探索先进的经验做法和建设规范，不断完善农产品供应链体系、运营服务体系和支撑保障体系。建立通报制度，每个季度对各地建设进展情况进行通报，督促各地落实试点建设工作。定期开展督促指导、跟踪评估和经验交流工作，掌握各地进展情况，打造建设样板，为实现“互联网+”农产品出村进城工程全省覆盖探好路。

2. 加快农产品网络营销新业态培育

继续与阿里巴巴、苏宁易购、京东、拼多多、抖音、快手等知名电商平台和互联网企业加强合作，顺应电商营销新趋势，组织农业经营主体参加直播带货等内容丰富、形式新颖的电商活动，提升农产品网络营销水平。鼓励各地完善电商园区基地软硬件配套设施，通过平台、网店大力发展电商新模式，形成带动力强、受益面广的电商产业生态链，为电商综合服务提供有力支撑。

3. 强化农产品电商主体培训效果

持续开展全省农产品电子商务“万人培训”与农民手机应用技能培训，优化培训方式和课程内容。指导各地精心安排课程，加强对手机直播、短视频拍摄等网络营销新技能的培训，兼顾培训主体基础条件的差异性，突出课程安排的实用性。鼓励师资力量强、实践经验丰富的社会企业开发更多专业性、针对性的电商培训课程，为各地开展培训工作提供更多选择，最大限度提高农业主体电商技能培训效果，提升运用电商手段创业创新的能力。

七、浙江省农业电子商务发展报告

（一）农产品流通线上线下加快融合

浙江省20个县启动实施“互联网+”农产品出村进城工程，加快建设农产品加工物流、快递、冷链仓储等基础设施，培育一批具有较强竞争力的县级农产品产业化运营主体和农产品品牌。优中取优，在20个省级试点中遴选6个县（市、区）申报国家试点，并全部顺利入选，成为入选地区最多的省（区、市）之一。目前全省拥有活跃涉农网店2.4万家，培育电子商务示范村350个、农村电商示范服务站（点）720个，累计建成电商专业村1 720个。推进“网上农博”平台建设，设立11个市馆、89个县（市、区）馆、9个省外对口帮扶支援县馆，共有2 653家农业主体的9 507款产品上线，全年累计成交额超1.2亿元。2020年浙江省线上农业博览会借助网上农博平台同步开展，组织开展云展示、云展销、云订货、云论坛、云推介等“五朵云”活动，实现成交额超6 000万元。

（二）农产品网上营销快速发展

新冠肺炎疫情影响下，为解决销路难题，各地纷纷发挥网络平台作用，推动农产品、特色小吃、农家乐的销售，农业生产经营主体纷纷“触网”，一批市县领导当起主播进行农产品直播带货，“互联网+”农产品营销的优势得到充分体现。搭建全省农产品产销对接平台，邀请世纪联华、盒马鲜生等百余家重点采购商入驻，每日发布各地滞销农产品信息上千条，共达成订单400多个，订货额破2亿元。主办全国首个出口农产品网上交易会。充分运用AR等新技术搭建“云展厅”，已有茶叶、水果、蔬菜、蜂产品、食用菌、水产品等多个行业的80多家农产品出口企业入驻，当日达成意向成交额450万美元。

（三）案　例

浙江省金华市武义县借助“网上农博”平台有效应对新冠肺炎疫情影响下买菜卖菜“两头难”问题。

为有效应对新冠肺炎疫情带来的不利影响，破解市民购买生活物资不方便、农户销售农产品有困难的“两头难”问题，武义县整合县域资源，对接省级“网上农博”平台，利用互联网迅速编织连接城市餐桌和乡村菜园的“线上菜篮子”，确保重要农产品市场供应。

（1）以省级平台为主导，整合线上资源。对接省级“网上农博”平台，开设“武义·战疫情·食材保障行动”专区，上线宣莲、蜂蜜、香菇、黑茶面等农特产品82种；整合“益农社”和“武阳春雨”区域特色农产品销售网络，搭建益农信息中心直播平台、武阳春雨微商城、“益农优+”商城等线上平台；开设网上产品展示、主播视频直播等产品推介专栏。采用“网络展销+基地直送+平价选购+快递专送”模式，第一时间将市民线上采购的农产品配送至各小区门口统一设置的配送点，由社区负责人通知业主自提。截至2020年年底，“网上农博”已上线宣莲、蜂蜜、香菇、黑茶面等农特产品63种，收到订单6 000余笔，销售额达50余万元，各展销平台点击量突破20多万次，惠及农户116户。

（2）以供求需要为导向，掌握市场动态。一是全面摸排农产品存量和“滞销”底数。开展在田蔬果、畜禽蛋类及农特产品分品种产量和可调剂数量调查统计，汇总农产品供应信息。2020年年初疫情发生时共有库存香菇160吨，且以日生产量30余吨的数量新增；芹菜、萝卜、大白菜、莴笋、球菜、青菜、甘蓝等各类瓜果蔬菜也大量滞销。二是对照销售情况，优先推广“爆款”产品。武义县农产品在“网上农博”平台上架销售以来，结合农户蔬果供给和市民用菜需要策划的蔬果组合套餐、荤素搭配套餐成为“爆款”，产品一度脱销。补充上架后，结合实际，立即新增十全十美蔬菜套餐、北极猪鲜猪肉套餐等十多种套餐产品，并进行置顶推介。

（3）以安全质量为底线，打响有机品牌。武义县是全国首批有机产品认证示范区、中国有机抹茶之乡、中国有机国药基地，并正致力于打造有机农业第一县。该县立足“无疫”优势，为保证上架农产品质量，严格按照有机品质要求，实行农产品安全检测。从严质量管控，树立生产主体责任意识，强化出售农产品质量安全自查自检。武义“网上农博”运营主体对预销售农产品进行随机抽检，保证上架产品安全可靠。该县现有有机认证企业100家，有机农产品189个，现已上架的铁皮石斛、咸鸭蛋、黑茶面、灵耳等产品均来自厚德牧业、兴森科技、田歌、润谷、寿仙谷等有机认证企业或者农业龙头企业。

（4）以效率信用为追求，确保市民满意。一是确保配送及时。该县联络调配快递公司和志愿者，市民可结合实际选择基地直送、邮政专送或志愿者代跑等配送方式。县内推荐选择基地直送和志愿者代跑配送，当天上午下单，下午送达；下午下单，次日上午送达。县外推荐顺丰、邮政专送，省内次日到货。二是确保回访到位。开展顾客回访活动，安排专人随机选取部分消费者进行电话联系，听取汇总消费者对产品及服务工作意见。已回访220人，收集意见建议260多条。三是实施赔损制度。凡因配送延误、快递碰撞等原因造成农产品损坏或影响质量，补送产品并附赠礼物。

八、安徽省农业电子商务发展报告

“十三五”以来，安徽省认真贯彻落实中共中央、国务院决策部署，大力推进农业农村电商发展，取得明显成效。农业农村电商已成为农业农村经济发展的新型业态、大众创业万众创新的支撑平台、农业增效农民增收的重要渠道，发展农业农村电商已在全省形成广泛共识并呈现蓬勃之势，为助力脱贫攻坚和乡村振兴发挥了重要的支撑作用。

（一）主要做法和成效

安徽省农村产品上行网销额从2017年的257亿元增长到2019年的536亿元，年均增速超过30%。2020年1—11月达到641亿元，同比增长24.9%。据农业农村部市场与信息化司、信息中心发布的2020全国县域数字农业农村发展水平评价报告，2019年安徽省县域农产品网络零售额占农产品交易总额的15.8%，位居全国第三位。

1. 加强农业农村电商发展政策保障

安徽省委、省政府高度重视农村电商发展，坚持把推进农业农村电子商务作为发展现代农业、促进农民增收的重要举措来抓。省委一号文件连续8年部署农业农村电商工作。2017年以来，省政府先后印发《农村电商全覆盖巩固提升行动方案》《农村电商优化升级工作方案》《农村电商提质增效行动方案》，并列入省政府重点工作。农业农村、商务、发展改革、财政、邮政等部门按职责分工狠抓落实、加强协作、形成合力。安徽省农业农村厅将带动农产品出村进城与产业化联合体、龙头企业等申报、认定和奖补政策相挂钩。省农业农村厅、省发展改革委、省商务厅印发《安徽省加快城乡冷链物流设施建设行动方案》，省农业农村厅、安徽邮政公司印发《共同促进农民专业合作社等新型经营主体质量提升实施方案》，推进农村物流设施建设，提供金融贷款、惠农电商等服务。省财政加大支持力度，每年投入约1.2亿元，累计近4亿元，对农村电商示范县、示范镇、示范村和农产品上行销售额大的主体等予以奖励或补助。2020 年上半年，面对新冠肺炎疫情影响，省农业农村厅举办全省农产品产销视频对接活动，在厅官网设立“安徽农产品产销对接”专栏，发布新型农业经营主体直供直销。在省益农信息公共服务平台开设农产品出村进城栏目，促进农产品产销对接、出村进城。

2. 推进“互联网+”农产品出村进城工程

2020 年 6 月，安徽省农业农村厅会同省直有关部门印发《安徽省“互联网+”农产品出村进城工程实施方案》（皖农市〔2020〕79 号），结合决战决胜脱贫攻坚、长三角绿色农产品生产加工供应基地建设，部署工程建设工作。砀山、金寨、颍上 3 县入选全国“互联网+”农产品出村进城工程试点县。砀山县以电商发展带动砀山酥梨等水果产品出村进城，培育电商企业 2 000余家，现有网店和微商近 6 万家，2020 年农产品网上交易额 60 亿元。金寨县成立由县政府主要负责同志为组长的试点工作领导小组，组建由县邮政分公司、茶叶、山茶油、香菇等生产加工经营主体以及电子商务、物流快递等市场主体组成的县级农产品产业化运营主体，加快农产品网络销售，2020 年 1—11 月全县农产品网络销售额 15. 8 亿元。颍上县制定了《“互联网+”农产品出村进城工程试点县建设实施细则》，召开领导小组会议和试点县建设动员大会，着力打造“颍之上品”县级综合型农产品区域公用品牌，推动农产品上行，截至 2020 年 12 月，开展农产品电子商务应用的新型农业经营主体 53 家，网上交易额 11. 3 亿元。在开展国家试点的同时，安徽省在长丰等 11 个县（市、区）开展省级试点。各试点县加强工作统筹和政策支持力度，结合本地特色产业，围绕打造优质特色农产品供应链、建立适应农产品网络销售的运营服务体系、建立有效的支撑保障体系等重点任务，推动农产品产得优、卖得出、卖得好，促进农业高质量可持续发展。

3. 发展壮大农业农村电商主体

加大农业农村电商主体培育力度，增强农业农村电商发展内生动力。近年来，安徽省各地累计培育各类农村电商经营主体 3 万余个，培育农村产品上行年网销额超1 000万元企业 272 个、年网销额超 100 万元品牌 436 个，创建农村电商示范镇 220 个、示范村 743 个。芜湖“三只松鼠”打造“互联网新农业生态圈”，用大数据连接产业端和消费者，年销售额超百亿元，成为中国互联网坚果类第一品牌。省政府与中国邮政集团共同打造的邮乐农品网，专注于农产品电商，立足安徽辐射全国，已成为省内首屈一指的农产品电商平台。全国十佳农民、三个农民电子商务有限公司董事长童维新带动金寨县千人参与农产品电商创业发展，年产值近亿元。加强农产品电商培训，依托新型职业农民培训民生工程累计培训农产品电商人才 3 万余人。从 2016 年起，每年组织开展农民手机应用技能培训，近两年围绕“手机助力农产品出村进城”主题开展培训，提升农民通过手机开展网上营销、获取信息的能力，使手机成为农民手中的“新农具”。

4. 大力培育网销农业品牌

积极培育具有安徽特色、安全绿色、市场认可的“三品一标”农产品，打造“皖字号”网销农产品知名品牌。截至 2020 年 12 月底，安徽省有效使用“三品一标”标志农产品 8 788个，其中绿色食品 3 697个，有机农产品 1 397个，无公害农产品 3 593个，地理标志农产品 101 个，绿色食品数量居全国第二位。2019 年，安徽省长丰草莓等 10 个农产品区域公用品牌入选“中国农业品牌目录农产品区域公用品牌”。将品牌建设与特色农产品优势区建设紧密结合，推动一个特优区培育一个区域公用品牌，2020 年，安徽省 3 个特优区入选第四批中国特色农产品优势区，总数达到 10 个；新认定安徽特色农产品优势区 21 个，总数达到 64 个。2020 年，上线“安徽农交会京东线上展销会”，将合肥农交会线下展品集中在线上展示展销，入驻商家 2 000余家，开展安徽省农产品电子商务对接活动，积极组织新型农业经营主体与电商平台开展对接，促进农产品网上品牌打造、产销对接。

5. 发展农业农村电商新模式

2020 年，“直播+农产品网上营销”成为网红模式，据不完全统计，安徽省共组织产销对接、直播促销等活动 200 余场，累计助销农产品 1 亿余元。安徽省“电商企业+基地+合作社+农户”模式广泛复制，全省已累计培育电商利益联结项目 500 余个，受益群众超过 10 万人。蚌埠固镇“农粮驿站”平台以电商带动规模化、订单式农业生产的模式，入选“全球 110 个最佳减贫案例”。合肥三瓜公社通过农业电商产业融合转型升级、文化资源挖掘、旅游品牌打造等方式建设成设施完善、独具特色、美丽宜居的电商小镇，跻身国家发展改革委向全国推广的十大典型案例。邮乐农品网与安徽农业大学联合建设农业农村部农业电子商务重点实验室，不断探索农业农村电商发展新模式。

（二）面临的主要问题

（1）农业生产分散、主体规模较小、标准化程度不高，初级农产品向适合网络销售的农商品转化困难。

（2）农产品仓储保鲜冷链物流体系不健全、设施不完善，存在断链、成本偏高等问题。

（3）农村电商人才缺乏，农业农村电商主体缺少品牌培育、网上营销等人员，把握电子商务发展趋势和创新发展能力不足。

（三）下一步重点工作

（1）推进“互联网+”农产品出村进城工程，扩大工程覆盖面，进一步发挥“互联网+”优势，建立完善适应农产品网络销售的供应链体系、运营服务体系和支撑保障体系。

（2）加强农产品仓储保鲜冷链设施建设，加强部门协作，推动物流各环节衔接，形成农产品冷链物流体系，发挥冷链设施最大效益，降低农产品出村进城物流成本。

（3）加大农村电子商务人才培训，在农业生产经营主体中普遍开展农村电子商务业务知识培训，提高农民群众电商营销能力。

九、福建省农业电子商务发展报告

（一）“十三五”期间农业农村电子商务发展情况

“十三五”以来，福建省通过强化政策保障、创新发展模式、加大人才培养等手段，促进农业农村电商蓬勃发展。

1. 政策推动，营造农业电子商务良好发展环境

2016 年 9 月，福建省政府出台《福建省“互联网+流通”行动计划实施方案》（闽政办〔2016〕162 号），将深入推进农村电子商务作为重点任务之一对全省进行了再部署、再落实。

2017 年 7 月，福建省农业厅与省财政厅联合下文《福建省财政厅　福建省农业厅关于下达福建（漳州）农产品物流配送中心项目补助资金的通知》（闽财农指〔2017〕70 号），下达漳州市财政局、农业局农产品物流配送中心补助资金1 000万元。主要用于开展农产品电商平台、现代农业物流配送中心供应基地、检验检测平台、冷链物流平台和展示展销等平台建设。

2017 年 9 月，福建省农业厅与商务厅联合印发了《促进电子商务助力精准扶贫实施方案》（闽商务电商〔2017〕19 号），围绕培育贫困地区电商市场主体等五项重点任务，配套扶持贫困地区发展农产品电子商务等四项政策措施，推动全省农村电商加速发展，助力精准扶贫。

2018 年 3 月，福建省农业厅与省商务厅联合印发《深化农商协作大力发展农产品电子商务工作方案》（闽商务电商〔2018〕5 号），强化重点工作任务，引导新型农业经营主体与电商企业对接，推动名特优农产品网络营销。

2. 创新引领，培育农业电子商务新业态新模式

（1）借力展会优势，线上线下促进农产品销售。积极组织龙头农业企业参加农交会、茶博会、荔枝龙眼产销对接活动等各类大型涉农展会，提升福建特色优质农产品品牌知名度和影响力。2020 年成功举办首届中国（福建）食用菌产业博览会，吸引了 18 个省（区、市）和地区约 150 家企业参展，线上

为 20 多家企业的 70 多种产品直播带货，发起交易 13 万次。

（2）开展节庆活动，积极拓宽农产品上行市场。开展 2020 年中国农民丰收节，在福建省各地举办 150 多场庆丰收活动，组织农业企业、专业合作社、家庭农场等新型农业经营主体1 400多家参加现场展销，线下参观 300 多万人次，线上参观人数突破3 400万人次，签订意向性营销9 000万元以上；完成农产品网络促销 4. 5 亿元。举办第三届线上枇杷节，将传统农业节庆加入网红、电商元素，当日销售总额 5. 16 亿元，同比增长 9. 1%。

（3）发展直播带货，紧抓农产品销售新机遇。大力开展“县长带你买好货”“驻村书记带你买好货”“网红直播带货”“乡村好货展”“品鉴好货”等网络直播活动，每场活动全网平均观看量 200 余万人次、互动评论 15 万余条，现场 2 小时最高销售额近 130 万元。2019 年 10 月，“淘宝福建绿植花卉产业带”直播项目正式落地，成为全国首个正式投入运营的淘宝绿植产业带项目，目前线上月销售额 700 多万元。2020 年 8 月，“金秋鹭岛 i 直播”首届东孚过云电商直播节全面启动，代表着青年直播创业大赛、直播产业电商联盟等正式启动。

（4）扶持电商平台，大力构建农产品网销渠道。扶持“1248 商城”“园绿园”“闽南便民购物网”“掌管生活”“七彩生活”“茶多网”“山农社”“513 购”“橙客优购”“侬拍拍”等本土农产品电商平台，积极导入网红经济商业模式，助力农产品拓展网络营销渠道。

（5）助力精准扶贫，为脱贫攻坚注入新动能。携手福州晚报“这里是故乡”助农商城开设“帮扶卖”平台，通过平面媒体、福州晚报“一碗福州FZ”微信公众号、掌上福州 App 等进行宣传，开展“战疫情　助扶贫”为主题的线上销售，销售额近 10 万元。依托福州市闽宁情商贸有限公司开展电子网络销售，帮助宁夏贫困地区优质农产品拓展市场，2019 年通过建行善融商城、闽宁协作扶贫电商平台，销售宁夏特色农产品超过 22 万元。

3. 培育人才，提升农村电商专业服务水平

福建省各地结合新型职业农民培育、村级益农信息社培训、农民手机应用技能培训周、电商孵化班等各类培训班，积极培养农村电商人才，通过加强电商人才培训，帮助各地加快推进农村电商发展，助力乡村振兴战略实施。据不完全统计，2020 年全省各地通过举办不同层次、不同类别的电商培训，累计培训电商人才超 5 万人次。

（二）“互联网+”农产品出村进城工程进展

1. 制定全省推进实施方案

经福建省政府同意，福建省农业农村厅联合省发展改革委、财政厅、商务厅、林业局、海洋渔业局、数字办等共同出台《福建省农业农村厅等7部门关于印发〈“互联网+”农产品出村进城工程实施方案〉的通知》（闽农规〔2020〕2号）。提出以县为单位全面开展工程建设，基本实现每个涉农县培育1~3个重点优质特色农产品，形成一条产销一体化农产品电商供应链，全省农产品网络零售额年均增长10%以上等目标任务。

2. 指导试点县开展试点工作

福建省安溪、福安、永春、古田、平和5个县（市）入选部级“互联网+”农产品出村进城工程试点县。福建省农业农村厅积极指导5个试点县细化试点工作计划，因地制宜，结合本地优质特色农产品，借助中国农民丰收节、全闽乐购促销费等契机，利用网络直播等新业态，推进“互联网+”农产品出村进城工程试点工作。

3. 大力征集工程参与企业

印发《福建省农业农村厅关于征集“互联网+”农产品出村进城工程参与企业的通告》（2020年11号），大力征集工程参与企业，以开放共赢的态度与有实力、有意愿的企业，共同开展工程建设。要求参与企业在示范县投入不少于500万元的资金用于电商服务设施设备、农产品供应链保障体系等建设。通过构建“政府引导、市场运营、产业发展、农户受益”的模式，引入社会资源，运用“互联网+”思维，不断开拓创新，提升服务能力，确保工程取得实实在在的成效。

（三）农业农村电子商务发展特点

1. 规模持续扩大

根据阿里研究院最新数据，福建省共有淘宝镇（电商年销售额达到3 000万元的乡镇）153个，数量居全国第五位，淘宝村（电商年销售额达到1 000万元的行政村）441个，数量居全国第五位。

2. 销售增长迅速

2020年，福建省农村网络零售额2 698亿元，排名全国第三位，同比增长28.6%，高于全国农村网络零售额增速20.8个百分点，其中农产品网络零售额345.7亿元，排名全国第六位，同比增长27.3%。

3. 区域发展不均

福州、泉州、漳州等地农业农村电子商务发展良好，涌现出各大电商平台和电商品牌，带动当地农业产业加速发展，宁德、平潭等地电商发展更多处于起步阶段，各地发展水平不均衡。

（四）面临的主要问题

1. 物流配送成本较高

快递物流企业对交通条件好、业务量大的镇村往往扎堆进驻，不少偏僻边远、业务量小的镇村属于空白地带；加上物流企业与农村电子商务不能精准对接，物流配送车辆空驶率较高，“农产品价格低+物流费用高”的矛盾依然比较突出。由于农产品生鲜的特质，对物流配送的速度、效率和保鲜条件都有较高要求，农产品冷链物流设施不够完善，规模性物流配送中心较少，也影响了当地特色鲜活农产品进行线上推广。

2. 农村电子商务人才缺乏

多数农户对于互联网的认识和应用程度有限，而农产品网络营销对于人才要求程度较高。人才短缺也让许多已运营多年的电子商务平台难以实现战略突破和跨越提升。据统计，全国电子商务人才缺口有200万人以上，就连“电商之城”杭州电子商务人才也有缺口。福建省农村电商在快速布局、高速增长的同时，电商人才的缺口也在不断增大，并已对农村电商的发展形成严重制约。

3. 农产品持续上行难

一方面，农产品规模化程度不高导致标准化难度加大，而现有流量大的第三方电商平台对食品领域广告的整治力度越来越大，加大了农产品上网难度；同时，由于各品类农产品规模小，难以支撑持续性的电商平台促销活动。另一方面，农产品溯源体系不健全导致质量安全难保障，农产品附加值较低，网货价格仍处于偏低状态。

（五）下一步重点工作

（1）优化电商发展环境。实施“互联网+”农产品出村进城工程整省推进，与信息进村入户工程、特优区、品牌农业、数字农业、“3212”工程等多项工作有机融合。通过工程实施，不断优化电商政策环境，抓好政策落地。

（2）延长电商产业链条。开展农产品仓储保鲜设施建设，加强农产品产地预冷、清洗分拣、初深加工、包装仓储等，提升产地农产品商品化处理能力，抓好农产品标准化、质量认证、产品追溯、线上线下营销。

（3）把握电商发展趋势。深化与新媒体行业龙头企业合作，用好头条、抖音等平台，孵化本地新媒体人才，促进本地新媒体人才聚集，广泛宣传推广本地农产品产业、本地旅游项目，完善电商快递物流，形成“农、旅、文”多产融合发展生态。

（4）培养电商应用人才。突出网商孵化和人才培养，培育新增电商网商，着力提升其产品线上销售策划、设计、包装、宣传推介能力，推动企业上线，扩大应用范围，增加网上销售额，带动县域特色产业发展。

十、湖北省农业电子商务发展报告

（一）农村电子商务发展势头良好

2020年，湖北省共实现农产品网络零售额185.4亿元，占全国农产品网络零售额比重为3%；网络零售额排名前三的地市分别为武汉市、宜昌市、荆州市，网络零售额占比分别为72.5%、7.1%、4.4%；网络零售额排名前三的行业分别为休闲食品、粮油调味和生鲜食品，占比分别为47.8%、27.1%和15.8%。累计在潜江市、红安县、丹江口市等44个县市开展电子商务进农村综合示范，全省涉农电商经营主体超过2.5万家，农业农村电商从业人员达50万人，一批电商专业村不断涌现和发展壮大，电子商务对促进乡村振兴、助力精准扶贫作用日益显现。网络直播带货等电商新模式兴起，潜江小龙虾、秭归脐橙、随州香菇、洪湖莲藕、恩施硒茶、蕲春蕲艾等特色农产品通过互联网卖向全国和全世界，其中，秭归脐橙网络年销售额突破10亿元。

（二）"互联网+"农产品出村进城工程有力有序推进

1. 启动"互联网+"农产品出村进城工程

制定了实施方案，宜昌枝江、襄阳南漳、恩施咸丰和鹤峰4个县（市）入选全国首批"互联网+"农产品出村进城试点县，同时遴选了秭归等8个省级试点县。

2. 促进农产品品牌提档升级

主动对接中央级和省级媒体，全方位宣传湖北农产品。联合人民日报客户端推出《"鄂"醒了，买它！这些湖北农产品等你下单》专版，武汉、宜昌、荆州、黄冈、十堰、随州等13个专场、108个产品，网上浏览1 069万人次。推荐潜江龙虾、随州香菇、襄阳高香茶等15个品牌入选中央电视台"品牌强国工程"援鄂抗疫公益行动，中央电视台9个频道从2020年4月27日到2021

年 12 月 31 日持续播出；湖北省委书记应勇和中宣部副部长、中央电视台台长慎海雄分别于 2020 年 4 月 27 日、2021 年 1 月 8 日两次在北京、武汉出席启动式。首次组织全省农业农村系统借助华创会推介湖北特色农产品，14 个市州、54 个县、267 家企业、888 个产品线上展示。成功推荐宜昌宜红茶、麻城福白菊、武当蜜橘、罗田板栗和嘉鱼甘蓝 5 个品牌入选第四批中国特色农产品优势区，截至 2020 年全省已创建 15 个中国特优区。

3. 积极开展电商直播活动

习近平总书记 2020 年 3 月 10 日视察湖北时，提出“在湖北最艰难的时期搭把手、拉一把”。电视台主播、网络“大 V”、带货达人、党政领导积极响应，通过短视频、视频直播方式为湖北农特产品“吆喝”带货，效果明显。自 2020 年 3 月 27 日，中央电视台发起“谢谢你为湖北拼单”倡议以来，先后有多名中央电视台主播为湖北农产品站台带货，仅“小朱配琦”“谁都无法‘祖蓝’我‘夏丹’”“盼得云开见粤明，我为湖北胖三斤”3 场活动，网络话题阅读量超过 10 亿次，带货额 1.5 亿元。在中央电视台、人民日报等中央媒体带动下，20 多家国家级、省级媒体和阿里、京东、拼多多、抖音加大湖北农产品促销力度，疫情期间共助销湖北农特产品 79.6 万吨，撮合线上交易 1 280万次，销售额突破 50 亿元。

4. 打造农产品直播人才

疫情期间，广东、湖北两省农业农村厅共同举办“鄂粤同心、抗疫发展”千名村播在线培训，共有4 057名新型经营主体和新农人报名参训，遴选 105 人进入第三阶段针对性辅导和直播比赛，直播比赛阶段销售潜江龙虾、洪湖藕带167 632元，实现了线上培训模式创新和线下实体销售业绩双丰收，为常态化疫情防控形势下推进“互联网+”农产品出村进城工程增添了发展活力和后备力量。

（三）下一步重点工作

湖北省农村电子商务发展总体顺利、势头迅猛，在助力脱贫攻坚、发展壮大农村产业、扩大和影响农村消费、拓宽农村就业渠道等方面发挥了积极作用，但仍存在物流体系有待完善、运营人才较为缺乏等问题。下一步，将重点抓好以下三方面的工作。

（1）持续开展“互联网+”农产品出村进城工程。加强与电商平台和相关龙头企业的深度合作，通过举办农批对接、农超对接、农餐对接、农社对接、网红直播等活动，促进优质特色农产品产销深度对接，探索大宗农产品远程交易和产地直供新模式。引导现代农业产业园、特色农产品优势区、农业示范基地、新型农业经营主体等与国内外知名电商企业开展合作，拓展农产品电商覆盖面。

（2）健全农产品物流体系。面向鲜活农产品主产区、特色农产品优势区，聚焦鲜活农产品产地“最初一公里”储藏保鲜难题，依托示范家庭农场、农民合作社等建设一批田头仓储冷链设施，进一步增强初级农产品产地预冷、分级、包装、仓储等服务保障能力。

（3）培养和引进农产品电商人才。加大农村电商从业人员培训力度，培养和留住一批既懂电商理论又懂农产品特性的复合型人才。支持试点县通过政府购买服务的方式，对接优质电商平台开展整县推进式村播培训，在产业链上实战培训，打造新“网红”。将数字农业纳入农村实用人才带头人培训和高素质农民培育工程，加快培育有互联网思维的新农民和农村电子商务人才。

十一、海南省农业电子商务发展报告

（一）积极推进“互联网+”农产品出村进城工程

海南省农业农村厅组织“互联网+”农产品出村进城示范点海口市开展了2020海口大坡胡椒品牌营销活动，紧紧围绕大坡胡椒品牌，打造一系列具有品牌标识、突出品牌价值的标杆性胡椒产品，进一步拓展中高端市场消费渠道，树立大坡胡椒品牌形象，提升产品认知度、美誉度和影响力，促进产业增效和农民增收。

1. 中国农民丰收节暨“大坡胡椒　飘香世界”2020首届海口大坡胡椒文化节开幕式

2020年8月30日上午，中国农民丰收节暨“大坡胡椒　飘香世界”2020首届海口大坡胡椒文化节开幕式在海口市琼山区大坡镇东昌居盛大举行。相关领导、客商代表、餐饮企业代表、种植农户、村民约300人参加现场活动，其中包括省内外客商近30位。活动当天共在4个渠道直播，在线观看约49万人次。人民网、腾讯、百度、海南广播电视总台、海南日报、国际旅游岛商报、海口日报、海南在线、海口网、海口广播电视台10家主流媒体通过网站、公众号、抖音等平台进行全方位报道宣传。现场进行了5轮订单签约，签约金额1 300多万元。

2. 2020海口大坡胡椒丰收购物节暨天猫美食厨房一站购战略合作发布会

9月12日，海口市政府与阿里巴巴天猫开展了战略合作发布会，会议上双方就海口大坡胡椒区域公共品牌达成了深度战略合作，并顺利完成了战略签约。与此同时，在微博发起了“夸下海口的大坡胡椒”话题互动传播，覆盖1.1亿次全网曝光，引发2万余次互动讨论；在淘宝内，天猫官方给予了“天猫农场”“淘宝吃货”“聚划算”“百亿补贴”等资源流量支持，促成近2 000单胡椒成交，销售金额4.6万元；淘宝达人直播合作超30余场，截至2020年年底，大坡胡椒产品累计在淘宝直播中曝光达400万次，点击次数近2万次，引导支付订单700余笔，销售额1.6万余元。

3. “我们在行动——丰收之夜”助农直播活动

2020年9月23日20时15分，李佳琦淘宝直播间开启了“我们在行动——丰收之夜”助农直播活动，本次直播活动是海口市农业农村局携手天猫践行公益助农和春雷计划的又一行动，活动旨在推动海口农业转型升级，助力大坡胡椒品牌建设，挖掘大坡胡椒的深层次价值，帮助当地农民增收，推动海口农产品电商供应链整合和运销服务能力建设。直播当晚，海口的明星产品大坡胡椒大受好评。在约4分钟的直播过程中，大坡胡椒库存多次被“清空”。截至次日0时，大坡胡椒在直播间的销量超过3万单，销售金额达59.92万元，在线观看人数最高峰达400余万人。直播带货连起了农村和消费市场之间的供需“纽带”，打通了优质农产品销售在地域和时间上的瓶颈，有助于提升产品的认知度和美誉度，不断拓宽销路，真正让农民获益。

（二）面临的主要问题

（1）产业、产品基础仍较薄弱。海南农产品“小、弱、散”现象明显，未实现标准化、规模化、品牌化生产，且运输、存储等环节很难保障农产品鲜活等，农产品转变成网销的网货还需进行进一步电商化培育。

（2）物流配套相对落后。海南省农村物流资源未进行有效整合，加之跨海物流成本居高不下，农村地区物流服务网点未实现全覆盖，物流效率有待进一步提高。

（3）电子商务服务业发展水平低。大部分市县电商服务业聚集发展水平低，对本地区农村电商创业创新项目的孵化作用不强，存在重建设、轻运营问题，未能发挥对本地区农村电商发展的服务支撑作用。

（4）电子商务人才缺乏。农村地区缺乏具备一定互联网应用能力、电商操作学习使用能力的人员。

十二、云南省农业电子商务发展报告

依托现代信息技术和互联网的快速发展和应用，云南省大力推动农产品网络营销体系建设，云南农业农村电子商务得到快速发展，市场规模不断攀升、措施和做法不断创新、保证力度不断加大，取得了明显成效。

(一)“十三五”期间农业农村电子商务发展情况

“十三五”期间，云南省全面推进农业农村电商发展工作，通过搭平台、建体系、育主体、创模式、拓市场等举措，推动农业农村电子商务实现持续高速发展，农业农村电商成为云南电子商务发展的新亮点。

1. 强化顶层设计，制定政策措施

云南省委、省政府始终高度重视农业农村电子商务发展，制定印发了《云南省人民政府关于促进电子商务及跨境电子商务发展的实施意见》《云南省人民政府关于加快推进“互联网+”行动的实施意见》《云南省人民政府关于加快信息化和信息产业发展的指导意见》《云南省人民政府办公厅关于促进农村电子商务加快发展的实施意见》。2017 年省农业厅会同省发展改革委、省商务厅等相关部门联合印发了《关于全面加强电子商务诚信领域诚信建设工作方案的通知》《关于对电子商务及分享经济领域炒信行为相关失信主体实施联合惩戒的行动计划》《关于深化农商协作大力发展农产品电子商务的实施方案》等文件，为加快推进云南省农业农村电子商务发展夯实了政策基础。

2. 搭平台，电商销售渠道全面构建

打造“一部手机云品荟”电商公共服务平台，通过建立完善的产品库、质量追溯和售后服务等功能体系，为“云品”线上销售提供一站式供应链服务；推动京东、阿里、苏宁等平台与云南省开展全方位战略合作，开设 300 多家“云品”旗舰店、特产馆、扶贫馆，为“云品”搭建全渠道销售网络；积极布局市场平台，在北京、上海、广州、深圳等一线城市以及香港、澳门设立

“云品”连锁专卖店、云南绿色食品展示展销中心，依托省政府驻外机构举办云南绿色食品线上线下推广活动，畅通“云品”出滇渠道。

3. 建体系，电子商务公共服务网络优化完善

构建农村物流服务体系，建成 88 个物流配送中心，1 247个乡镇快递网点，6 851个村级服务点；健全农产品进城服务体系，建成 101 个电子商务服务中心，1 048个乡镇级电子商务服务站，6 851个村级服务网点，各中心（站点）集品控、品牌、认证、孵化、培训等服务为一体，推动电商集聚发展；优化工业品下乡流通体系，支持农村地区商贸流通企业数字化转型升级，建立本地化、连锁化、信息化商品流通网络，以乡镇为重点下沉供应链，满足农村居民生活和消费需求。2015 年以来，云南省 105 个县列入全国电商进农村综合示范，争取中央资金 19. 25 亿元，实现国家级贫困县全覆盖，示范县数量居全国前列。

4. 育主体，电子商务发展基础不断夯实

以电子商务进农村综合示范项目为抓手，组织返乡农民工、大学生、贫困户等开展电商普及和技能培训累计达 60. 23 万人次；落地 10 个村播学院，培育 10 个淘宝村镇，发展网商 70 万家，带动 171 万人就业。

5. 拓市场，电子商务扶贫取得显著成效

组织扶贫产品入驻电商扶贫联盟平台，开设电商扶贫频道，打造“贫困户+合作社+电商”的扶贫模式和集公共服务、选品、分拣、仓储、检测、品牌为一体的电商扶贫车间模式，全力扩大线上销售规模。2019 年云南进入全国农产品电商销售八强省，文山、勐海、蒙自进入农产品电商销售五十强县，文山在全国贫困县中位列第一名。

6. 创模式，电子商务新业态形成新动能

围绕化解疫情对农业生产带来的冲击影响，积极引导组织电商企业开展“直播带货”活动 1 万多场次，有效缓解元谋洋葱、建水番茄等多地农产品滞销难题。据第三方数据监测，2020 年，直播交易 41. 28 亿元，近 12. 72 亿人次观看；推动生鲜果蔬、餐饮“无接触配送”“社区团购+集中配送”，以及“丰收正当食 · 云南‘十大名品’庆丰收献好礼”等新模式，打造“一刻钟便民生活服务圈”；创新打造云厨房、云集市、云直播模式，设立 1 个省级新媒体、9 个珠宝玉石、100 个“云品”直播基地。

（二）“互联网+”农产品出村进城工程进展

1. 及时下发文件通知

2020年4月，云南省农业农村厅、发展改革委、财政厅和商务厅四部门联合转发《关于实施“互联网+”农产品出村进城工程的指导意见》。向16个州（市）农业农村部门及时转发《农业农村部办公厅关于开展“互联网+”农产品出村进城工程试点工作通知》，明确试点参与企业申报条件、试点县遴选方式、建设重点任务和申报时限等具体要求。

2. 认真做好试点推荐

按照农业农村部“互联网+”农产品出村进城工程试点县遴选条件，推荐开远市、凤庆县、砚山县、思茅区4个县（市、区）申报并被农业农村部列为首批“互联网+”农产品出村进城工程试点县。

3. 积极开展试点示范

印发《云南省“互联网+”农产品出村进城工程实施方案》，督导试点县进一步完善试点实施方案，积极做好试点示范，逐步完善乡村农产品网络销售服务体系，加快推进农产品上行。

（三）农业农村电子商务发展特点

1. 农产品电子商务交易规模不断发展壮大

据第三方数据监测，2020年，云南省农村网络零售额582.52亿元、农产品网络零售额283.77亿元，分别增长19.23%、38.34%。

2. 农产品电商平台的建设与运行长足发展

先后引进了阿里巴巴、苏宁、京东、唯品会等国内电子商务巨头在云南发展，建立了政企战略合作协商协调机制，为加快推进农产品电子工作进程打通了快捷通道。

3. 休闲农业电子商务发展持续升温

随着农业信息化的推进，一些休闲农业企业积极推进休闲农业网络营销工作，在树立休闲农业知名品牌的同时，推动了云南农业电子商务的发展。目前，云南正大力推进和实施“一部手机游云南”工作，在推进云南旅游发展的同时，必将加快推进休闲农业电子商务的持续发展。

4. 试点示范工作深入推进

近年来，电子商务进农村综合示范工作在云南持续推进、成效明显，在积极建设电子商务进农村综合示范点的同时，以示范县创建为抓手，进一步打牢农产品“上行”基础，培育市场主体，构建农村现代市场体系。以“12316 服务”为依托，通过建设益农信息社，向农民提供公益服务、便民服务、电子商务和培训体验等，推进了农业电子商务的发展。

5. 积极开辟电商新业务

针对疫情对农产品销售影响，加大推进农业电商推广和应用，积极联系淘宝、京东、拼多多等电商平台，鼓励贫困县及新型农业经营主体开展网上产品推介，拓展营销渠道。据不完全统计，2020 年云南省 40 个县共开展农产品直播带货 44 场，销售额达 650 万元。以“5・21 国际茶日”为契机组织开展了“线上+线下”的产销对接系列活动，活动期间全省茶企产品线上交易额近 2 000万元，各茶城、茶山、茶企线下交易和合约总金额突破 4 亿元。在云南农业信息网开设抗疫助农产销对接信息平台，加强对各地农产品滞销卖难信息监测，据不完全统计，截至 2020 年年底，平台发布农产品产销信息中累计成交约4 155. 49万元。

（四）面临的主要问题

1. 农村物流短板明显

农村电商物流供需资源分散，商贸、供销、邮政、快递物流等企业各成体系，冷链设施分布不平衡、总体不足，村级配送网点覆盖率低，信息孤岛现象突出，末端网点重复建设，物流仓储配送资源协同利用率低，县乡村物流成本高，影响配送效率的提升。

2. 品牌和规模效应不足

云南省农产品种类多、品质好、有特色，但季节性和小众产品持续供货能力不足，规模种植产品的标准化、商品化程度不高，知名品牌少、附加值低，难以实现“优品优价”。

3. 电子商务高层次人才匮乏

通过电商培训，初级技能型人才有一定基础，但电商运营服务、经营管理、战略规划方面的高层次人才仍然比较匮乏。

（五）下一步重点工作

1. 推动电商提质升级

充分挖掘农业农村电商发展潜力，打造一批“升级版”电子商务进农村综合示范县；坚持以市场需求引导农业生产，助推农业生产经营的产业化、规模化、集约化，并延长产业链、提升价值链、完善利益链，让农民分享增值收益。

2. 巩固电子商务扶贫成果

按照“大产业+新主体+新平台”发展思路，打造一批贫困地区地理标志农产品电商品牌、培育一批电商扶贫企业和个体网商、对接一批线上线下渠道、总结推广一批电商扶贫模式、带动一批贫困户持续增收。

3. 完善县乡村物流体系

推动电商物流渠道下沉，加快布局覆盖行政村的配送服务网络。加强县域物流资源整合和协同利用，统筹供需两端资源，实现配送服务规模化。完善冷链物流设施，推动电商、物流高效协同，构建完备的农产品流通供应链体系。

4. 培养梯度电子商务人才

依托高等院校、湖畔大学云南分校、淘宝大学、县级公共服务中心等资源，持续分级分类培训电商人才。

十三、甘肃省农业电子商务发展报告

（一）“十三五”期间农产品电子商务发展情况

1. 扎实推进县乡村三级电子商务服务体系建设

2016年以来，甘肃省按照“县有电商服务中心、乡有服务站、村有服务点”的要求，下拨专项资金2.73亿元，优先选择全深度贫困县和贫困乡建档立卡贫困村，逐年推进电商扶贫服务体系建设。县级电子商务公共服务中心覆盖全省75个贫困县，有贫困村的乡镇实现电商服务站全覆盖，深度贫困村实现电商功能全覆盖。县乡村三级服务体系功能配套日趋完善，打通了贫困地区农产品销售和生产生活用品购买的网上新渠道，已成为贫困地区农产品网上销售、创新创业的“聚集地”和增收致富的“主阵地”。据电商扶贫大数据系统分析，甘肃省电子商务购销比由2015年的12：1提升到2020年的6：1，网络销售比例明显上升。

2. 积极培育农村电子商务市场主体

引导国内知名电商平台落地，借助大平台资源优势，培育涉农电商企业和网店壮大。支持农产品加工企业依托电子商务转型升级，农业产品销售应用互联网技术，提升电子商务在农业农村的应用水平，加快推进农村电子商务发展。通过开展省级优秀电商企业和网店评选，发挥电子商务扶贫示范引领和带动作用。甘肃省先后有酒泉市、陇南市、兰州新区3个电商产业园区获批国家电子商务示范基地，甘肃陇萃堂营养保健食品股份有限公司、甘肃烽火网络有限公司、兰州惠商电子商务有限责任公司、敦煌智慧旅游有限责任公司、甘南藏宝网络商务开发有限责任公司5家企业被评为国家电子商务示范企业。截至2020年年底，全省有网店21万多家，活跃实物网店9万多家，其中涉农网店4万多家，成为农产品网上销售的主要力量。

3. 持续扩大农产品网上销售规模

大力加强网货品牌培育，提升产品品质和附加值。甘肃省“岷俯人家”

“甘农哥”“岷农人”“旭农枸杞”“爽口源百合”“静宁苹果”“天水花牛苹果”“东乡贡羊”“安多牦牛”“环乡人”小杂粮、“舒贝尔”羊毛制品等一大批农产品，民族用品网货知名品牌迅速“走红”，知名度不断扩大。加强与国内知名电商平台合作，着力扩大网上销售规模，先后与阿里巴巴、京东、苏宁、拼多多等电商平台签订了《农村电商战略合作框架协议》，开设消费扶贫专区或特色馆，争取资源支持。积极顺应直播经济新风口新业态，举办双品网购节、甘肃省第一届直播电商带货大赛、京东快手甘肃专场直播、甘肃·拼多多战略合作协议签约暨甘肃特色产品推介会等活动，积极引导电商企业和农户、合作社在国内知名电商大平台开设网店、微店，实现农产品不出村就地销售。2020 年全省网上销售农产品 194 亿元，带动农民人均增收 400 元。自 2016 年电商扶贫年均带动农民人均增收 310 元，年均网上销售农产品增长 28.1%。

4. 积极争取实施国家电子商务进农村示范项目

抢抓国家政策机遇，自 2015 年该项目实施以来，共争取国家电子商务进农村综合示范项目 73 个，其中 7 个升级版项目，实现 58 个国家级贫困县全覆盖，走在中西部省（区、市）的前列，每个项目获2 000万元的中央资金支持。通过国家示范项目建设的引领带动，甘肃省电子商务发展的基础和条件得到较大改善，电子商务公共服务体系和快递物流体系建设有了突破性进展，网货品牌培育、农特产品销售、电子商务人才培养等取得明显成效。

5. 大力推广电子商务扶贫经验

陇南市探索出了电商网店带动、电商产业带动、电商创业带动、电商就业带动、电商入股带动、电商众筹带动 6 种电商带动增收模式，带动全市贫困人口年人均增收 840 元。陇南市受全国社区电子商务、生鲜电子商务成熟市场发展模式的启发，基于疫情期间陇南各县区电子商务同城配送化危为机发挥的积极作用，基于国内经济大循环中陇南的现实需要，基于接续乡村振兴中农产品电子商务发展的探索，陇南市按照拉内需、找刚需、政府引、同城配、增就业、惠民生、都学会、政府退的思路，建设陇南电商平台，大力发展同城配送，全面促进消费扶贫。环县探索形成了“合作社统一订单、企业统一加工、‘环乡人’统一品牌、网货中心统一包装、溯源体系统一监管、物流中心统一配送”为特色的“互联网+订单农业”模式，推动电商企业与贫困户签订订单种植合同，带动贫困户户均增收1 000多元。

临夏回族自治州广河县探索出“特色产业为依托、政策扶持为牵引、企业带动为支撑、扶贫车间为抓手、群众增收为目标”的“电商+扶贫车间”新模式，推动传统皮毛产业转型升级，510多位贫困妇女就近从事加工生产，人均月工资2 000多元。

6. 持续强化电子商务人才队伍培育打造

在2015—2016年对贫困地区干部、返乡大学生、农村青年、退伍军人等开展电子商务普及培训的基础上，从2017年开始变“大水漫灌”为“精准滴灌式”的分类分层培训。与国内知名高校联合举办高级研修班，建设甘肃省电子商务公共服务平台开展远程（网络）电商培训。2017—2018年组织开展“电商扶贫培训全覆盖”工程，培训全省有建档立卡贫困人口的乡和建档立卡贫困村电商负责人近2万人。联合商务部市场建设司举办电子商务专家（甘肃）下乡活动，组织选派电商扶贫骨干参加了商务部中国国际电子商务中心主办的电商精准扶贫讲师专题培训班，连续两年举办甘肃省电商扶贫产品“三品一标”品牌认证培训班，结合抗疫开展线上培训，紧跟新业态举办甘肃省直播电商骨干人才培训，培训的针对性、转换率不断增强，为电子商务发展提供了人才保障。据不完全统计，2020年农村电子商务带动全省就业超过10万人。

（二）“互联网+”农产品出村进城工程进展

2020年8月，甘肃省按照农业农村部办公厅《关于实施“互联网+”农产品出村进城工程的指导意见》的有关流程，经自主申报、省级推荐、专家评审等环节，兰州市榆中县和白银市白银区被推选为农业农村部“互联网+”农产品出村进城工程试点县。甘肃省农业农村厅印发了《甘肃省“互联网+”农产品出村进城工程试点实施方案》。通过在试点县依托试点参与企业及农业龙头企业、合作社、产业协会、信息进村入户运营商、电商企业等各类组织，整合现有资源，因地制宜培育县级农产品产业化运营主体，作为“互联网+”农产品出村进城工程的推进主体，建立健全利益联结机制，切实提高农户的参与度，引导和支持农民群众生产适合网络销售的优质特色农产品，通过多种形式上网销售。

结合农产品仓储冷链物流设施建设工程，统筹现有的县级农业产业园、示范园或电商孵化园等资源，建设改造具有集中采购和跨区域配送能力的农产品县级集配中心，作为出村进城的枢纽，配备预冷、低温分拣加工、冷藏运输等冷链设施设备，集中实现网销农产品商品化处理、品控分拣、打包配送、统配统送等功能。利用快递物流、邮政、供销合作社、益农信息社、电商服务站点等现有条件，完善县乡村三级物流体系。充分利用益农信息社以及农村电子商务、邮政、供销等村级站点的网点优势，结合运营主体的生产、加工、仓储能力，统筹建立县乡村三级农产品网络销售服务体系，打造网货供应、网络销售、物流配送平台，打通农产品销售多元化、差异化销售渠道，提升益农信息社等网点的电商服务功能。针对试点县和试点农产品，积极培育“甘味”区域公用品牌和企业商标品牌，做好品牌监督、质量安全管控和供应链管理，提升品牌价值。加大运营主体与网络销售平台对接力度，在大型电商平台开设旗舰店做好电商零售，开拓批发电商、分销电商渠道，探索社交电商、直播电商等新模式，加强与生鲜电商企业合作，带动和扶持本地网商、农业企业参与，形成多样化多层次的全网营销体系，进行全网整合式销售。

（三）下一步重点工作

1. 加快推进同城配送建设

大力培育电子商务同城配送新业态，构建覆盖全省的电商同城配送平台。引导本土商贸流通企业共同参与电子商务同城配送运营，推动企业数字化转型，逐步形成覆盖电子商务产业链上下游及跨行业融合的数字化生态体系。通过市场主导、政府促进，推动线上线下消费深度融合，挖掘城乡居民消费升级潜力，努力实现新型消费加快发展，推动形成以国内大循环为主体、国内国际双循环相互促进的新发展格局。

2. 扎实推进示范项目实施

在已实现国家电子商务进农村综合示范项目全覆盖的基础上，继续争取示范项目，不断扩大示范效应。进一步巩固三级电商服务体系建设成效，科学规划服务站点，完善功能配套，强化农民增收主阵地作用。

3. 持续开展线上线下促销活动

紧盯网络直播经济新趋势新业态，加大与淘宝、京东、拼多多等大平台合作力度，集中推进直播带货和网上促销活动。根据消费习俗和特点，谋划启动一批有影响力的促销活动。积极学习借鉴外省市好做法、好经验，邀请专业团队高水平策划促销活动，采取多种方式，打造活动载体，丰富活动内容，延伸放大活动效应。

4. 深化东西协作消费扶贫

支持东西协作电商扶贫天津“甘南馆”、厦门“临夏馆”、青岛“陇南馆”、福州“定西馆”和厦门自贸区甘肃农特产品销售中心电商体验馆扩大运营，拓宽销售渠道。推进“临夏馆”“陇南馆”由市级馆升级为省级馆。支持市县与东部地区主动对接，组织开展消费扶贫协作陇货精品对接活动，重点开展产销对接、企企对接、县企对接，建立长效机制，打响“甘味”品牌，提高甘肃省农产品溢价率，增加农民收入。

十四、青海省农业电子商务发展报告

（一）强化规划引领，夯实发展基础

（1）编制了《青海省农牧业电子商务发展规划（2017—2020）》《青海省农产品仓储保鲜冷链物流设施建设规划（2021—2025）》，经青海省政府同意，省农业农村厅、省发展和改革委员会、省财政厅、省商务厅联合印发《青海省“互联网+”农产品出村进城实施方案》，为农业农村电子商务发展营造了良好的政策环境。海南藏族自治州兴海县、西宁市湟源县成功入选全国首批“互联网+”农产品出村进城工程试点县。

（2）近年来建设蔬菜恒温保鲜库55座，总库容达到12.06万吨，为农畜产品上行提供了有力保障。

（3）以“先建后补”的形式，先后扶持青海省8家农畜产品电商公司，开展省级农牧业电子商务示范点建设，发挥网络优势，营销青海名特优新农畜产品。

（4）青海省农业农村厅加强与省商务厅协调联动，共同推进农业农村电子商务发展。截至2020年年底，全省累计建成36个县级电商服务中心，296个乡镇服务站和2 008个村级服务点，累计实现网络零售额9亿元。

（二）搭建电商平台，促进网络销售

（1）依托青海省“互联网+”高原特色智慧农牧业大数据平台，建成省级农牧业综合电子商务平台“牛咖部落”，对接物联网视频监控、质量追溯平台，提供认种、认养等新兴消费方式。

（2）鼓励条件成熟的地区依托特色产业，建立产供销一体化农畜产品网上营销平台。目前省内各地自建地方特色的农牧业电商平台10余个，如玉树藏族自治州“天上玉树”电商平台、兴海县青藏码头电商平台、湟源县茶马互市牛羊产业互联网交易平台、大通县花儿之乡电商平台等。

（3）精准对接电商企业服务资源，与阿里巴巴、京东集团等知名电商企业签署战略合作协议，围绕农牧区电商服务体系构建、网络销售渠道拓展、仓储物流项目建设等开展合作。建成京东商城青海扶贫馆、中国特产·西宁馆并开始运营，在11个贫困县区设立阿里巴巴青海兴农扶贫品牌站。目前青海省大部分农牧业产业化龙头企业（如青海湖乳业、可可西里、西北骄、三江沃土、龙羊峡三文鱼等）都在京东、天猫设有旗舰店。

（三）加强品牌培育，提升产品附加值

为提升青海省特色农牧业品牌影响力和市场竞争力，推动资源优势转变为市场优势，实现农畜产品优质优价，青海省农业农村厅持续加强“青字号”农牧业品牌培育。

（1）根据青海省政府办公厅《关于加快推进农畜产品品牌建设的实施意见》，全力推进和“生态青海、绿色农牧”区域品牌的打造，青海农牧业品牌重点向牦牛、藏羊、青稞、三文鱼、枸杞等特色优势农畜产品集聚。截至2020年年底，全省共培育、打造、扶持179个农牧业品牌，其中青海省农牧业公用品牌5个、全省区域公用品牌28个、企业品牌46个、产品品牌100个。

（2）结合资源禀赋、产业基础和文化内涵，玉树牦牛、柴达木枸杞、祁连藏羊、共和县龙羊峡三文鱼成功申报认定为中国特色农产品优势区，并相继开展品牌高端策划工作。

（3）利用中央电视台、机场、新媒体等高端权威媒体传播渠道，集中力量宣传打造“青海牦牛”农牧业第一品牌。“青海牦牛”品牌登上中央电视台、北京卫视、上海东方卫视，同时在人民大会堂高端亮相，实现首都机场、上海浦东机场广告同步投放。

（4）在国内大中型城市、沿海地区、援青省市累计建设24个青海特色品牌农畜产品销售窗口，通过采取“走出去”和“请进来”的方式，进一步拓宽农畜产品销售渠道。

（四）开展质量追溯，提升产品品质

为提升青海省农畜产品质量水平，满足居民绿色消费需求，青海省农业农村厅加快建设农畜产品质量追溯体系。

（1）根据全域绿色有机农畜产品示范省工作安排，开展青海省牦牛藏羊原产地可追溯工程建设，对全省 2.9 万个养殖场、合作社的 200 多万头（只）的牦牛、藏羊实现生产、收购、储存、运输、销售、消费全程可追溯。

（2）加快农畜产品质量标准化体系建设。组建青海省农牧业标准化技术委员会，不断完善优势特色产业地方和行业标准。截至 2020 年年底，青海省累计发布地方标准 229 项，发布团体标准 2 项，申报行业标准 9 项，涵盖了牦牛、藏羊、青稞、藜麦等青海省特色优势产业和产品。

（五）加强产销对接，拓宽网销渠道

（1）加大全网销售力度。通过对接阿里巴巴、京东等知名平台，利用“6·18”“双十一”等线上活动进行集中宣传和促销，达到以点代面的效果。通过网商、微商、新媒体直播等方式，扩大推广范围和受众人群。利用抖音、快手等新媒体平台，推送“青海牦牛”宣传广告，开展“网红+县长”直播带货农畜产品活动，拓宽原产地农畜产品销售渠道。

（2）举办各类电商产销对接活动。青海省农业农村厅与省扶贫开发局共同举办全国消费扶贫产销对接会暨 2019 中国（青海）牦牛青稞产业发展峰会，17 家农牧业企业与天猫、京东、拼多多、云集、快手、抖音等电商平台对接合作。青海省农业农村厅联合青海日报社共同开展中国报业电商青海特色农产品产销对接行动，采取现场推介、电商销售、直播带货等方式，交易额达 1 000余万元，现场签订合作协议 43 份，56 种青海名特优产品将在全国报业电商平台长期推广销售。以“加强产销对接、助力脱贫攻坚”为主题在青海省海东市、海西蒙古族藏族自治州举办 2020 年全国农产品产销对接扶贫行活动，共签订农畜产品意向协议金额8 400万元。在第二十一届中国青海结构调整暨投资贸易洽谈会期间，利用省级农牧业电商平台“牛咖部落”举办线上青海农业农村展，并邀请多名网络直播达人在线直播带货，推广青海特色农畜产品，网上销售额120万元。举办2020年“庆丰收　迎小康”青海省农民丰收节金秋消费季产销对接会，利用农畜产品直播带货、短视频+订单等方式，网络销售青海特色农畜产品300余万元。

下一步，青海省将在继续抓好上述重点措施的基础上，针对青海省现代流通体系建设滞后、冷链物流基础设施薄弱、农畜产品供应链体系建设不完善等痛点难点，以实施青海省“互联网+”农产品出村进城工程和农畜产品仓储保鲜冷链物流设施建设为抓手，立足特色产业打造农牧业电商品牌和产品，开展多样化农牧品牌网络宣传推介活动，推进农畜产品质量安全管控全程化，全面提高农牧业电商应用水平，培养农业电商专业实用人才，切实打通农畜产品上行之路，实现优质优价，带动农牧民增收。

第四章

企业篇

一、阿里巴巴推动农业农村电子商务发展案例

2020 年，阿里巴巴平台县域商品销售额达 1.2 万亿元，农产品销售额为 3 037亿元，继续保持全国最大县域商品和农产品销售平台地位。

2018—2020 年，阿里巴巴电商平台为 832 个国家级贫困县总计卖出 2 700 亿元产品，其中 2020 年达到 1 102亿元。全国 5 425个淘宝村 2020 年交易额超过 1 万亿元。2020 年新冠肺炎疫情期间，阿里巴巴启动春雷计划帮扶中小企业特别行动，与全国 30 个省（区、市）的农产品产地合作，覆盖的特色产业带超过 1 800个。

在发展农产品电子商务的同时，阿里巴巴以互联网和数据技术为支撑，不断构建和完善开放的数字农业新基础设施，重点从源头解决农产品出村进城“最初一公里”问题；从田间地头到城市餐桌，推动农业产供销全链路数字化升级，率先探索和落地数字农业模式。

2020 年，阿里巴巴五大数字农业集运加工中心（冷链产地仓）全面建成投入使用，与遍布全国各城市的销地仓，淘宝、天猫、盒马、大润发等线上线下销售渠道，共同形成一张数字化的仓配分销网络，一年可将 100 万吨生鲜农产品直供全国餐桌。此外，“菜鸟乡村”落地 1 000多个县域物流共配中心。

（一）共同推进“互联网+”农产品出村进城工程

阿里巴巴充分发挥集团的整体优势，围绕电商为代表的数字商业基础设施，以及物流仓储、加工流通、金融等多个板块，全方位积极参与到“互联网+”农产品出村进城工程中，推动“农民富、农业强、乡村美”。

在产销对接方面，截至 2020 年年底已有 109 个示范县（除新疆生产建设兵团）通过阿里巴巴平台销售农产品，2020 年销售额超过 106 亿元。

金融支持方面，阿里巴巴联合网商银行目前已与 35 个“互联网+”农产品出村进城工程试点县达成“县域普惠金融”合作。产品上线以来累计服务 76 万试点县农户，累计发放贷款 720 亿元。

基础设施建设方面，阿里巴巴旗下菜鸟县域共配中心已覆盖一半试点县。

同时，阿里巴巴数字乡村与江苏徐州市丰县、河北邢台市南和区、山东淄博市沂源县、山东省济南市平阴县、浙江丽水市龙泉市、浙江杭州市临安区、湖北宜昌市枝江市、重庆巫山县、山西运城市万荣区等深度合作，为当地乡村产业发展提供定制化解决方案，助力地方传统农业向现代农业转变。

1. 江苏徐州市丰县："1+1+N"模式，从农业大县到农业强县的跨越式发展

丰县作为全国"互联网+"农产品出村进城工程试点县，与阿里巴巴数字乡村、客服中心、未来酒店等多个业务展开合作。根据丰县政府规划与《丰县"互联网+"农产品出村进城工程试点县建设方案》部署安排，丰县在开展"互联网+"农产品出村进城工作时，采用的是"1+1+N"的市场化运营机制，统筹推动特色农产品生产、加工、仓储、物流、品牌、认证等服务。

阿里数字乡村通过平台大数据分析，从丰县选出苹果、洋葱、牛蒡三大核心农产品，展开精品网货打造、区域公用品牌建设、整合营销、农产品溯源体系建设、电商产业分析、电商人才培训等内容展开一系列合作，全面推动丰县农业数字化升级。

2. 河北邢台市南和区：产地仓助力"宠粮之城"产业数字化升级

2020年4月，南和区与阿里巴巴签署数字乡村建设合作协议，从产业规划、人才培训、全域营销和公用品牌打造等方面推动宠物产业的数字化升级。

南和区公共产地仓项目运营截至2020年5月已入驻商家超过40个，整合快递资源5家以上，日发货峰值已经突破2.7万单。通过统仓集配模式，给商家降低成本20%左右，逐步赢得南和商家信赖，形成良好口碑，助力南和区宠粮产业快速发展。

3. 山东淄博市沂源县：阿里数字农业首个地方公司落地，加强县域果业产业运营能力

2020年7月，阿里巴巴数字农业（山东）有限公司在淄博市沂源县注册成立，这是阿里巴巴数字农业事业部在全国设立的首家地方公司，为持续做优做强阿里巴巴（沂源）数字农业集运中心（简称沂源产地仓）及数字助力沂源县果业振兴搭建起运营平台。

沂源产地仓是阿里巴巴在全国布局建设的5个产地仓之一，是淄博市与阿里巴巴集团共建盒马市落地项目、沂源县和（阿里）上海蜂耘网络科技有限

公司共建国家级“互联网+”农产品出村进城试点县重点工程。

截至2020年年底，沂源产地仓发货占到全县线上销售总量的50%以上，实现了沂源果品产后分选和销售的新飞跃。下一步，阿里巴巴数字农业（山东）有限公司将立足现有40亩沂源产地仓基础上，再大幅扩建产地仓厂区，并规划实施南部新城物流园的阿里巴巴电子商务物流产业园建设，全面提升沂源产地仓分拣集运能力；同时，充分发挥公司技术、标准和平台优势，为沂源县乃至淄博市、山东省数字农业农村应用场景建设提供全方位支持。

4. 山东济南市平阴县：为玫瑰产业插上数字化的翅膀

2020年“双十一”前夜，山东省平阴县副县长张军走进了杭州城西的一个电商直播间。“平阴是中国‘玫瑰之都’，全县种了6万亩玫瑰，每年4—5月陆续绽放，平阴城乡沉浸在玫瑰的花海中。”张军向镜头前的数十万消费者介绍平阴玫瑰。

2020年9月，平阴县与阿里巴巴签订协议，以玫瑰产业为切入点，推动当地产业从生产加工、仓储物流到销售网络的产业链全面升级，这场直播就是双方合作的一部分。这场直播累计近80万人次观看，带动了“玫瑰花茶”等平阴玫瑰产品的热销。张军说：“不仅仅为了带货，也是为了产业发展，平阴玫瑰宣传出去了，对于整个产业的影响非常大，今年下半年平阴玫瑰线上交易量同比翻了1倍还要多。”

阿里巴巴依托自身的平台数据，协助平阴县制定玫瑰等特色产业的数字化升级规划，而且还将设立数据大屏、产业分析系统等软硬件以辅助政府决策，通过电商基础培训、直播大赛、一对一辅导、行业趋势解析进一步提升本地商家线上运营能力，通过聚划算官方定制、天猫国潮定制帮助商家设计出适合“Z时代”消费者消费偏好的商品，通过“汇聚平阴”、“大V”直播带货、510天猫国货大赏等专题营销活动帮助商家实现销量倍增，从而进一步提升“平阴玫瑰”的影响力，2020年度“平阴玫瑰”在山东省内力压“烟台苹果”“好客山东”等跃升区域公用品牌价值第一。“与阿里巴巴的合作，将给平阴玫瑰产业插上数字化的翅膀，让它能够飞起来。”张军表示，“结合玫瑰产业，平阴要建立一个系统化的数字乡村模式，政府把硬件、软件、平台建设好，为企业服务，让企业在这个平台下各尽其能。”

5. 浙江丽水市龙泉市：数字乡村整体建设标杆

2003年，淘宝网成交的第一件商品就是龙泉宝剑。17年后，阿里巴巴第一个数字乡村签约“样板县”，也落地在龙泉。

2020 年 6 月 10 日，龙泉市政府与阿里巴巴签约，掀开了龙泉数字乡村建设的序幕。阿里巴巴将围绕高山蔬菜和菌菇两大类龙泉特色农产品，从数字化种植、电商公共服务体系建设、品牌营销、产业规划、人才培育等方面，推动龙泉特色农产品的数字化升级。龙泉市市长翁志鸿表示，龙泉市将全面优化营商环境，全力支持阿里巴巴在龙泉市发展，推动合作项目更快取得实效，树立县域城市与阿里巴巴合作典范，打造数字赋能的“龙泉样板”。

2020 年 8 月，龙泉原产地商品官方旗舰店入驻天猫，目前已上线了包括香菇、木耳等在内的 10 余款农产品。结合网络销售的特点，阿里巴巴对这些农产品进行了全方位改造。基于淘宝天猫平台的大数据分析能力，从选品、包装到销售进行了全面的数字化升级，打造适合网上销售的农产品，其中销量最大的一款香菇，定价 18.9 元/斤，一个月内销量接近10 000单。2020 年 10 月，淘宝直播“聚划算官方台”带货龙泉农产品，累计观看量超过 128 万人次。“双十一”前夜，龙泉市副市长黄国勇与主持人曹颖在淘宝直播联合带货，把龙泉香菇卖出小高潮。

同时，阿里巴巴将运用物联网、云计算、人工智能等技术在龙泉打造数字化的农业生产基地。一方面，利用二维码等溯源技术，建设全程可溯、互联共享的农产品质量和食品安全体系；另一方面，通过环境监控、农作物模型分析等数字技术手段，动态监控土壤、大气、水等生产环境，从而合理安排用工、用地、用时，提高农业生产的组织化水平。

（二）菜鸟乡村物流，助力云南新平县农产品上行

2021 年 5 月，阿里旗下的菜鸟上行物流中心正式在云南新平县开仓。

菜鸟用“技术+商业+运营”模式整合了散落分布在新平的物流企业，搭建了数字化物流体系，在新平县城，落地占地 11 亩的共同配送中心，在镇村形成密集的共同配送网点，形成了县、镇、村三级配送体系。这些共同配送点既是快递收发网点，又是农产品进城的起点站。

采用菜鸟共配系统后，单次分拣时间缩短 3 小时以上，乡镇包裹首次派件时效压缩 2 小时以上，实现分拣配送效能提升 10%～30%、运输成本可降低 15%～50%、快递运营成本节约 30%，有力推进县域快递运营的数字化升级，

每年减少人工成本可达百万元以上。

此外，在柑橘种植核心产区水塘镇，菜鸟共配项目与当地合作布局了占地 3 500米^2 的农产品上行物流中心，形成了日产 8 万单的产能，350 吨的加工能力，相比之前将农产品送至昆明加工转运，每单成本节省 0.3～0.5 元，当地果农的柑橘就地就可以实现加工配送销售。

截至 2020 年年底，菜鸟乡村共配项目将在全国1 500个县提供解决快递进村方案，通过技术助力乡村快递网点商业化和农货上行，变快递流量为发展增量，解决农产品进城“最初一公里”和工业品下乡“最后一公里”的物流瓶颈问题。

（三）百万人才培育兴业计划

人才振兴是乡村振兴的关键，农民能力素质的提升是人才振兴的基础，教育培训是提升农民能力素质的根本。阿里巴巴充分发挥在互联网、电商直播以及数字基建方面的优势，围绕“手机成为新农具、直播成为新农活”，重点帮助农民运用手机开展电商销售、直播营销的培训，旨在让广大农民用好手机这个“新农具”，为实现全面小康和乡村振兴注入新活力。

具体工作包括以下三方面，分别是淘宝直播“村播计划”为农民提供直播培训，阿里巴巴社会公益“兴农脱贫学院”为以脱贫地区为主的农民提供电商基础培训，“阿里数字乡村”培训中心为农民提供电商和短视频营销进阶培训。

1. “村播计划”

2018 年 9 月中国农民丰收节期间，淘宝直播开创了“农产品产业带直播”新模式，将超过 300 个县的优质农产品通过淘宝直播介绍给全国消费者。2019 年 3 月 30 日“淘宝直播盛典”上，淘宝直播与河南、山西等 11 个省市的代表共同启动“村播计划”，宣布将与全国 100 个县域建立长期直播合作，帮助培育农民主播，通过直播推介家乡农产品，助力农产品上行。

2020 年，淘宝直播在全国布局 100 个村播学院、直播基地，培育了 10 万名新农人主播，全年淘宝直播助力食品农产品上行 150 亿元。

2. “兴农脱贫学院”

2019 年开始，阿里巴巴推出“淘宝大学电商脱贫学院”，在阿里巴巴脱贫基金的推动下，通过“送课下乡”的形式，免费帮助县域培养电子商务人才，同时引入第三方机构，发展当地学员成为农民主播，经过1年的培训，帮助贫困县培养了超过1万名电子商务人才。

2020年，“电商脱贫学院”升级为“兴农脱贫学院”。截至2020年年底，累计在脱贫地区举办12场乡村致富班培训；累计开展22场线上直播培训，覆盖全国10个省的30个县，超过1.5万人次接受了培训；联合“村播计划”走进县域直播培训，送课下乡培训覆盖1 200余人。

3. “阿里数字乡村”培训中心

“阿里数字乡村”培训中心以县为培训阵地，采用线上广泛覆盖和线下重点筛选、一对一辅导强化效果的方式开展培训，并适当开展“赛训结合”，营造县域电商创业氛围，推动县域人才孵化。2020年培训覆盖全国78个县，培训人数11.7万人。

此外，为响应全国农民手机应用技能培训活动，阿里巴巴集团宣布免费为全国农民朋友开设“乡村人才振兴三大课程计划”，分别是“春芽计划”“青苗计划”和“深耕计划”，共23个类别62门课程，帮助不同水平和需求的农民朋友从零基础到快速启动再到进阶做大做强的全方位培训服务。农民朋友只需注册淘宝账户，登录阿里巴巴淘宝大学官方网站首页“乡村人才振兴”板块即可学习。

阿里还会继续加码人才培训助力乡村振兴，带领电商专家下乡，提供1 000门线上线下课程，目标是为乡村培训100万名电商从业者，还要建立10个数字产业基地，为欠发达地区女性提供10万人次就业机会。

二、拼多多推动农业农村电子商务发展案例

党的十八大以来，中国的农业农村发展取得了历史性成就，发生了历史性变革。在技术与政策双重推动下，涉农电商经历了各种模式的创新和迭代，在推动农产品上行、推动农民增收、带动农村产业发展等方面，发挥各自的特点和优势，在不同阶段作出了各自的贡献。

2015 年以来，随着拼多多等平台的兴起，以拼单、社区或社群运营等为主要特点的新电子商务模式，在促进以“小农”为基础的中国农业数字化、现代化转型，实现农民收入增长方面，发挥了重要作用。

2020 年，拼多多农（副）产品的年成交额超过2 700亿元，平台农产品交易额连续多年保持三位数增长。2021 年第一季度，农产品订单同比增长超过300%。目前，农产品占全平台份额超 16%，直连超过1 600万个农户，在原培育 10 万名新农人的基础上，开启了新一轮 10 万名新农人的培育计划。

（一）以“农地云拼”推动农产品上行

中国是典型的“大国小农”，特色农产区散布在全国各地，2 亿个多分散小农户如何高效对接十多亿名消费者的分散需求，是农业发展的关键之一。

拼多多专注于开发移动架构，抓住了智能手机普及和普惠消费的机会，平台的技术与模式应用，大多围绕农产品上行展开。拼多多确信，人类行为正随着与朋友和家人进行实时交互的能力增强而发生变化，需求变得更加有导向性、更加个性化。这种交互型购物给农产品上行带来的改变，超乎众人想象。它改变了人们消费农产品的方式，子女和父母、祖父母一起，从主动搜索水果，走向互动休闲式购买。

作为推动农民和消费者直连的平台，拼多多探索出“农地云拼”的农产品上行模式，注重“优化中间，利益两头”，持续降低流通成本，将农产品由“产销对接”升级为“产消对接”，形成了农民增收、消费者得实惠的农产品上行模式。“农地云拼”模式以“拼购+产地直发”为核心。拼购模式将消费

端分散、临时的需求，在时间和空间上形成归集效应，为农民提供长期稳定的订单。产地直发取代层层分销，成为农产品上行的主流。

拼购能迅速汇聚同类需求，产生稳定的规模化订单，比传统电商更容易帮农产品打开销路。这种新模式，通过市场化引导农业的现代化升级，催生了一批产销一体化的兴农主体。广西百香果如今是尽人皆知的“黄金果”。2016年，当地村民庞志玉用2万元作为本金，在拼多多上卖百香果。4年时间，他累计卖出1 500万斤百香果，更带动当地涌现一大批百香果新农人。24岁的何爽，曾是大凉山走出的一名东航空姐，于2017年回到家乡卖石榴。2019年8—10月，她给“多多果园”的供货量达到70万单，带动店铺自主销售超过60万单，合计逾130万单，为当地农民实现销售额超3 000万元。每逢石榴上市季，她至少要请150名工人打包发货，带动村民增加收入，被亲切地称为“石榴姐”。

在农产品上行领域，平台持续坚持“零佣金”“零平台服务年费”，通过商品流“货找人”模式和分布式人工智能的技术创新，建立起去中心化的流量分发机制，大幅降低涉农商家以及农户网络销售的门槛，重塑了农产品供应链，培育了超过10万名何爽这样的新农人。

（二）多措并举，推动农民增收

消费端对需求的聚集，成规模地将确定订单对接上“最初一公里”的一个个分散果园和农田。在直连全国超过1 600万农户的基础上，对中国上千个特色产业带发挥了巨大的推动作用。拼多多数据显示，2021年一季度，单品销量超过10万单的农（副）产品达到2 645款，同比增长156%，为2019年全年的179%。这带动了全国大量特色农产区跨越式发展，推动“小水果”变为“大产业”，推动农民扎扎实实增收。

云南人参果，2017年在拼多多平台热销，成为网红水果。线上的火爆销售，提高了云南人参果的知名度，带动人参果线下市场的销售。线上和线下采购需求同时涌现后，人参果的价格一路上涨，带动当地种植户收入增加10倍。

2019年，由于市场供不应求，连尚未成熟的生果都被客商抢购一空。3年间，人参果主产区云南石林县的种植面积从1万亩上升到10万亩。当地涌现出育苗基地、交易市场、农产品包袋厂等新产业。据昆明市农业科学研究院生物所所长张丽芳统计，石林县周边地区，近两年有近万名农户依靠种植人参果致富。2020 年年初，西街镇镇政府一口气批准了 60 余户村民盖楼房。

“农地云拼”还带动农村地区三产融合，在中西部农村地区，诞生了一批小、快、灵的“村级”封装、仓储空间，使得乡村地区常住人口中包括老人、妇女在内的非技能型人口，可以通过多样性的工作方式，获得更多收入。

在云南石林县，当地熟练的包装工人，月收入超过了 1 万元。在湖北随县，一位从北京返回家乡在拼多多上销售“随州香菇”的商家，带动数十位本地中老年女性分拣、打包，月收入超过6 000元，男性装卸工人，月收入达1万元左右。此外，拼多多还结合农业发展现状，持续探索、实践助农增收的新模式、新产品。

在扶贫模式方面，2019 年 3 月开始，拼多多在云南保山、文山、楚雄、临沧、怒江、曲靖，以及新疆喀什等地，探索在中国深度贫困区精准帮扶建档立卡贫困户脱贫方式。陕西省平利县的“寻梦农园”合作社，共有 51 户建档立卡贫困户。拼多多为合作社捐助启动资金，提供业务培训和流量扶持，帮助建档立卡贫困户通过直播等新形式，建立长效脱贫机制。2020 年 4 月 20 日，习近平总书记在平利县考察脱贫攻坚情况时，寄语当地农园带头人王秀梅：“直播是趋势，要好好珍惜。”

助农产品上行方面，平台于 2018 年 5 月推出“多多果园”，用户在虚拟果园中种下树苗，果实成熟后可以免费收到一份由拼多多送出的助农水果，这些水果很大部分采购自“三区三州”地区。目前，“多多果园”已累计激发十数亿人次参与消费助农工作。

新冠肺炎疫情发生后，拼多多率先推动农民用好手机“新农具”，通过有影响力有公信力的人带头直播，推荐家乡好货。截至 2020 年 12 月底，拼多多连续举办 240 多场直播助农活动，向平台 8 亿多名消费者推荐“家乡好货”，带动相关助农专区成交 6. 73 亿单，卖出超过 41. 2 亿斤农副产品。2021 年，拼多多持续推出“家乡好物”产业带直播兴农活动，目前已在河南南阳、安徽砀山等产业带持续落地。大批新农人主播，通过拼多多直播间将自己家乡农产品卖向了全国。

（三）重投农产品上行基础设施，提升农产品流通效率

千家万户种，千军万马卖，十几亿名消费者分散购买。“最初一公里”和“最后一公里”之间，对中国的农产品物流提出了极高要求。挑战在于，中国传统物流基础设施基本是为工业品而设，离数字化和智能化更是差距颇大，为此拼多多将目光投向了下一轮创新领域——农产品物流。

自 2020 年 8 月以来，随着新业务的发展，拼多多将 8 亿名消费者需求和供应链进行本地化高效率匹配。通过在仓储、冷链方面持续重投入，在农产品专用物流体系建设方面，取得了实质进展。拼多多正以全新视野和不限于投资传统设备的方式，建立一个灵活而领先的农产品物流新体系。这将至少在三个重要方面改善中国的农产品产销价值链：一是减少损耗，把更多利润留给农民和消费者；二是更新鲜安全，让消费者吃得更健康放心；三是降低运输新鲜农产品时的各种能耗，减少不必要的环境危害。

从包裹量来说，拼多多也有极大优势。2020 年，全国超过 1/3 的日均包裹来自拼多多。这为拼多多使用先进的算法来完成更智能的路线规划，提供了坚实基础。

（四）探索前沿科技兴农，助力乡村振兴

数字化是农村产业的重要发展方向，拼多多正在持续发挥平台技术优势，探索契合小农生产模式的“互联网+农业科技”应用，推动互联网、大数据、人工智能和实体经济深度融合，加快推动农业网络化、智能化。

2019 年 8 月，拼多多与云南泸水市老窝镇政府合作设立橘橼扶贫示范项目，该项目地处怒江峡谷“三区三州”深度贫困地区，吸纳 132 户建档立卡户成立扶贫专业合作社，并联合云南省农业科学院柑橘创新团队打造精品示范橘园。

拼多多向老窝村无偿注资 225 万元，在之后的项目建设后续中，又持续投入 124 万元。这批资金帮助老窝村的果园项目走上了发展的快车道，老窝村沃柑种植面积从 30 亩逐步拓展到 337 亩。种植面积快速扩大，智能化水平快速提高。拼多多帮助老窝村引入了智能滴灌系统，并与中国工程院赵春江院士团

队合作，打造了天空地一体化精准农情测控系统，怒江峡谷里有了现代化果园。

深度参与项目的云南省农业科学院热带亚热带经济作物研究所（简称云南热经所）党委书记李进学说：“沃柑、香橼可错季上市，上市时间在每年1—6月，跨越元旦和春节假期，科学管理的果园经济寿命可达20~30年，还能比普通果园减少15%左右的肥料用量，减少30%以上劳动量，每亩增收800~1 500元。”

在云南保山市，拼多多联合云南热经所，通过试验田筛选最适合该纬度和海拔的高品质咖啡，并通过复合生态套种的方式，引导农户进行大规模替换种植，推动当地咖啡产业实现标准化、品质化作业。

2020年6—12月，在联合国粮食及农业组织的指导下，拼多多联合中国农业大学共同发起第一届“多多农研科技大赛”，通过利用植物生长模型、机器学习算法等，组织顶尖农人和青年农业科学家同台竞技，形成一系列低成本、可复制、适用于小农生产的技术模式，以推动智慧农业发展，帮助农户增收。结果显示，顶尖农人草莓甜度超过AI组，AI组的果实产量平均值高于农人组平均值196.32%，AI组投入产出比平均高出农人组平均值75.51%。联合国粮食及农业组织驻华助理代表张忠军称赞：“顶尖农人团队展示了传统种植技术的价值与意义，人工智能团队验证了新技术和新模式的可行性。”随后，参加此次大赛的团队已开始探索商业化途径落地相关AI种植技术。

从开创“农地云拼”带动农产品上行，助力产业发展和农民增收，到重投农业基础设施提高农产品物流效率，再到探索前沿农业科技，一路走来，拼多多的发展离不开党和国家“三农”政策方针的指引。展望未来，拼多多将不忘初心，努力为中国的“三农”事业贡献微薄之力。

三、京东推动农业农村电子商务发展案例

（一）京东推动农业农村电子商务发展

1. 京东全力助力富民兴藏工作

从扶贫攻坚到乡村振兴，从电商进农村到拓展新业态新模式，京东集团始终将自身发展融入西藏大局，与西藏齐心协力、同进同喜。聚焦“数字乡村”“实体商业与电商融合”“稳边固边保供”三大任务，形成具有西藏自身特色的电子商务进农村发展模式。一是现代流通基础设施建设提速。京东集团从全局出发进行顶层规划设计，盘活既有资源，建立起拉萨枢纽，6 地市中转，47 县级站点与乡村服务站的仓网路由体系，并搭配打造西藏自治区智能物流共配平台系统，大幅提升西藏地区上下行物流时效，降低物流成本。二是农产品上行加快，创新生鲜农特产品销售模式。聚焦平台搭建，线上线下融合发力。京东平台西藏扶贫馆、西藏农特产品馆加快建设，截至 2020 年年底，相关 SKU（库存量单位）增长 6 倍，覆盖西藏全部农特产品。同时，京东依托冷链仓配网、冷链卡班网、生鲜宅配网“三位一体”的冷链布局网络，为西藏农特产品销售提供全面助力。三是商贸流通实体加快线上融合，新型人才培育提速。融合业态加快布局。京东家电专卖店 2020 年新开 9 家，目前西藏境内达 22 家，京车会已在拉萨开启门店试点；京东便利店在西藏深度布局，依托公共服务中心为农牧民提供优质商品。京东在拉萨第一批电商培训 2 760 人次；与拉萨城投物流建设培训基地，组织实习大学生、待业青年开展物流课程培训和实训场地演练，让广大青年与最新技术紧密接轨。截至 2020 年年底，京东为西藏构建了“1 个自治区电子商务公共服务中心+7 个地（市）级公共服务中心+47 个县（区）级服务中心+100 个重点乡村站点”体系建设和空间布局，建立覆盖全区（西藏自治区）所有县的综合服务体系，形成“全区一盘棋”的局面。

2. 新疆巴音郭楞蒙古自治州，打造百亿级规模农产品交易中心

2020年6月8日，2021“京东6·18”18周年庆期间，京东与巴音郭楞蒙古自治州（以下简称巴州）人民政府签订战略合作协议，双方将在商贸流通、现代物流、农牧业、数字经济、文旅、生活服务等领域开展全方位、多层次、宽领域的深度合作，培育巴州经济新的增长点。京东将全力发挥自身能力，以商贸流通、品牌营销、生态服务三大体系建设为基础，助力打造数字经济的“巴州示范”。京东将通过建设农产品流通数字平台，致力于为巴州打造百亿级交易规模的国家级农产品交易中心；通过共建智慧供应链产业园，构建高质量现代物流流通枢纽；通过推动“数字乡村”建设，搭建全域营销体系，为乡村振兴助力增效；通过构建生活服务网，打造直播基地，为产业添动力、为发展谋新篇、为民生增福祉；通过发展新业态、新模式，推动产教融合和人才培训，提升新型就业的容量和质量。

3. 江苏丰县，数字化助力苹果产业升级

江苏丰县作为苹果优势产区，生产方式传统粗放，果品质量提高相对缓慢，销售渠道传统单一，单价水平低，品牌认知度低。以此背景，京东物流与丰县建立合作，落地数字化农场基地、营销、物流的一体化闭环模式。

建立数字化苹果基地，建立标准化体系。导入智能化管理，并建立《京东农场丰县苹果生产管理标准》，从产地环境质量标准、农药使用准则、肥料使用准则、产品加工准则、采后处理与贮藏运输准则、包装通用准则、标识使用与销售准则、生产操作规范等16项标准制定。同时搭建起基于区块链技术的全程可视化溯源体系。

基于标准化产品，依托京东商流资源协助拓展丰县苹果农产品品牌营销，推动优质优价销售模式，近年丰县苹果鲜货批发价在2.32元/斤，通过品牌提升2020年均价达到5元/斤，农民增收超过70%，带动周边农民就业2 000人次。

由京东物流提供一站式仓配解决方案，通过产地直发模式50%产品实现京东物流24小时送达配送服务。有效降低苹果后熟导致变皱，压坏，风味值降低等一系列售后问题，进一步保障了品牌的建立。

4. 山东小乔农场，好品质才有好品牌

京东与山东小乔农场合作，从生产端数字化把控开始，进行品牌规划升级。依照项目实际，制定小而美的命名策略，设计输出“看得见”品牌。依

产品甜度高的优势，以全程可视化溯源作为产品安全卖点宣传。从产品包装、防损、定价、策略等方面，精心设计。配合电商营销进行人员的培训和指导，帮助其建立电商人才队伍。合作后，其产品溢价得到显著提升，蜜桃从3.5元/斤卖到10元/个。2020年9月30日上线京东京品源生鲜旗舰店，上线首日下单量突破1 000单，首日冲击品类热销榜第一名，线上1个月，销售破10万元，线上产品收入超线下同类产品3倍。同时影响辐射线下批发市场，每斤提高售价0.5~1.0元。

5. 安徽砀山，打造酥梨产业上行一体化智能综合体

安徽宿州市砀山县具备优秀的电商发展基础，而传统供应链各环节的资源分散，造成成本过高，日益成为电商及产业进一步发展的瓶颈。

京东承接安徽省砀山县2019年示范县电商供应链样板打造与仓储物流冷链能力提升标段。在县电商产业集聚区、砀山酥梨核心产区，赋能扶持1家规模化电商供应链企业，打造智能化冷链云仓，并以冷链为核心，打造集分选、存储、打包、分拣于一体的冷库，对接京东全国冷链服务网络与商流资源，通过全渠道BC融合式的冷库运营管理降低使用成本，实现社会化运营。同时，以电商园区为载体逐步形成集冷链存储、产品分级分选包装、供应链代发、电商运营、人才实训于一体的供应链综合性基础设施。

6. 黑龙江泰来，智能仓配中心实现BC融合整合

京东承接黑龙江齐齐哈尔市泰来县2019年示范县项目智能仓配中心标段。过往示范县项目中完成了电商快递整合及配送到村的目标，但单纯的电商快递整合难以支撑三级配送体系的持续化常态化运营。泰来县重点侧重于仓配中心的打造，从电商快递整合之上，进一步探寻更大范围物流业务整合，打造覆盖泰来的智能仓配物流中心，除满足本地下行电商分拨中心需求及特色产品B2C上行需求外，结合京东自身线下京东便利店业务作为牵引，满足本地经销商仓储与城市配送B2B下行业务需求，实现物流集约化数字化，提升物流效率，降低物流与供应链成本。

7. 山西武乡，数字农业大数据平台与公共区域品牌打造

2020年3月，京东与山西山冶市武乡县政府签订框架协议，搭建起武乡县农业云大数据平台（农业大数据中心、区域资源管理平台、数字农场监管服务平台、农产品质量安全溯源平台、农产品价格监测预警、农情监测预警平台、灾情预警智能决策平台），打造武乡特色农业数字示范基地产业集群（实

现生产标准化、管理智能化、资产数据化、溯源可视化、产品电商化、产品品牌化)，创建全国数字农业新基建示范县，开展一系列电商营销升级行动（打造武乡县农业品牌建设，加速提升武乡县原产地特色标识产品整体品牌形象和品牌附加值)，推动一系列涉农专题电商人才培训（为武乡县全产业链管理和应用人员提供全面、系统、专业、实用的理论知识与实践技能培训)，提升新型职业农民能力建设，打造武乡京东云仓（武乡县域特色农产品智能分拣、仓储、配送中心以及电商运营中心)，集约整合区域物流资源，以物流助推商流发展。通过以上一系列数字化行动，助推武乡特色产业推广，提振属地品牌影响力。

（二）京东的数智化社会供应链助力乡村振兴

从脱贫攻坚到乡村振兴是京东履行企业社会责任的重要方面。京东的数智化社会供应链也在推动乡村振兴过程中发挥了关键作用，京东将乡村振兴纳入企业社会责任战略框架，实现可持续发展。从脱贫到奔富，京东以数智化社会供应链为基础，发挥自身核心能力，打通农村全产业链条，助力乡村振兴。2020 年 10 月发布的“奔富助长计划”已经展开，京东发挥自身供应链、物流、金融、技术、服务等五大核心能力，从智慧农业、新基建打造、产业带帮扶、供应链赋能、金融支持、生态体系等方面入手，带动农村万亿产值成长，培养出 100 万名农业电商人才，共建 10 万个农产品直播基地。

以“数字化+智能化”的思路，对流通体系进行全方位的改造升级，协同发展县、乡、村三级流通体系，涵盖大数据、物流、渠道、社区、上行、培训等领域，实现信息流、物流、商流的三流合一，从而实现县域商业的数智化。

1. 打通物流“最后一公里”

支持完善县乡村三级物流配送体系，扩展乡镇物流网点布局，大力发展共同配送，整合邮政、供销、商贸、快递、交通等物流资源，推动商流物流统仓共配，提升物流效率，降低物流成本；建设县域集约化公共智能云仓，并形成集冷链存储、产品分级分选包装、供应链代发、电商运营、人才实训于一体的供应链综合性基础设施。

2. 建立产地一体化冷链中心和区域冷链物流中心

利用现有各地仓储物流仓库进行定向改造，根据优质产品发展需求构建产地冷链网络、产品分级和预处理等功能。对货量集中的区域建立循环线路。并结合下行网络构建上行能力，形成高效物流网络。同时，发挥冷链物流中心未来在产品溯源体系的核心节点作用，进行质检能力建设，并将质检数据和产品关联，做好全链路的品质可查询。通过全程多温层仓储、运输、配送的物流数据，协助相关部门和企业对产品溯源流通进行有效控制。

3. 商贸流通渠道数字化升级

建立以商贸流通企业为核心、乡镇商业网点为区域枢纽、村级小卖部为末梢，与产业发展配套、适应本地消费需求的现代流通服务体系。升级国家级商贸流通数据平台，依托各业态数字化改造升级趋势，以公共智能云仓为流通数据节点，与国家平台进行对接，沉淀数据，统筹管理，助力顶层政策设计。

4. 产品上行体系

针对农产品，打造从田间地头到城市餐桌的一体化农产品上行体系，实现产业链、供应链、生态链的闭环。具体包括：在生产端，建立基于区块链、溯源、物联网技术的数字农场，开展生产标准化探索；在流通端，建立起仓储、运输、配送系统在内的智能物流供应链解决方案，实现高品质农产品从基地到消费者快速送达；在营销端，打造农产品区域公用品牌和产业带，建立全渠道营销体系，打通农产品“全国流通+本地流通”双循环。

5. 产业带数字化

“京喜产业带厂直优品计划”依托京东集团长期积累的资源优势，为产业带和源产地提供金融、技术、运营经验、流量、物流、数据等全方位支持，为工厂型、农场型商家搭建高效的线上销售系统及产业带和源产地整合运营方案。通过在产业带源头好货和新型消费市场之间建立起无缝紧密的链接，打造“短平快”的链接式供应链，反哺供应链可持续发展，实现产业带数字化。

6. 建设商超实体连锁等便民服务体系

京喜通（掌柜宝）主要聚焦社区、下沉新兴市场的供应端与零售端的升级，与品牌商、渠道商共同构建全渠道供应网，同时赋能线下门店，打造京喜便利店、京东名酒荟、京东母婴生活馆等多种创新型智能门店，通过完整的B2B2C业务链条，让优质商品和服务走进千家万户。“以大带小”赋能本地零售小店、个体工商户，促进共赢发展。智能门店管理系统为小店提供集采、批发、配送、智能结算、数据分析等数字化服务和技术赋能，减轻小店信息成本和经营负担。在小店接入多种增值服务，如代收包裹、虚拟代售、生活缴费、号卡服务、京东维修、文印服务等，帮助店主多元经营、扩充利润，增加小店与消费者的互动和黏性。运用大数据等信息技术手段，做好小店数量、就业人数、客流量、营业额、投资额等指标统计；为灵活就业群体提供社会保障，解决政府和社会养老问题。

7. 京东健康赋能基层医疗

提升供应链水平，与全国的优质药品工业企业合作，针对基层诊疗场景，引入优势品种，通过互联网的方式完成信息和资源的高效对接，直达下沉的基层医疗市场。提升诊疗水平，目前京东健康已经连接了超过 10 万名医生，完成了 10 余个学科中心的搭建，药京采平台连接了超过 6 万个基层医疗机构，包括诊所和卫生室，整合这些优势的医师资源，通过线上、线下的培训和赋能实现专科能力的下沉，提升基层医疗的诊疗水平。

8. 以智慧文旅平台+特色农旅 IP 打造提振乡村旅游业

建设智慧文旅平台，打造区域文旅信息资源库，实现对区域文旅数据的汇聚、治理、融合及数据赋能，包括数据汇聚、数据治理、多源数据融合、数据服务、人群画像。推动景区、酒店、商街、生活圈数字化升级和联动，打造刷脸体验、智能体验、指挥中心、全域文旅“超脑”；结合京东体系的无人零售、无人酒店、景区揽收、商旅度假、景区乐园、本地玩乐与京东文创等集团各版块，共同构建一整套食、住、行、游、购、娱的全域文旅数字经济生态，推动文旅产业发展，通过文旅旗舰店的上线和运营，整合本地生活线上+线下的精准推广和运营，激发获客能力，释放市民在地消费潜力。打造农旅 IP，为目的地注入多元印象点，促进文化和旅游产业振兴与全新增长轨迹。

9. 数字乡村大数据服务体系

以构建数字乡村大数据服务平台底座为抓手，重点聚焦农村党建和网格管理线上化、农村人居环境智慧监测、农村产权管理数字化、宅基地管理信息化、文化媒介宣导传播等方面打造，重点实现农业产业和农村管理数智化，助推乡风文明，治理有效。

10. 培训体系

强化培训机制，注重质量而非数量，对返乡农民工、大学生、退伍军人、贫困户等开展农村电商普及和技能培训，对县域商贸流通企业从业人员开展针对性的数字化课程，建立物流实训基地，培育物流人才。

第五章

“互联网+”农产品出村进城

一、天津市抓品牌、拓渠道，促进出村进城试点工作取得实效

天津市以“互联网+”农产品出村进城工程的试点县蓟州区、静海区为重点，突出冷藏保鲜设施建设、品牌化建设等工作，推动发挥“互联网+”优势，加快推进信息技术在农业生产经营中的广泛应用，促进农产品产销衔接，推动农产品卖得出卖得好，助力乡村振兴。

（一）开展农产品产地冷藏保鲜设施建设

天津市农业农村委员会与市财政局联合印发了《2021 年天津市农产品产地冷藏保鲜设施建设实施方案》，根据调研和各涉农区申报情况，确定 2021 年天津市农产品产地冷藏保鲜设施建设绩效目标为 57 个，全面启动产地冷藏保鲜设施建设工作。

（二）推进农业品牌化建设

天津市农业农村委员会以 170 家“津农精品”农业品牌为抓手，大力推动天津市农业品牌发展。一是组织小站迎新、益民金星、正达蜂蜜 3 家企业成功申报津门老字号，组织小站稻、沙窝萝卜、天隆种业等 8 家企业参加“2021 年中国自主品牌日”活动，组织 38 家企业与美菜网、每日优鲜、京东自营等国内知名电商平台对接，下一步还将组织品牌农业企业与天津德云社、各大商超对接，不断拓宽营销渠道。二是联合天津市农学会、天津食品集团筹建并开放“津农精品”展示中心，共有 66 家企业近 300 种农产品入驻。

（三）积极拓宽销售渠道

一是会同市商务局联合举办了农产品“居家嗨购网上过年——2021 全国

网上年货节”、“互联网+”农产品出村进城暨产销对接会、特色名优商品采购对接会，组织推荐多家农产品电商平台和“津农精品”企业参加。二是与中国邮政天津分公司遴选天津特色农产品和困难村农产品入驻学习强国平台参与换购活动，推动小站稻、沙窝萝卜上线学习强国平台，参与积分换购。三是依托益农信息社开展进社区、进企事业单位、进医院等农产品展卖活动 20 次，销售额约 80 余万元；同步开展农产品直播 10 次，服务消费者 5 万人次。

（四）推动智能农业工作

一是举办智慧农业与智能装备成果技术交流大会，有力促进农业智能科技创新和科技应用，对提升农业智能技术应用水平，攻克“互联网+”农产品发展壁垒具有重要意义。二是组织 8 家企业申报了全国农业农村信息化基地。

（五）促进示范县工作取得成效

（1）静海区多种方式齐头并进，推动“互联网+”农产品出村进城工作。一是扩大种植基地，提升农产品品质。发展订单农业，完善联农带农机制。丰富订单种植品类，继续扩大联合社队伍，增加合作社数量与订单种植面积，建立溯源、质量把控体系。二是加快农产品的科研转化品种培优。对蘑菇、黄豆酱、藜麦等特色农产品，与天津农学院、天津市农业科学院等专业科研团队将科研结果转化落地，进行本区农产品的品种培优，提高产量，适应市场需求的同时带动农户及合作社的增收发展。三是提升农产品分拣效率，加快实现分拣自动化。在静海区运营仓进行了农产品分拣全自动化改造，农产品自动分拣，标准化包装，提升了超过 50%的分拣包装效率，大大节约了成本。

（2）蓟州区建立多部门协作机制，推动本区“互联网+”农产品出村进城工作。一是打通网销平台线上线下对接渠道，在天津信息进村入户平台上开设蓟州区出村频道，上传蓟州特色农产品，开发天津出村农产品销售平台和小程序，抓紧对接聚农宝众筹平台。联合蓟州区绿色食品发展中心做好蓟州特色农品入驻绿色食品展示厅工作，目前已完成展示厅设计工作，正在筛选入驻产品。已开展线上促销活动共 11 次，累计观看人次 8 670 人次，订单数 15 862 单，金额 79.3 万元。二是提高信息化水平。计划开展单品大数据建设，着手在核桃产区、红香酥梨产区各安装5套农业物联网设备，进行本地特色农产品的大数据建设，打造数字梨园、数字核桃园；利用走进社区和企事业单位线上线下相结合模式开展蓟州区蓝莓、草莓、樱桃的农产品销售；开展红香酥梨产品单品大数据建设，包括智慧果园数据、梨产业电商数据获取、国家梨产业大数据抓取、梨遥感数据的获取、梨产业产品质量溯源、梨产业仓储物流大数据、梨高品质管理大数据、梨产业舆情大数据、梨相关旅游资源大数据等。

二、吉林省细化方案、加强指导，推动农产品产销深度融合

“互联网+”农产品出村进城工程是加快农业提质增效、转型升级，实现高质量发展的重大举措。按照农业农村部的安排部署，吉林省结合乡村振兴战略实施，充分发挥网络、数据、技术和人才等要素作用，建立完善适应农产品产销对接的供应链体系、运营服务体系和支撑保障体系，促进农产品产销顺畅衔接、优质优价，拓宽农业增效、农民增收渠道。

（一）加强顶层设计，引领试点工作

吉林省委省政府高度重视“互联网+”农产品出村进城工程，为高标准、高质量完成工程建设任务，坚持加强组织指导，综合配套联动，农业农村厅、发展改革委、财政厅、商务厅从顶层设计高度入手，加强指导，强化服务，形成推进工程落实落地的整体合力。

吉林省农业农村厅联合省发展改革委、省财政厅和省商务厅，前后经过3轮沟通协调，调查研究，对22个省直部门和13个地方政府征求意见，反复修改完善，制定了《吉林省“互联网+”农产品出村进城工程实施意见》，明确了坚持市场导向、坚持统筹推进、坚持重心下沉、坚持服务农民的基本原则，围绕农产品生产体系、农产品标准体系、农产品物流体系、农产品网络销售体系四大体系建设，以及产地基础设施建设、网络销售农产品质量安全监管、农产品品牌建设、农民网络应用水平、农村互联网新业态新模式、多元市场主体带动作用等10项重点建设任务，明确任务清单和具体责任部门，指导各县（市）明确主体、压实责任、建立了组织领导、政策支持、宣传推广等工作推进机制。2020年上半年试点县累计网络销售额近40亿元。

（二）加强业务指导，促进工程进度

1. 组织申报试点县

按照农业农村部试点县建设要求，通过县级政府自愿申报、地区初审把关、省级专家评审推荐、农业农村部审核，确定吉林省通化县、扶余市、双阳区、蛟河市、镇赉县、通榆县6个县（市）为“互联网+”农产品出村进城工程国家级试点县。

2. 落实工程建设任务

吉林省先后组织召开3次专题会议，对“互联网+”农产品出村进城工程工作进行部署，要求各地要结合自身实际，发挥“互联网+”优势，进一步加强农产品生产、物流、网络销售体系建设、品牌、质量安全标准体系建设，推动农业转型升级，促进农产品产销衔接，实现优质优价。要求试点县结合自身实际，重点围绕1~2个农产品品类，对照10项重点建设任务制订详细工作计划和月/季进度表，指导各试点县按照专家审核意见，对工作计划进行修订完善，按计划组织实施。

（三）畅通渠道，推动工程落实

1. 依托现有平台，提升服务能力

实施“互联网+”农产品出村进城工程不是另起炉灶，而是在现有工作基础上查缺补漏、改造提升。将吉林省农产品产销对接平台升级为“互联网+”农产品出村进城平台，增加城市社区团购等功能，在中心城市建立农产品集配仓，开展农产品直销服务，推动农产品进城。指导各试点县充分利用现有标准化基地，推进优质特色农产品规模化、标准化、智能化生产，切实提升优质特色农产品持续供给能力。借助农业产业化龙头企业初加工基地，强化带户功能，推进设施设备与普通农户共享，提升农产品附加值。将农产品产地冷藏保鲜设施建设项目，向“互联网+”农产品出村进城工程试点县倾斜，预计建设77个冷藏保鲜设施，提升农产品冷藏保鲜能力。利用益农信息社、农村电商、邮政、供销等服务站点现有条件，健全县、乡（镇）、村三级物流体系，推动整合县域内物流资源，试点县基本实现行政村物流服务全覆盖。

2. 依托社会资源，推进出村进城工程建设

各试点县加强与签约企业合作，给予一系列政策资金支持，合作企业积极主动作为，开展农产品仓储冷链物流设施、标准化加工、电商直播平台、质量管理可追溯系统、电商 App、电商培训、乡村游平台等相关建设，为试点县“互联网+”农产品出村进城工程建设工作打下了坚实基础。扶余市与合作企业北京吉诺安食农业科技发展有限公司开展了智能仓储设施建设对接，计划投资 150 万元建设“一张图粮食银行”管理系统平台，平台针对新型经营主体融资需求，规划仓储目标 1 亿斤，2020 年年底前开展 0. 04 亿斤花生仓单质押试点，可有效解决生产主体融资需求。双阳区依托国信国家级双创示范基地、返乡农民工创业孵化基地、农村电商创业园区、益农信息社等载体平台，创新采取“333”教育培训模式（即 3 类农民群体、3 种培训方式、3 项重点内容），围绕数字生产、智慧应用、电商销售 3 方面重点培训内容，针对不同人群因材施教，共计培训 70 批次 1. 5 万人次。

三、黑龙江省全方位落实、整体推进，助力农产品上行

（一）推进措施和成效

黑龙江省认真落实《农业农村部办公厅关于开展“互联网+”农产品出村进城工程试点工作的通知》和《黑龙江省“互联网+”农产品出村进城工程实施方案》要求，突出试点、整体推进，海伦市、林甸县和绥滨县试点工作全面开展，现代信息技术在农产品生产、加工、储运、销售环节中高效协同，产业化运营程度持续提升，产销顺畅衔接，有效推动农产品优质优价和农民增收。

1. 提高优质农产品供给能力

（1）做好市场价格监测。配合农业农村部在海伦等 4 个县（市）开展大豆和水稻生产成本收益调研，强化市场运行趋势和消费需求形势分析。编制保供稳价月报 6 期，及时掌握农产品供给行情。编制全省生猪情况周报 25 期报农业农村部。

（2）做好顶层设计。制定《黑龙江省“十四五”数字农业农村发展规划》，完善省级农业农村大数据平台，构建“1 个数据中心+18 个云平台+N 个业务子系统”的综合服务平台，整合历史数据 90T。

（3）推进试点示范工作。在 10 个县（市、区）开展数字农业示范县创建工作。组织 8 家单位申报全国农业农村信息化示范基地项目。在北大荒集团建三江分公司开展智能化无人机械作业试点，设计农业种植生产、综合服务及经营管理数字化建设项目，探索构建农业信息感知、智能控制、精准投入、个性化服务的现代农业服务，在耕、种、管、收全环节应用，试点面积 3.6 万亩。

2. 完善农产品产地基础设施建设

（1）加强养殖业数字化建设。推广“省、市（地）、县（市、区）、牧场”四级规模养殖场直联直报信息系统平台，开展养殖基本信息及备案管理、

统计分析、数据采集、粪污资源利用管理、生产定点监测等管理，提高优质畜产品生产能力，全省5 009个规模养殖场纳入系统管理。

（2）加强渔业数字化建设。为全省9 230艘船安装渔业卫星监控设备，搭建省渔业大数据系统，推进特色水产品生产，全省水产养殖面积达629.8万亩，水产品总产量达10.95万吨，同比增长9.1%。

（3）加强蜂业数字化建设。开展标准化蜂场和智能蜂箱建设，推进蜂产业质量提升。全省在养蜂群98.7万群，占全年总量的83.6%。

（4）加强农产品冷链设施建设。组织开展农产品产地冷藏保鲜设施建设，支持新型农业经营主体建设产地冷藏保鲜等设施242个，提高产地鲜活农产品冷链保障能力，降低产品损耗。

3. 拓展农产品电商销售渠道

（1）推广电商直播。黑龙江省政府印发了《黑龙江省农产品直播电商三年行动方案（2021—2023年）》，组建了“黑龙江省农产品直播合作联盟”，已有11家电商企业加入联盟。2020年上半年，全省农产品网络零售额实现15.3亿元，同比增长13.1%。

（2）加强政企合作。黑龙江省农业农村厅积极与阿里巴巴等电商龙头企业沟通，开展战略合作，扩大电商销售规模，提高黑龙江优质农产品市场占有率。与阿里集团共建7个农产品“数字粮仓”，在天猫建立了“黑龙江原产地”和“小康龙江”两个旗舰店，培育五常大米旗舰店等一批知名店铺，飞鹤官方旗舰店位居天猫渠道畅销店榜首。

（3）加强项目带动。推动电子商务进农村综合示范项目，全省36个县（市）列入国家电子商务进农村综合示范县（市），各示范县建成县级电子商务公共服务中心31个、乡镇电子商务服务站242个、村级服务站点3 031个，县级物流配送中心31个。绥滨县在广东汕头开设“绥滨米铺”，截至2021年6月末，绥滨县“互联网+”农产品出村进城销售额突破6 000万元。

4. 加强农产品质量安全监管和标准体系建设

（1）推进监管数字化转型。组织国家农产品质量安全追溯平台数据融合和企业入驻工作，平台入驻企业达2 600家，比2020年增长8%，落实食用农产品合格证工作，开具合格证68 428张，附带合格证上市的农产品46 754.65吨，全省农产品质量安全监测总体合格率稳定在98%以上。

（2）加强监测预警。建立农产品质量安全预警分析机制，推进农产品质量安全检验检测体系建设，组织实施农产品质量安全例行监测，农产品质量安全形势总体平稳，4个县被农业农村部评为第三批国家农产品质量安全县。

（3）加强投入品数字化管理。优化商家端服务功能，强化省市县三级管理端监管效能，打通中国农药信息网数据库，实现使用端农药的扫码录入、防伪验真及信息标准化。完成农业投入品平台第三次升级，形成了农药大数据一张图，具备线上数据纠偏和执法预警功能，全省8 842家农药经营企业已全部入驻平台，平台使用率占比达到60%。

5. 培育壮大农产品品牌

（1）加强顶层设计。印发了《黑龙江省农业品牌目录制度》《黑龙江省农业品牌目录征集方案》《黑龙江省2021中国自主品牌博览会活动方案》和《黑龙江省具有影响力的农业品牌评选活动方案》，组织开展农业品牌征集、评选和发布活动，公开征集黑龙江农业区域公用品牌及形象设计，全省已累计培育知名农产品区域公用品牌152个。

（2）组织专题活动。开展黑龙江省农产品区域公用品牌和农业企业品牌评选活动，筹办第四届“中国·黑龙江国际大米节”“黑龙江绿色食品产业博览会”等大型活动，借助展会开展招商和品牌推介活动，扩大龙江特色优质农产品品牌知名度。建设哈尔滨中央大街绿色食品商城，进驻“二品一标”① 产品400多个。

（3）探索双品牌推广。黑河市打造全市“极境寒养”区域公用品牌，与当地农业企业品牌结合，开展双品牌宣传推介。黑河市已与北京市、黑龙江省哈尔滨市、广东省中山市等地企业合作，建立了14家“极境寒养”绿色物产体验中心，双品牌产品全口径实现销售收入3 000余万元。

6. 加强网络应用人才队伍建设

（1）借助科技示范组织培训。建设现代农业科技示范基地138个，支持70个县开展农技推广服务。开展农民普及型培训286.8万人。

（2）开展手机技能培训。落实农民手机应用技能培训工作，组织各地开展特色手机培训专题活动周。大庆市安达市被农业农村部设立为全国农民手机培训活动周启动仪式分会场，大庆市农业广播电视学校代表培训机构在启动仪式上发言。

---

① “二品一标”指绿色食品、有机农产品、农产品地理标志。

（3）拓展培训内容。通过全省高素质农民培训平台，结合产业发展需要和培训对象学习需求，设立数字农业农村信息员培训班、电子商务培训班和智慧农业培训班，指导农民学习物联网知识。通过“惠农助手”App 开展培训，讲授如何在移动端掌握地方资讯、优质品种推介、市场监测、农情服务、农技知识、农业资讯等信息，全省各地益农信息社信息员通过手机端观看活动达 14 125人次。绥滨县发挥 109 个村级益农信息社和村级电商服务站的作用，累计培训各类专业合作社、农业大户、益农信息员等电商人才 900 余人，培养网红 19 人，组织了 5 场大型直播活动。

7. 发挥多元市场主体带动作用

（1）发挥益农信息社作用。组织全省各地益农信息社开展公益、便民、电商、培训四类服务，为农民提供农业技术、政策法规、市场信息、气象信息，开展生活缴费等服务，推动农村产品上行和工业品日用品下行。

（2）开展农产品项目招商。成立全省农产品招商专班，出台招商方案，明确到 2025 年引进投资 6 500亿元以上的目标，设计招商“一案一库一谱一册”蓝本，确定五大类 26 个方向。召开全省农业和农产品加工项目招商发布会，举办项目线上签约仪式，总签约额 92. 5 亿元。其中，中药材产业招商累计达成合作意向项目 95 个，签约项目 40 个，签约额 60. 7 亿元。

（3）鼓励发行地方债券。支持 22 个县（市、区）政府发行数字农业方面地方债项目，桦南县、望奎县等 4 个项目已通过初评，涉及资金额度 4. 5 亿元。

8. 落实试点建设工作任务

认真落实《农业农村部办公厅关于开展“互联网+”农产品出村进城工程试点工作的通知》要求，组织海伦市、林甸县和绥滨县全面开展试点工作。各试点县依托试点参与企业及农业龙头企业、合作社等各类组织，因地制宜建立健全县级农产品产业化运营主体，探索建立健全利益联结机制。集中打造一批标准化、品牌化农产品生产供应基地，建设农产品县级集配中心，引导带动产业链上下游主体形成协同高效、利益共享的供应链体系。立足县域优质特色农产品大数据，加强培训，强化农产品供应链全链条的质量安全监管和检测，保证区域特色产品有信誉、有影响、卖得好，发挥试点示范作用。

（二）存在的问题和下一步重点工作

虽然黑龙江省“互联网+”农产品出村进城工作取得一定成效，但仍存在地方投入能力弱、产品同质化高、深加工和物流能力受限、冷链物流等配套设施不完善、龙头牵动作用不明显、专业营销人员不足等问题。下一步，重点抓好以下工作。

1. 做好跟踪管理

强化试点县的日常监管，围绕运营体系、供应链体系和服务体系建设重点任务，逐县（市）开展调查研究，加强工作指导，及时掌握进展情况，解决试点困难和问题。组织好出村进城试点工作总结、考核、验收等相关工作。

2. 做好试点服务

协调省直相关部门，争取政策，集中力量支持试点县发展的关键领域、关键环节、关键区域。组织黑龙江省农业农村厅内单位，将农业农村系统项目和投资向试点县倾斜，形成集中扶持试点工作政策合力。

3. 加强沟通合作

积极与阿里巴巴天猫、京东等大型电商平台和商超合作，充分发挥“黑龙江原产地旗舰店”和“小康龙江”农产品销售公共服务平台作用，扩大试点县农产品出村规模。引导试点县应用直播带货等新型营销模式，提高出村进城效率，多渠道推动农产品卖得好、卖得优、卖得俏。

4. 加强宣传推广

通过电视、广播、报刊和各类新媒体，及时宣传工作新成效、新模式、新变化，推广可复制的运营模式和标准规范，营造良好舆论氛围。组织全省农业新型经营主体到试点县（市）实地参观，学习先进经验，带动更多农民应用互联网开展农产品营销，拓宽农民增收渠道。

四、江苏省补短板、聚合力，畅通农产品出村进城路

2020年以来，按照农业农村部部署要求，江苏省深入实施“互联网+”农产品出村进城工程，全面把握工程建设要求，切实谋划实施方案，扎实推进试点建设，通过政府全力推进、部门通力协作、市场主体积极参与，试点工作取得了显著进展。

（一）试点工作取得成效

1. 打造优质特色农产品供应链，出村进城“路基”牢

（1）创新推进，基于互联网的供应链管理模式逐步构建。在农业农村部出村进城工程建设要求的基础上，江苏省创新构建“1+1+N”产业化运营机制，指导地方紧密对接1个知名电商企业，并择优选择1家有规模优势的县域产业化运营主体，同时带动全产业链各环节的N个市场主体和小农户广泛参与。首批试点县建设中，阿里巴巴、京东、中国邮政等大型企业积极参与，如京东集团对接东台市，依托当地润丰现代农业产业园和西瓜产销协会，连接科研院所、企业等39个团体会员和3 193个种植大户，构建了全产业链开发的西瓜产业发展联盟。苏洪鲜食有限公司作为南通市海门区的试点企业和产业化运营主体，发挥自身线下多家连锁直销门店+线上丰富网店的优势，将联合带领当地的企业和周边农户，打造全国最大的阳光玫瑰葡萄产地，推动海门区葡萄产业做大做强。

（2）补齐短板，生产加工仓储物流基础设施水平不断提升。江苏省各地统筹县级农业产业园、示范园或电商孵化园等资源，加强预冷、低温分拣加工、冷藏运输等冷链设施设备建设改造，不断升级电子商务物流仓储功能。健全县乡村三级物流体系，整合利用快递物流、邮政、供销合作社、益农信息社、电商服务站点等条件，进一步完善农村信息基础设施，农产品出村进城更为便捷、高效。例如，宿迁市泗洪县依托当地网络创业产业园，升级改造了面

积不少于5 000米^{2}的县级电子商务公共服务中心，集生产、销售、仓储、物流、培训、体验等功能为一体，为当地企业和农户提供电商服务功能。沭阳县邮政在2个花木产业大镇设置了分拨中心，在花木产业集群中心区建立8 640米^{2}邮件处理副中心，实现对花木绿植及周边产品物流运输全流程服务，工程实施以来，累计向全国发出农产品快递超过5 000万件。

2. 建立适应农产品网络销售的运营服务体系，出村进城“通路”畅

（1）政企协作，农产品网络营销渠道不断拓展。江苏省10个试点县积极建设地方特产馆和农产品旗舰店，累计开设地方特产馆81个，并打造有市场影响力的自建平台和微商城，发展直采直供、冷链配送、社区拼购等新型业态，同时，联合知名电商平台举办特色农产品推介、直播带货、技能培训等活动，促进农业经营主体更好地利用网络渠道开展农产品营销。例如，盐城市盐都区引导企业自建网店、微商、小程序等开展电商销售，建设本地农产品“微店”，并打造网红直播基地，邀请网红、主持人为当地区域公用品牌农产品直播带货。丰县建成电商培训基地4 000米^2，县镇共开展电商培训250批次，培训人数12 000余人，占全县人才培训的60%。同时，开展直播带货培训活动，共培训1 500名学员，发掘培养有潜力、有能力带货主播280人，带动2 000多人从事农产品经纪人销售工作，农产品年销售额超过34亿元。

（2）宣传引导，农产品品牌效应不断扩大。针对试点农产品，全省试点地区加强农产品品牌整体规划，大力发展农产品区域公用品牌，并积极利用媒体网络平台和展示展销活动，全方位宣传本地农产品特色，涌现了如“丰县苹果”“盱眙龙虾”“宝应荷藕”“东台西瓜”等一批知名度高的农产品品牌。例如，淮安市盱眙县初步完成中国龙虾全球交易中心、龙虾小镇会客厅等品牌提升建设，目前“盱眙龙虾”品牌价值达215.51亿元，连续6年位列全国水产类公用品牌第一名，入围中国百强农产品区域公用品牌。沭阳县已完成“桑墟榆叶梅”“沭阳地柏”“沭阳月季”3个农产品公用品牌创建，有效提升了当地花木绿植的经济附加值，同时出台区域公用品牌使用管理办法，指导农业全产业链经营主体用好品牌、维护品牌，以品牌化引领规模化生产、标准化管理和产业化经营。

3. 建立有效的支撑保障体系，出村进城“前景”好

（1）聚集合力，全产业链标准体系逐步建立。江苏省各试点地区加强与企业、协会、科研单位间合作，针对试点农产品，构建完善适合电子商务的，

覆盖生产管理、采后处理、分等分级、包装储运、产品追溯、信息采集等各环节的标准体系和农产品质量控制规范。例如，徐州市新沂市与江苏省农业科学院合作共建成立了新沂桃产业研究院，制定了2个水蜜桃标准、建立水蜜桃质量安全追溯系统，为水蜜桃产业发展提供科技支撑和安全保障。扬州市宝应县以武汉大学、扬州大学、江苏里下河地区农业科学研究所等科研院校为载体，成立荷藕经济专家工作站，组建江苏荷藕产业研究中心，高质量推进当地莲藕产业标准化发展。南通市海门区试点企业根据多年生产管理实践，制定了一套阳光玫瑰葡萄全产业链标准体系，包括葡萄栽培、水肥一体化技术、农业投入品安全使用规范、生产技术操作规程、葡萄采收规划等一系列标准，将葡萄产前、产中、产后纳入标准化管理，规范生产过程和流通环节。

（2）链接产业，农产品大数据建设加快推进。全省试点地区不断加强生产、销售、流通、服务等基础数据采集监测，并探索构建各类农产品出村进城单品大数据，以数据流带动产前、产中、产后各环节各要素集聚，促进产业发展形成比较优势，最终实现县域特色产业提质增效。例如，徐州市丰县建成苹果、牛蒡等试点农产品基础数据库，实现数据监测预警、决策辅助、应用共享，同时，还联合阿里巴巴建成客户体验中心等10个合作项目。连云港市赣榆区正在打造紫菜全产业链数据采集监控，在紫菜产业内育苗、种植、初加工、精深加工、仓储、电商等关键环节设置200余处监控点位，实现动态、即时的数据采集检测，通过数据分析指导产业发展。

（二）试点工作主要做法

1. 认真开展试点建设

2020年2月，江苏省农业农村厅牵头协调省发展改革委、省财政厅、省商务厅等部门研究制订省级实施方案，强化责任分工，落实重点任务。5月初，出台了《江苏省“互联网+”农产品出村进城工程实施方案》和《关于做好“互联网+”农产品出村进城工程试点县建设的通知》，明确建设10个试点县，引导各地推进产业链数字化改造升级，补足补齐发展短板，探索构建市场化运营的可持续发展机制。根据农业农村部试点工作要求，经县级自愿申报、市级评估推荐、省级评审遴选等程序，最终有6个县被农业农村部确定为全国试点县。

2. 加强政策资金支持

2020 年 7 月以来，江苏省委省政府发布了发展数字经济、扩大有效投资、补齐“三农”发展短板、高质量推进数字乡村建设等一系列的政策，专门将“互联网+”农产品出村进城工程列入其中，着力提高各级党委政府重视程度，进一步整合资源要素，把基础打得更牢、短板补得更实。积极与省财政部门提前沟通，连续两年在下达的省级现代农业发展专项中，专门安排资金对工程建设予以重点扶持。截至 2020 年年底，10 个试点县投入的各级财政资金超过 6 亿元，其中省级资金达 1.5 亿元，同时撬动社会资本 10.5 亿元。2020 年，泗洪县省级财政资金投入 900 万元，有效撬动各类资本 5 000余万元。

3. 持续提升建设水平

2020 年 5 月，江苏省农业农村厅赴福建省、海南省开展“互联网+”农产品出村进城工程专题调研，深入了解当地企业运营模式、产业效益等情况，同时分别与两省农业农村厅进行座谈，交流学习兄弟省（区、市）建设中的经验举措。2020 年 6 月，召开的江苏省数字农业农村工作会议，也专门对深入推进“互联网+”农产品出村进城工程工作进行了部署安排，指导各地强化认识，切实提升出村进城工程实效。2020 年 11 月，召开江苏省“互联网+”农产品出村进城工程建设推进会，全省各市县农业农村分管局长参加会议，10 个试点县党委政府领导登台介绍工程建设情况，各试点参与企业负责人做了专题汇报，这次会议交流让试点县和试点参与企业都深受触动，有力形成了“比学赶超促提升”的氛围。2020 年 12 月，以参加 2020 江苏数字乡村发展论坛暨江苏淘宝村峰会为契机，组织各地赴徐州市丰县考察当地农产品出村进城建设情况，学习典型经验做法。

4. 强化督促指导考核

充分发挥省市县三级联合推进作用，强化目标任务考核，努力推进试点县工程建设保质保量完成。按照江苏省的要求，所有试点县均成立了党委政府领导担任组长的工作领导小组，召开工作部署推进会议，同时还制订了工程建设方案，进一步实化细化建设内容，明确资金渠道和工作时间节点。江苏省要求各试点县明确专人负责，于每季度上报一次工程建设进度，及时调度进展情况，加强监测指导。2020 年年底，江苏省委省政府首次对市县党委政府开展推进乡村振兴战略实绩考核，江苏省农业农村厅在牵头开展“数字乡村建设水平”指标评价时，专门将实施农产品出村进城工程等工作作为重要考核内容。同时，落实国家“互联网+”农产品出村进城工程部署要求，强化对第一批试点县的督促指导，指导他们定期登录农业农村部出村进城工作平台，准确填报相关数据和信息，并定期报送简报。

（三）下一步重点工作

下一步，围绕农业农村部和江苏省委省政府工作部署，江苏省将继续深入推进“互联网+”农产品出村进城工程，重点做好以下三方面工作。

1. 加强督促指导，有力有序推进试点工作

指导试点县进一步增强责任感和紧迫感，准确把握工程建设的示范带动意义和具体要求，建立和完善政府领导负责、跨部门推进的工作机制，细化工程建设内容、工作举措和任务分工，积极营造政策环境，全面形成党委政府领导亲自抓，相关部门和企业共参与的建设氛围。切实强化工作督导，加强试点工作调度，指导试点县及时总结和宣传推广好经验、好做法，对建设中遇到的困难要积极协调、尽快解决，促进工程建设水平不断提升。

2. 坚持统筹推进，确保工程建设全覆盖

持续加大工作推动和政策扶持力度，2021 年将在全省范围内开展第二批“互联网+”农产品出村进城工程试点县申报，新建 10 个省级试点县，在“十四五”期间，每年将开展 10 个左右试点县建设，打造一批资源配置好、建设标准高的“互联网+”农产品出村进城发展典型，总结一批可复制、可推广的经验做法，确保高质量、高水平完成工程建设任务。到 2025 年年底，实现主要农业县（市、区）全覆盖，形成“互联网+”与农村一二三产业深度融合的发展新格局，农产品出村进城更为便捷、顺畅、高效。

3. 加速数字赋能，不断丰富数字乡村内涵

构建完善农产品生产及供应链体系、运营服务体系和支撑保障体系，深化信息技术在农业产前、产中、产后各环节全程应用，共同推动产业融合、服务聚合、数据整合、平台汇合，实现以数字化提升产业链价值。以“互联网+”农产品出村进城工程为重要抓手，牢牢把握网络化、数字化、智能化带来的新机遇，加快实施智慧农业升级赋能行动，探索发展农业农村数字服务业，进一步解放和发展数字化生产力，为高质量推进数字乡村建设走在前列夯实基础。

五、福建省创新机制、狠抓落实，统筹推进工程试点建设

实施“互联网+”农产品出村进城工程是中共中央、国务院为解决农产品卖难问题，实现农产品产销顺畅衔接、优质优价，拓宽农民就业增收渠道，作出的重大决策部署。2019 年，农业农村部等四部委印发《关于实施“互联网+”农产品出村进城工程的指导意见》，提出用 2 年左右时间，基本完成 100 个试点县工程建设任务，到 2025 年，实现主要农业县全覆盖。福建省高度重视，积极贯彻意见精神，突出重点、落实责任、创新举措、完善机制，全力推进工程实施，取得良好成效。

（一）主要做法

1. 加强组织领导

成立福建省“互联网+”农产品出村进城工程联席会议制度，统筹推进工程各项工作，强化部门间协作配合。入选的农业农村部 5 个国家级试点县全部成立以县委副书记、县长或分管副县长任组长的“互联网+”农产品出村进城工程试点县领导小组，切实加强领导，统筹推进各项工作落实。

2. 制订实施方案

福建省政府高度重视，省政府常务会议专题研究审定，省农业农村厅、发展改革委、财政厅、商务厅、林业局、海洋渔业局、数字办 7 个部门联合印发了《“互联网+”农产品出村进城工程实施方案》，明确了工作目标、重点任务、保障措施等，为工作的顺利开展奠定了坚实的基础。

3. 推进工作创新

（1）创新组织形式。在开展部级试点工作的同时，福建省创新组织形式，提出所有涉农县全面开展工程建设，并提出到 2022 年年底基本实现每个涉农县培育 1~3 个重点优质特色农产品，形成 1 条产销一体化农产品电商供应链，全省农产品网络零售额年均增长 10%以上等目标。

（2）创新运营模式。探索可持续的运营模式，面向社会发布通告，征集"互联网+"农产品出村进城工程参与企业，以开放共赢的态度与有实力、有意愿的企业，共同开展工程建设。要求参与企业在项目县投入不少于500万元的资金用于电商服务设施设备、农产品供应链保障体系等建设。经过专家组织评审，确定14家企业作为福建省"互联网+"农产品出村进城工程参与企业，大力推动工程实施。

（3）创新评价体系。制定福建省"互联网+"农产品出村进城工程评价体系（试行），从组织管理与规范、政策措施与成效两个方面20项指标制定可量化、可操作的评价体系，指导全省各地有目标、有方向、有针对性开展工程实施各项任务。并将工程实施情况纳入2021年度福建省实施乡村振兴战略实绩考核指标，以考核为导向，有力有效开展工程建设。

4. 强化工作指导

指导各地市制订"互联网+"农产品出村进城工程推进工作方案，进一步理清工作思路，细化实化工作内容。指导试点县细化试点工作计划，结合本地优质特色农产品，借助中国农民丰收节、全闽乐购促消费等契机，利用网络直播等新业态，推进试点工作。各地通过开展"县长带你买好货""驻村书记带你买好货""网红直播带货""乡村好货展""品鉴好货"等网络直播活动，每场活动全网平均在线围观200余万人次、互动评论15万余条。

（二）取得成效

1. 农村电商规模不断扩大

截至2021年，福建省共有33个国家级电子商务进农村综合示范县、11个省级农村电商示范联合体，153个淘宝镇，441个淘宝村。

2. 农产品网络零售额持续增长

2021年1—5月，福建省农村网络零售额1 058亿元，同比增长15.6%，高于全国增速1.0个百分点。农产品网络零售额151.6亿元，同比增长8.2%。

3. 试点推进成效显著

泉州市安溪县、永春县，宁德市福安市、古田县，漳州市平和县等5个部级试点县经过一段时间的试点探索，各地结合各自优质特色农产品，走出各具特色道路。安溪县投入资金建设线上"安溪地方馆"和线下"1+5"乡村振兴农产品体验馆，通过线上线下同步展示销售，推动安溪茶叶畅销世界各地。永春县积极对接京东、我买网等大型电商平台，京东永春农特产馆已上线永春芦柑、永春老醋等当地特色农产品。据统计，2020 年芦柑销售旺季期间，仅永春芦柑通过平台销售达5 000多万元。福安市做大做强运营主体，建立葡萄电子商务公共服务平台，采取“互联网+新型经营主体+小农户+运营主体”的运营模式，强化一二三产融合发展，打造“互联网+”农产品出村进城工程联合体。2020 年通过电商平台等新零售渠道营销产值达 3 亿多元，带动葡萄种植户线上营销增长 30%以上。古田县充分发挥运营主体中国邮政福建公司在资金、技术、乡村网络等优势，瞄准当地特色农产品食用菌、水蜜桃、柰李等，建设农产品产地仓储保鲜冷藏设施，培育“十方田”农产品公共品牌，积极打造农产品上行供应链。平和县投入资金打造琯溪蜜柚、白芽奇兰等特色农产品电商网络平台，充分发挥村级益农信息社站点和信息员的作用，引导家庭农场、专业合作社、种植大户等各类经营主体入驻平台，形成全县特色农产品产销对接一张网。目前已有 300 多家上下游企业入驻平台。

（三）下一步重点工作

下一步，福建将加快实施“互联网+”农产品出村进城工程整省推进，促进农产品产销顺畅衔接。

1. 协同推进工程实施

将“互联网+”农产品出村进城工程与信息进村入户工程、特优区、品牌农业、数字农业、“3212”工程等多项工作有机融合，发挥 5 个部级试点县示范引领作用，加快开展工程整省推进。

2. 推动参与企业对接

引导各试点县与国家级、省级“互联网+”农产品出村进城工程参与企业对接，签订战略合作协议，落实工程各项工作任务，对接有困难的项目县，鼓励与当地有实力、有运营能力的企业自行开展对接。

3. 健全工程工作机制

要求各市（县、区）全部成立联席会议制度、制订工作方案，进一步理清工作思路，细化实化工作内容，充分凝聚各相关部门力量，扎实推进工程实施。

4. 加大典型宣传力度

充分发挥各种媒体作用，通过召开现场推进会、观摩会等形式，大力宣传一批做得好、有成效、可学习、可借鉴的典型，发挥示范引领作用。

六、河南省以三大突破点，夯实“互联网+”农产品出村进城基础

河南省开展“互联网+”农产品出村进城工程试点工作以来，按照“政府引导、统筹协同、突出重点、合力推动”的原则，结合河南实际情况，积极推动试点建设。

（一）基本情况

1. 高度重视，出台政策

河南省把发展好、维护好农民群众的利益作为实施“互联网+”农产品出村进城工程的出发点和落脚点，把运用互联网思维，发挥“互联网+”优势，作为积极拓宽农产品销售渠道，让农民群众实实在在得实惠的发动机。河南省农业农村厅及时联合省发展改革委、省财政厅、省商务厅联合下发了《河南省农业农村厅 河南省发展和改革委员会 河南省财政厅 河南省商务厅关于转发〈农业农村部 国家发展改革委 财政部 商务部关于实施“互联网+”农产品出村进城工程的指导意见〉的通知》（豫农文〔2020〕164号），提出了深化认识、提高站位，狠抓重点、持续发力，因地制宜、发挥优势，优化政策、支撑引领四点要求，作为各地推进“互联网+”农产品出村进城工程实施的指导方针。同时还下发了《河南省农业农村厅办公室关于组织申报“互联网+”农产品出村进城工程试点县的通知》，提出了申报要求，明确了申报程序，制定了申报原则，规范了申报材料。为各地申报工作打好了坚实的基础。

2. 认真筛选，积极推荐

针对各地上报材料，河南省严格依据《农业农村部办公厅关于开展“互联网+”农产品出村进城工程试点工作的通知》（农办市〔2020〕7号）文件要求进行逐项筛查后，确定推荐河南省三门峡市灵宝市、河南省洛阳市栾川县、河南省信阳市新县、河南省开封市兰考县等6家单位为全国“互联网+”农产品出村进城工程试点县申报对象。最终河南省商丘市柘城县、河南省南阳

市淅川县被确定为首批“互联网+”农产品出村进城试点县。

3. 重点突出，特色鲜明

确立了“互联网+”优质特色农产品标准化种植，“互联网+”优质特色农产品供应链，“互联网+”农产品网络销售运营服务体系等作为突破点。

（1）大力推广基于物联网技术的农情监测与联动，开展自动化节水灌溉、肥水调优。物联网建设覆盖区域进行种植托管服务，统一进行种植生产测土配方、施肥、施药、灌溉等田间农事管理作业。通过智慧农业应用平台和种植托管服务，整合农业物联网、高标准农田、旱作节水等农业项目，通过物联网、追溯及大数据等实现农产品种植生产标准化，保障农产品“种得好”。

（2）以农产品质量安全追溯为纽带，通过互联网串联特色农产品供应链，打通农产品种植、加工、仓储、物流、经销等不同企业主体信息数据，保障农产品供应链信息的真实可靠，同时提高企业生产管理效率，助力农产品质量安全和品牌农业运营。通过全产业链质量安全追溯软件，河南省农业农村厅整合区域内加工企业、仓储物流企业已建、在建、拟建项目配套，以及物联网采集设备建设资金或项目整合。通过物联网和信息化实现全产业链质量安全和数据采集，实现优质特色农产品“全程可控”，推动全产业链农业大数据和品牌农业打造。

（3）建立电子商务、国际贸易、国内批发经销和产地直供等多种销售渠道，切实帮助优质特色农产品打开销售网络，依托互联网开展可溯源电商交易和大宗撮合批发交易，减少传统农产品交易中间环节，有效增加农民种植收入，同时培育消费者对特色农产品品质信任。通过对接可溯源电子商务和农产品交易产销服务，河南省农业农村厅整合区域内品牌农业运营企业、农产品加工企业、种植基地、合作社等组织应用，通过国际贸易渠道服务、国内批发市场和产地直供渠道服务。

4. 整合资源，积极推进

（1）2021 年 5 月成功举办了 2021 数字乡村论坛（中国·郑州），以“发展数字农业，建设数字乡村”为主题，通过主旨演讲、案例推广、成果展示等方式，搭建数字乡村建设交流展示平台，展示数字乡村建设最新成果，牵手地方政府、园区找到数字乡村、数字农业合作伙伴，加快数字乡村成果与数字乡村建设深入融合，明确“互联网+”农产品出村进城工作是数字乡村建设的一项重要基础工作。

（2）深化与头部企业合作，充分发挥企业在试点建设中的积极作用，支持省内数字化骨干优势企业做大做强，与信息化企业协作，向信息化企业借力。目前已经同华为、阿里巴巴、猪八戒和京东等重点企业签订了战略合作协议。

（二）下一步重点工作

1. 强化顶层设计

紧扣国家出台的有关文件精神和政策措施，及时出台支持促进发展的政策措施，加大财政资金投入，强化示范引领，建设一批“互联网+”农产品出村进城示范县。

2. 推动示范应用

全面总结“互联网+”农产品出村进城工程建设的实施经验，将现有试点县的成功经验加以推广，进一步发挥电子商务在农产品出村进城中的积极作用，实现河南省优势特色农产品相关重点农业企业全覆盖。在每个试点县培育1~3个有资源禀赋、市场潜力的特色产业，用强大的市场潜力、良好的市场环境吸引投资，调动企业积极性，形成良性发展。

3. 发展主导产业

鼓励企业参与，加快发展面向农产品流通环节的软硬件系统解决方案。利用数字技术培育发展生态农业、设施农业、体验农业、定制农业、分享农业等，推动农业生产性服务业数字化和产业化。推进产业组织和商业模式创新，支持各类市场主体发展农业农村电子商务，延长数字乡村产业链、提升价值链、打造供应链。推动河南省农产品出村进城工程建设。

4. 突出重点特色

把培育产业化运营主体作为打造优质特色农产品供应链的关键，依托产业化运营主体，牵头联合全产业链各环节市场主体、带动小农户。充分利用益农信息社等村级站点的网点优势，依托产业化运营主体的生产、加工、仓储能力，做好服务，加强对产地农产品质量安全检测和监督管理，加快推进优质特色农产品生产、加工、储运各环节标准研制，推进优质特色农业全产业链大数据建设。

七、四川省整合资源、完善体系，打造农产品出村进城新业态

四川省积极推进“互联网+”农产品出村进城工程，重点围绕农产品供应链体系建设、特色农产品大数据开发、平台服务新业态模式创新等领域进行积极探索实践，扎扎实实做好各项工作，形成一批可复制、可推广的推进模式，切实发挥引领带动作用，取得了一定成效。

（一）工作开展情况

1. 市场导向的农产品生产体系建设逐步完善

依托优势特色产业，打造优质特色农产品供应链体系。四川省遴选出的每个试点县针对各自资源禀赋优越、产业优势较强、有规模化种植（养殖）基础的特色农产品开展试点，因地制宜、因产品而异，探索打造了适应网络销售的农产品供应链体系。雅安市汉源县结合汉源花椒现代农业园区建设，已选择在汉源县荣欣种植专业合作社清溪花椒生产基地和五丰黎红食品有限公司花椒种质资源库建成水肥一体化示范样板，在汉源县童年印迹乡村旅游农民专业合作社甜樱桃生产基地建成微气象站和土地传感器，实现对生产基地气象数据和土壤墒情等信息的采集和实时传输。广安市广安区围绕优质粮油、优质生猪两大主导产业，发展了龙安柚、湖羊、开花水果（桃、李）、稻渔综合种养、晚熟柑橘、乡村旅游六大特色产业，初步形成“2+6”现代农业产业体系，建成现代农业产业基地 72 万亩。其中，粮油基地 22 万亩、蔬菜基地 24 万亩，水果基地 26 万亩。年出栏优质生猪、湖羊、肉牛 82 万头。引进了上市企业宏辉果蔬股份有限公司，与四川中兴绿丰农业发展有限公司合作发展果蔬产业，龙安柚园区成功创建为省级五星级园区；浙江、四川两省携手实施“湖羊入川”“湖羊致富”两大工程，建成湖羊基地 100 个，全国首个万头湖羊种羊基地 1 个，成功打造为东西扶贫协作省级示范、全国先进。凉山彝族自治州会理县遴选特色产业石榴，不断推进其品质提升，品牌升级打造，及时调整优化产品结

构和供给节奏，加强供应链管理和品质把控，积极开拓线上线下市场，提高优质特色农产品的市场竞争能力。

2. 农产品网络销售服务体系逐步健全

四川省试点县主要是采用市场化机制进行推进，依托试点参与企业及农业龙头企业、合作社、产业协会、信息进村入户运营商、电商企业等各类组织，因地制宜建立农产品产业化运营主体作为“互联网+”农产品出村进城工程的推进主体。随着网络销售渠道不断拓宽，创新型营销模式层出不穷，不同类型的企业面向农产品出村进城的不同环节，开展专业化或综合化的服务，以各自不同的形式参与到网络销售服务体系建设中。通过与京东、淘宝、拼多多、有赞、832扶贫网等平台合作，开设京东特色馆、网络店铺；通过有赞小店、一亩田、微店、环球捕手、贝店等平台，打造地方特色产品，增强网络品牌效应，为四川省试点县特色产品打开网销之路。同时积极开展物联网基地试点，广安市广安区已建成农业物联网示范基地10个，建成支撑试点区域（大龙、大安、悦来、彭家4个乡镇）物联网服务体系，构建农产品生产、加工、流通、交易、消费全程供应链管理体系和农产品质量安全溯源体系。建立适应试点县各自特色的农产品网络销售的“互联网+农产品”营销体系。

3. 整合资源逐步打造四川省农业农村新业态

四川省实施“互联网+”农产品出村进城工程不是另起炉灶，而是试点县根据自身情况和特点，在现有工作基础上查缺补漏、改造提升。在基础设施方面，四川省积极引导试点县充分利用现有的标准化种养殖基地、智慧农业、数字农业农村、产地初加工等项目，以及农产品仓储保鲜冷链物流设施建设工程等，建设完善生产、加工、包装、仓储等基础设施建设，推进设施设备共建共享，提升产地农产品的商品化处理。广安市广安区建成农产品烘干仓储冷链物流设施22座，农产品加工厂（场）40个，年加工能力达96万吨。通过大力实施“菜篮子”仓储冷链物流推进示范县及农产品仓储保鲜冷链设施建设等项目，建成广安区级农产品仓储保鲜冷链物流基地1个，乡村级农产品产地仓储冷链物流集配中心3个，进一步推进农产品烘干冷链物流建设，实现了牛羊、果蔬产业升级，同时通过购置先进设备、组建先进生产线、实施配套工艺技术，达到提升产品附加值、均衡供应市场的目的。雅安市汉源县建成甘溪坝省级农产品加工示范园，与中国邮政合作建成大型仓储物流配送中心，构建“农户+基地+专合社+园区+市场”智能供应链体系，实现农产品线上下单、上门出货、统一配送，打造集生产、加工、仓储、物流为一体的现代化农产品综合集散区，建成“无接触式”智能配送中心23个，建成标准化气调库、冷藏库230座，储藏能力达13万吨，建成现代农产品物流园3个，配送能力达56万吨，形成农村站点以及基础设施、物流体系、网络平台等软硬件的共建共享、互联互通，构建了强大推进合力，实现了小农户连通大市场。

4. 促进全省农业农村全产业链数字化转型逐步凸显

作为数字农业数字乡村建设的重要内容，四川省“互联网+”农产品出村进城工程试点还承载着助力农业产业数字化转型、促进农村互联网新业态新模式发展的探索性建设任务。农产品出村进城连接着农产品的产销两端，覆盖农业全产业链的各个关键环节。广安市广安区已建立销产品数据库，通过分销管理系统为创业网商建立分销渠道。引领广安区创业青年在知名平台开设网店，不断扩大广安区网店数量，提高店铺运营质量，共同搭建广安区农特产品网络营销平台体系。截至2020年年底，广安市广安区认证“三品一标”农产品33个，培育“渠江柠香”“伟仁稼香”等优质农产品品牌26个。雅安市汉源县人民政府携手阿里巴巴于2019年共同打造了阿牛数字农业平台，该平台在数字化生产、数字化大屏、农业物联网平台、农事App、大数据分析5个层次进行了打造。运用“物联网+农业农村大数据+智能应用”打造从农产品生产、加工、储运到销售的完整链条，构建了以数字化和智能化驱动的产—供—销—金融—业态和人员培训一体化发展模式。四川省各试点县积极推动传统农业企业加快数字化转型，建设好电商大数据与农业全产业链大数据，应用于提高农业生产智能化、农产品经营网络化和供应链管理数字化水平，最终提升优质特色农产品的供给效率。

（二）面临的主要问题

1. 农产品竞争力不足

（1）品牌影响力较低。四川省农产品品牌化仍处在起步阶段，暂时形成有凝聚力的品牌还比较少，同时品牌缺文化少特色，缺少包装。

（2）加工农产品还不多。大多数特色农产品仅停留在鲜销售阶段，深加工产品较少，产品附加值较低。

（3）农产品品质参差不齐。部分农产品生产管理标准不一，导致优质农产品不多，农民收益不明显。

2. 农产品网络营销比例较低

（1）农产品网络营销人才缺乏。各试点县普遍存在专业化的信息技术人才和网络营销人才十分稀少，导致农产品的网络营销一直较为落后。

（2）冷链物流水平有限。四川省农产品大多以鲜销为主，现有的物流水平发展还有待提高，加上专业化物流企业和人才欠缺，难以满足农产品网络营销的要求。

（三）下一步重点工作

1. 持续推进建设四川省“三农”大数据平台

持续推进建立符合四川省省情、农情，满足实际需要的农业农村信息采集、上传、分析、应用、共享等农业农村信息化标准体系，支撑全省农业农村信息化建设。开展生产、流通、销售各环节的统计监测。依托运营主体，实现全产业链大数据的统一归集，并统一对接四川数字三农大数据信息平台，确保出村进城数据的及时上传与汇集。健全农产品监测预警体系和信息服务机制，及时发布各类市场信息，引导各类市场主体合理安排生产经营。最终实现用一套指标体系整合统揽“三农”数据、用一个平台集成组装数据、用一张地图读懂数据、用一个口径输出数据、用一套制度管好数据、用一个中心调度数据的建设目标。

2. 继续加强农产品质量安全监管体系建设

试点县继续建立健全农产品质量安全追溯管理系统，以标准化、市场化、可追溯为要求，以试点推荐产品为主，按照“2+6 产业基地”现代农业总体布局，建设特色产业全程可追溯的农产品溯源示范基地，建立农产品溯源平台系统，做到全链信息可查可追溯，支持区域主要农特产品专业质量检测，打造“品质分级化、包装标准化、产品编码化”农产品电商质量控制体系。

3. 持续加快数字农业人才培养和队伍建设

加强农业人才队伍数字化建设，建立数字化人才培育机制，充分利用信息化手段，增设网络课堂，扩大人才培养范围；组建数字农业专家库，加强与四川农业大学、四川省农业科学院等高校、科研院所和信息化企业的深度合作，建立并充实数字农业专家库。创新教授、专家面对面培训、线上指导等方式，聘请行业专家进行专题培训；强化“互联网+农业”知识的培养，在现代农业示范（产业）园区、大中型种养企业、专业合作社的专业技能和知识更新培训中，有意识、有目的地增加农业信息化新知识和新技能应用的专题课程，使信息化新技术能用会用，为数字农业发展提供人才支撑和保障。

八、云南省突出区位优势、多措并举，促进农特产品出村进城

2020年8月，云南省红河哈尼族彝族自治州开远市、普洱市思茅区、文山壮族苗族自治州砚山县、临沧市凤庆县4个县（市、区）被农业农村部列为首批110个全国“互联网+”农产品出村进城工程试点县，有关工作开展情况如下。

（一）工作开展情况

1. 加强组织领导，建立高效保障机制

云南省农业农村厅高度重视“互联网+”农产品出村进城工程实施，认真贯彻落实农业农村部关于试点工作部署。督导各试点县成立工作领导小组，组建工作专班，构建高效畅通的联动机制，形成工作合力，不断创新服务手段，多样形式推动“互联网+”农产品出村进城。

2. 围绕主导产业，提升网络营销水平

各试点县结合当地县情民情，突出区位优势，围绕当地特色产业紧紧抓住互联网发展机遇，充分发挥网络、数据、技术和知识等要素作用，多措并举，有力促进当地特色农产品出村进城。

（1）大力培育运营主体。各试点县在与试点参与企业签署合作协议的基础上，积极培育县级农产品产业化运营主体，引导运营企业积极参与信息进村入户工程、农产品仓储保鲜冷链设施建设等项目建设。开远市引进红投蔚来科技有限公司、砚山县积极培育砚山盛元电子商务有限公司为县级试点项目运营主体，推进农产品线上线下营销。

（2）积极打造优质农产品供应链。砚山县以电子商务公共服务中心为依托，持续扶持壮大农业企业、合作社、家庭农场等经营主体，推动土地经营权流转，促进农业适度规模经营，逐步形成产供销的产业链发展模式。全县培育农业龙头企业45家、农民专业合作社712个、家庭农场335个。思茅区以京

东智联云（普洱）数字经济产业园为载体，不断深化京东集团与本土企业在电商、直播带货、联合仓、品牌培育等方面的合作力度。京东产业园落地思茅区至2020年年底，普洱市茶产品的电商交易额达1.6亿元以上。

（3）建立健全运营服务体系。凤庆县依托和运用电商中心加强与邮政、电信、快递等单位合作，整合当地农特产品、旅游文化资源进入13个乡镇公共服务站和159个贫困村服务点。思茅区建设完成了京东智联云（普洱）数字经济产业园，开设创业培训、产品展示、《创赢普洱》栏目直播。搭建"思茅扶贫·绿色产品"平台，合作商家达54家，累计上架单品200个以上，2021年上半年累计销售金额8 293万元。强化社区联动，建成25个"佳门口"社区电商服务网点，实现农超精准对接，销售金额达150余万元。开远市以益农信息社为依托，在云农12316三农综合信息服务平台上进一步完善一村一网页。砚山县利用益农信息社及电子商务进农村建成的县乡村三级网点的优势，依托县级电子商务公共服务中心，成立了11个乡镇电子商务服务站、43个村级电商服务点（其中贫困村站点42个）。

3. 加强品牌培育，助力打造世界一流"绿色食品牌"

围绕打造世界一流"绿色食品牌"总体部署，以科技支撑为引领，以新型经营主体为载体，深入推进品牌战略。

（1）建立农产品全产业链标准体系。强化农产品田间管理、采后处理、分等分级、包装储运、产品追溯、信息采集等各环节标准研制，细化标准化生产和流通操作规程，提高农产品品质。

（2）强化区域公共品牌打造。围绕当地特色产业不断强化区域公共品牌打造，凤庆县重点打造以茶叶、核桃为代表的"顺宁有礼""凤红行天下""红滇庆凤"等农产品区域公用品牌。砚山县成功注册"好享砚山"并授权一些公司使用；组建"砚山蔬菜产业联盟"，打造"砚山蔬菜"区域品牌，完善农村供应链体系。

（3）强化品牌宣传与推广。注重线下线上相结合，及时推广成功经验、促进学习交流，畅通农产品流通渠道，更大限度地带动生产领域的规模化、品牌化发展。思茅区组织祖祥、龙生、新华国茶、原生庄园4家有机茶产业联盟企业参加2021亚洲国际有机产品博览会，现场销售额15万元，意向性协议金额500万元；参加杭州第四届中国国际茶叶博览会，现场销售16.26万元，意向性协议金额160万元。积极发展"网络直播带货"新业态新模式，2020年

1—5月实现销售额250万元。

4. 加强质量监管，建立有效的支撑保障体系

(1) 构建产品质量安全溯源体系。强化市场监管，确保上线产品质量安全，思茅区建立了“区域公共品牌+企业品牌+产品二维码扫描”和普洱茶区块链追溯两个产品质量追溯平台，新增有机茶产品追溯码24个。凤庆县发布了农产品质量保障制度，打造42款农产品溯源二维码、质量码。基本实现农产品源头可溯、去向可追、风险可控、责任可究、公众可查、社会共治的目标。

(2) 加强农产品质量安全监管。砚山县2021年上半年共完成风险监测（定量）抽样93个（蔬菜92个、水果1个），监督抽查（定量）抽样102个（蔬菜）；鲜活种植业农产品农药残留快速检测57批次农产品样品637个，合格637个，总合格率100%。畜禽产地检疫5万羽、生猪检疫2.84万头、肉牛屠宰检疫0.01万头。

(3) 强化“三品一标”认证及监管。截至2021年6月，砚山县“三品一标”企业24家，其中绿色食品企业11家、无公害农产品企业5家，有机食品企业8家，地理标志产品2个。

(4) 强化平台支撑。开远市构建“农业一张图”，进一步解决农村生产经营“监测难”、农业资源“整合难”。思茅区搭建科研协作平台，开展“新经济时代数字人才培养与发展”等专题讲座40余场，培训5 000余人次。

(二) 面临的主要问题

1. 农业信息化基础薄弱

试点县部分偏远区域网络深度覆盖率低，运营互联网收集信息、处理信息、传播信息的软硬件设备与网络体系不健全，全产业链大数据、生产管理数字化应用水平处于起步阶段。

2. 规模化集约化程度较低

受地理空间因素影响，农业产业化发展集群滞后，一二三产融合度不高，特别是冷藏运输业、农产品深加工业发展滞后。

3. 缺少项目专项建设资金

“互联网+”农产品出村进城试点工程缺少专项建设资金，试点参与企业

资金投入有限，试点推进成效不明显。

（三）下一步重点工作

1. 加强信息基础设施建设

注重网络直播等新业态的发展，健全完善花卉、茶叶、蔬菜等试点县主导产业的网络销售体系和物流体系，不断拓展农产品流通渠道，推进优质特色农产品出村进城。

2. 加快公共品牌培育步伐

健全完善农产品质量标准体系，结合“一县一业”“一县一品”培育区域性公共品牌，提升产品溢价能力和市场竞争力。

3. 强化试点示范引导作用

加强督促与指导，及时总结推广成功经验，以点带面，发挥典型示范引领作用，更大限度地带动生产领域的规模化、品牌化发展。

九、甘肃省加快培育产业化运营主体，推动试点取得实效

2020年8月，农业农村部办公厅公布了开展“互联网+”农产品出村进城工程试点县的名单，甘肃省兰州市榆中县、白银市白银区2个县（区）入选。根据农业农村部办公厅《关于开展“互联网+”农产品出村进城工程试点工作的通知》（农办市〔2020〕7号）和《“互联网+”农产品出村进城工程试点工作方案》要求，甘肃省农业农村厅积极与试点县（区）对接，指导开展试点工作。

（一）主要工作

确定试点县（区）名单后，印发了《关于组织开展“互联网+”农产品出村进城工程试点工作的通知》，制订了《甘肃省“互联网+”农产品出村进城工程试点实施方案》，要求试点县（区）结合当地实际，制订试点工作计划和实施方案，建立试点工作台账和跨部门推进机制，加快组建县级产业化运营主体，集聚相关政策和资源，完善相关管理制度，推动试点工作取得预期实效。试点县（区）农业农村部门与运营主体充分沟通，制订了实施方案，确定了建设目标，细化了主要任务。

（二）试点县区工作进展

1. 培育县级农产品产业化运营主体

榆中县围绕“互联网+”农产品出村进城试点项目，根据特色产业发展实际，从链接市场出发，整合资源，确定甘肃康源现代农业有限公司为运营主体，以“公司+基地+农户+市场”方式，组织新品种引进与推广，带动农户订单种植、产品加工、线上线下运营，拓展高原夏菜销售渠道。相关单位协作配合，具体做好以下工作：榆中县移动公司做好网络服务及榆中农业数字综合云

平台研发；榆中县电商中心拓展网络营销；兰州农产品交易中心做好全国市场高原夏菜对接及配送；各产业联盟协助做好其他农产品的组织销售。

白银区由区政府牵头，中创博利科技控股有限公司和甘肃中进邦农农贸有限公司作为“互联网+”农产品出村进城工程试点实施主体，联合白银区涉农龙头企业、产业联合体、合作社、白银农产品产销联合会，白银电子商务协会及相关农产品线上销售的电商企业，整合农产品生产、加工、冷链仓储、物流配送、电商运营等资源开展“互联网+”农产品出村进城试点。

2. 打造优质特色农产品供应链

榆中县充分发挥冷链物流集中销售配送作用，自 2020 年 5 月底高原夏菜上市以来，兰州高原夏菜交易中心已入驻蔬菜批发商户 400 余家，蔬菜流动商户约 500 家，向全国销售蔬菜约 75 万吨，交易额约 22.5 亿元，其中销售榆中高原夏菜约 40 万吨，交易额约 12 亿元。预计年总交易量达 150 万吨以上，年交易额约 45 亿元以上。已成为以兰州市为中心、辐射西北 5 省（区）的蔬菜一级物流和集散中心，辐射范围包括白银、天水、武威等市（州）以及临近的陕西、青海、宁夏、新疆等省（区），形成了“集全国，卖西北，走西亚”的销售格局。

白银区建设改造具有集中采购和跨区域配送能力的农产品县级集配中心，作为出村进城的枢纽。白银福家福电子商务有限公司同城配送自 2021 年 1 月 20 日启动，截至 2021 年 6 月平台销售额约 421 万元。采取线上线下融合到家到店等消费方式，推出小程序“印象福家福”，同城互动的特色活动方案，调动区域市场主体积极性，充分发挥“实体企业线上线下融合发展”，突出本地特色。

3. 完善农村电商服务产业链

榆中县完善县、乡、村三级电商服务产业链，建成县级电子商务公共服务中心 1 个、乡（镇）级服务站 23 个、村级服务点 218 个，覆盖率达 81.3%，实现了电商服务全覆盖。已建成的电商服务平台均正常运转，能够为群众提供代购代销、快递收发、便民缴费等服务，极大地方便了当地群众的生产生活。截至 2020 年年底，网络交易 2.267 1亿元，其中农产品线上销售 0.233 亿元。

白银区成立了白银区数字经济发展中心，落实机构编制人员配置，深入探索发展“网红经济”，开拓创新，抢抓机遇，为白银区发展数字经济探路试点。积极运用“互联网+”“电商+”模式，充分发挥“创业天下”“天下帮扶”等电商平台和四龙镇农特产品展馆，线上线下联动，集中展示、推介、销售全区农产品。2021 年上半年，全区网络零售额为6 693万元，农村网络交易额1 056万元，微店销售额为 557 万元。充分发挥区数字经济大数据中心、“互联网+”线上平台和龙头企业示范带动作用，扎实推进甘肃省“互联网+”农产品出村进城试点工程建设，以白银区为核心，辐射带动三县两区全面开展农产品出村进城工程，使全市农产品出村进城更为便捷、顺畅、高效。

十、青海省夯实基础、探索创新，推动绿色有机农畜产品出村进城

自“互联网+”农产品出村进城工程启动以来，青海省高度重视，积极探索，结合部省共建绿色有机农畜产品示范省、数字乡村试点等重点工作，从“品牌、品质、标准化生产”入手，夯实网销农产品发展基础，创新工作举措，聚焦资源协作，合力推进工程建设取得实效，2020 年青海特色农畜产品网络销售额近亿元。

（一）加大政策引导，高位推动工程实施

2020 年 9 月，经青海省政府同意，青海省农业农村厅联合省发展改革委、省财政厅、省商务厅印发《青海省“互联网+”农产品出村进城实施方案》，明确了分阶段分地区的推进目标，确定了加快建立农牧业信息化生产体系、建设提升仓储冷链物流体系、完善农产品网络销售体系、强化农产品质量安全监管、推进农产品标准化生产、加强农产品品牌建设、广泛开展网络技能应用培训、运用互联网发展新业态新模式八大重点任务。同时，在青海省“十四五”网络安全和信息化发展规划、青海省“十四五”农业农村信息化发展规划等重点省级规划中，都专门将“互联网+”农产品出村进城工程列入其中，从省级层面明确了中长期工程推进计划。青海省兴海县、湟源县成功入选全国首批“互联网+”农产品出村进城工程试点县，青海省农业农村厅印发《关于抓好“互联网+”农产品出村进城工程试点工作的通知》，督导试点工作有序开展。

（二）突破痛点难点，打造高端网销产品

在习近平总书记对青海提出的“打造绿色有机农畜产品输出地”重要指示要求下，青海省坚持“生态青海、绿色农牧”发展理念，围绕解决农产品生产标准缺失、品牌缺失、品质参差的问题，全力打造全国首个绿色有机农畜

产品示范省，为优质农产品出村进城奠定了良好发展基础。开展全省全覆盖的牦牛藏羊原产地可追溯体系建设，目前已有 2.9 万个养殖场、合作社的 200 余万头牛羊实现追溯。全省省级以上产业化龙头企业达到 154 家，产业化联合体 40 家，农畜产品加工转化率达到 60%。认证“二品一标”农畜产品 805 个，中国驰名商标 20 个，青海省著名商标 55 个，制定牦牛、青稞标准 43 项。对外发布 16 个省级区域公用品牌，举办青海绿色有机农畜产品百佳优品活动，试点县兴海县牦牛奶系列产品成功入选。扶持 30 家企业利用互联网新媒体开展企业品牌宣传。

（三）聚焦资源协作，拓宽网络销售渠道

（1）加强与青海省委网络安全和信息化办公室、省商务厅等部门协调联动，结合数字乡村试点、电子商务进农村综合示范等工作，围绕农产品生产、初级加工、仓储保鲜、快递物流等环节，统筹协调，推动相关政策在试点县优先落地，形成有关职能部门齐抓共管、合力推进的良好发展格局。截至 2020 年年底电子商务进农村综合示范项目实现全省县域全覆盖，累计建成 36 个县级电商服务中心、296 个乡镇服务站、2 008个村级服务点，打通村级电商物流服务“最后一公里”。

（2）扶持农牧业新型经营主体发展农牧业电商。建设省级农牧业电子商务示范点 8 个，建成省级农牧业综合电子商务平台“牛咖部落”，提供认种、认养等新兴消费方式。鼓励条件成熟的地区依托特色产业，建立产供销一体化网络营销平台，省内各地农牧企业自建电商平台 10 余个，如试点县湟源县茶马互市牛羊产业互联网交易平台、花儿之乡、青藏码头、蒙旗电商平台等，涌现“农牧业企业+网店模式”“农牧业企业+运营商+平台模式”“农牧户+第三方平台创业模式”等新模式。

（3）积极对接知名电商平台资源，拓宽网络销售渠道。目前青海省大部分农牧业产业化龙头企业（如青海湖乳业、西北骄等）都在淘宝设有品牌旗舰店。2020 年青海省农业农村厅与试点县兴海县支撑企业中国报业电商共同举办青海特色农产品产销对接行动，采取现场推介、电商销售、直播带货等方式，交易额达1 000余万元，现场签订合作协议 43 份，56 种青海名特优产品将在全国报业电商平台长期推广销售。中国青海结构调整暨投资贸易洽谈会

（简称青洽会）期间，省级农牧业电商平台“牛咖部落”举办线上青海农业农村展，邀请多名网络直播达人在线直播带货，推广青海特色农畜产品，网上销售额120万元。举办“庆丰收　迎小康”青海省农民丰收节金秋消费季产销对接会，利用农畜产品直播带货、短视频+订单等方式，网络销售青海特色农畜产品300余万元。2021年，将在京东中国特产—青海馆开展系列宣传推介活动，同时继续借助中国农民丰收节、青洽会、文化旅游节等契机，线上线下共同助力农畜产品销售。

（四）下一步重点工作

下一步，青海省将继续加大工作推进力度，重点在做大做强运营主体上下功夫，支持运营企业参与数字农业、农产品仓储冷链设施等项目建设，提升参与企业积极性和运营能力；在完善工作机制上下功夫，优化“省级指导、市级协调、县级实施”的工作推进机制，稳步推进试点县各项工作取得实效；在强化支撑和保障上下功夫，联合涉农相关部门和技术企业，为试点县提供大数据建设、农产品质量提升、标准体系建设、金融保险信贷等方面的支持和服务，推动青海省“互联网+”农产品出村进城工程建设取得重大进展。

十一、吉林省长春市双阳区多措并举，为农产品“产加销”插上数字翅膀

吉林省长春市双阳区按照“互联网+”农产品出村进城工程项目建设要求，与数字农业农村试点和农业农村现代化深度融合，依托物联网、大数据、云计算、人工智能等新技术，实现土地、种植、加工、仓储、物流、销售、终端体验等全产业链数字化，建立品牌化的优质农产品，为传统“产加销”插上“数字翅膀”。

（一）与数字农业相结合，建立顺应市场需求的农产品生产体系

对农产品生产体系中的各个环节进行标准化、数字化改造，围绕鹿业、水稻、果蔬等优势产业，设计开发双阳区数字农业农村云平台，建立黑土地保护监管模块及“农地一张图”核心数据库，利用卫星遥感等云平台工具，汇聚耕地、经营主体等基础数据资源。投入土地墒情采集设备20多套，建立农业资源数据库，采集基础数据资源12 000条次，发布病害指导12次。截至2020年年底，全区2 905家经营主体实现信息入库，欣铭合作社实现土地流转电子化、生产过程数字化。

优选5村、2社、1屯，开展“数字村”试点建设工作，依托吉林省数字农业云平台建设数字村应用系统子平台，投入一批智能装备，实现了多项数据自动化采集、乡村资源上图入库、农业生产网络化管理、实现乡村在线服务、带动农产品销售、提升乡村治理能力、提高村民幸福指数的建设目的。

（二）项目联动，助力产地基础设施建设

借助双阳区2020年乡村振兴（农业领域补短板）项目，积极开展农产品产地基础设施建设，建设双阳区奢岭街道农产品仓储保鲜冷链物流设施1 800米^2，库容量3 000吨，果蔬分选包装车间500米^2，购置分拣包装、冷藏保鲜设

备各 4 套，冷链运输车 2 台；双阳区山河街道办事处农产品仓储保鲜冷链物流设施2 400米^2，库容量8 000吨，购置冷库设备 3 套。

（三）资源融合，推动农产品物流体系建设

双阳区政府同中国邮政集团长春市双阳分公司签署农村物流融合发展战略合作框架协议，开展“客货邮”业务整合模式，利用交通基础设施，优化资源配置，提升场站利用率，双阳区各个交通、邮政场站逐步转型，拓展其服务范围，开展“一站多能”多元化服务。现已开通农村客车携带小件运输业务，已经打造出 1 条“客货邮”融合奢岭示范线路，服务村屯 15 个，实现区、乡、村三级物流体系畅通。

（四）强化线上营销手段，完善农产品网络销售体系

1. 充分发挥益农信息社作用

结合信息进村入户工程已建成的 139 个益农信息社，开展站点回访摸底工作，对站点工作情况进行系统梳理，组织益农信息社站长开展电商销售业务培训，充分调动益农信息社积极性，畅通农产品电商销售渠道，实现农产品出村进城。

2. 开设特色农产品线上专题馆

在吉林省农产品出村进城平台建设鹿业馆，改变传统依托线下批发销售模式，逐步引导到线上线下相融合的销售方式。2021 年上半年梅花鹿产品网络零售额实现 16 亿元，同比 2020 年增加 6. 7%。

（五）三管齐下，加大网络销售农产品质量安全监管力度

1. 加强诚信监管

以鹿产品为重点，建立经营者诚信档案，借助鹿业大数据、溯源等技术，迅速准确查找鹿产品来源及去向，直击问题根源。

2. 加强市场监管

联合市场监管局和公安局打击制售假冒伪劣商品，查处掺杂使假、以次充

好、有毒有害等严重违法行为。

3. 加强传媒监管

加强农产品质量安全知识宣传推广力度，充分发挥微信公众号、官方网站等传媒平台作用，做到家喻户晓，人人皆知，形成全社会识假、辨假、打假的良好氛围。

（六）发挥特色产业品牌优势，加快推进农产品品牌建设

加强特色产业品牌“双阳梅花鹿”宣传，充分发挥“互联网+”的优势，助力双阳区梅花鹿优质品牌打造，现培育十大类130余个产品。以鹿业、水稻、果蔬等优势产业为重点打造对象，鼓励企业进行特色产业品牌建设，指导村集体经济组织进行特色产业品牌建设。现已为小石村龙丰果设计了“石村果夫”品牌和包装，下一步将加强“石村果夫”品牌宣传推广力度。

（七）建档立卡，加强农产品标准体系建设

提高梅花鹿产品生产水平，建立健全双阳梅花鹿产业相关标准及技术规范，确保梅花鹿产品质量安全。以博文鹿业为试点样板进行标准化管理，利用区块链技术，为博文鹿业756头梅花鹿建立“一鹿一档”，实现全面谱系管理、精准饲喂全程标准化体系化建设。

（八）创新采取“333”教育培训模式，提高农民网络应用水平

依托国信国家级双创示范基地、返乡农民工创业孵化基地、农村电商创业园区、益农信息社等载体平台，创新采取“333”教育培训模式（即3类农民群体、3种培训方式、3项重点内容），围绕数字生产、智慧应用、电商销售三方面重点培训内容，针对不同人群因材施教，完成70批次1.5万人次培训。

（九）乡村旅游带货，推进农村互联网新业态新模式

借助“开犁乡村游”平台，对区内乡村游景点进行线上展示和推介，吸引城镇客源到乡村游网点旅游消费，带动农产品出村。已将双阳区小石村民宿及部分农产品上线，实现小石村乡村旅游客流量由日均 300 人增加至 800 人。在龙丰果收获季，可实现线上浏览下单、线下带货出村。

十二、吉林省吉林市蛟河市多平台共享，大数据助力黑木耳出村进城

蛟河市地处吉林省东部、长白山西麓、松花湖畔，面积6 429千米^2，辖8镇2乡7街和2个省级开发区，256个行政村，总人口47万人，地貌可概括为“八山一水一分田”，素有“长白山立体资源宝库”之称，是全国食用菌十强县市、中国优秀旅游城市、全国休闲农业和乡村旅游示范市、全国电子商务进农村综合示范市。蛟河市抢抓发展机遇，以蛟河市黑木耳产业为重点，开展“互联网+”农产品出村进城工程建设。

（一）做好顶层设计

做好“互联网+”农产品出村进城工程试点总体规划。明确“互联网+”农产品出村进城项目发展战略、难点问题、各利益相关方建设需求和实施路径。建设具体目标、用户、系统功能、信息资源及共享、基础设施建设、性能、安全及接口等方面的需求，更好地完成“互联网+”农产品出村进城工程试点工作。

（二）加大政策支持

制订实施方案、加大扶持政策、提供资金保障。蛟河市紧紧围绕“互联网+”农产品出村进城工程的基本定位和政策目标，通过黑木耳产业集群项目、产业强镇项目的实施，强化园区建设、品牌宣传、地标保护。制定扶持政策，提供资金保障。蛟河市政府积极协调农村商业银行，为黑木耳产业开展“木耳贷”业务，每年为黑木耳从业者提供贷款1.5亿元以上。蛟河市财政与吉林省农业融资担保有限公司合作，为从事黑木耳产业的经营主体提供信贷担保贷款，解决农户和新型经营主体融资难融资贵的问题。推出食用菌种植成本保险，降低经营主体种植风险，减轻农民负担。加大基础设施投入，建设万亩

标准化示范园区，完善“互联网+”农产品出村进城工程生产体系建设。

（三）健全机制保障

成立蛟河市“互联网+”农产品出村进城工程试点工作领导小组，以健全机制为保障，合力推进工程实施。由蛟河市政府分管市长任组长、市农业农村局和市政务服务局主要领导任副组长，各职能局共同参与，形成齐抓共享的协调联动机制。鼓励供销、邮政、电信、金融等系统和各方社会力量积极参与，推进农村站点以及基础设施、物流体系、网络平台等软硬件的共建共享、互联互通，形成强大推进合力。

（四）具体做法

1. 建立基础数据库

涵盖蛟河市“互联网+”农产品出村进城工程基础库（农业农村农民基本信息）和特征库（黑木耳种植特征库、黑木耳预售特征库等）的多层次农业农村数据资源库，并通过对相应人员进行培训完成数据采集。

2. 建设基于遥感技术的数据应用展示平台

实现黑木耳重要农产品单品种全产业链大数据精细化可视化的分级展现、直观对比和动态跟踪，提升单品种全产业链大数据分析预测能力。构建“1 张底图+N 个农业专题应用图”。

3. 建立全产业链质量追溯体系

对黑木耳各类经营主体信息及关联信息进行建档立卡，实现数字化管理。聚焦优质特色农产品，建立区域公用品牌，实现优质优价。加强供应链管理和品质把控，统一对接网络销售平台，积极开拓线上市场，提高优质特色农产品的市场竞争能力。整合快递物流、邮政、供销合作社、益农信息社、电商服务站点等现有条件，形成黑木耳农产品供销支撑体系。

4. 搭建数据采集通道系统平台，并与“互联网+”农产品出村进城的统计通道进行了接口对接

在录入乡镇土地数据、经营主体数据、作物数据、基础设施管理数据的基础上，实现与国家层面农业农村数据资源汇聚。

5. 建立全产业链交易结算体系

和银行等金融部门合作，建立黑木耳农产品全产业链交易结算体系，将产业链主体收益留在当地。2020年，黑木耳栽培规模达到10亿袋，干品产量超过3.75万吨，黑木耳生产产值突破25亿元，网上销售2亿元左右。全产业链产值达55.78亿元。初步形成政府前期主导、银行等金融机构广泛参与、多种经营主体并存的产业发展格局。对供应链信息、种植主体信息及其关联信息建档立卡，对经营主体经营状况实现数字化管理和信息汇总，为建立经营主体益农金融信用体系提供量化的参考依据。实现了“政府+金融+实施主体”的新型数字经济模式。

6. 加大运营服务体系建设

鼓励供销、邮政、电信、金融等系统和各方社会力量积极参与，通过与建设银行的智慧村务共享，为广大经营主体提供了更加便捷高效的惠农服务、金融服务等线上服务。

十三、吉林省通化市通化县以十项举措，助推三大优势产业进阶发展

吉林省通化市通化县是典型的山区县份，有“八山半水半分田”地貌。近年来，通化县依托长白山区特有的资源禀赋、独特的气候条件、便捷的区位优势，坚持以绿色、特色农业发展为“三农”工作主要战略目标，以实施“互联网+”农产品出村进城工程为契机，在农村电商、农产品品牌创建、仓储物流、农产品生产体系建设等方面取得显著成效，助推农业现代化进阶发展。

（一）建立农产品生产体系新格局

整合涉农部门的信息资源，以农村经济统计、农产品价格分析、农产品质量安全追溯、农村“三资”监管、农业投入品监管等数据为重点，计划在2021年年末，建立人参、水稻、蓝莓等优势产业“互联网+”现代信息技术应用体系。

（二）企业参与助力产地基础设施建设

自2020年成为“互联网+”农产品出村进城试点县以来，通化县以吉林参威人参产品科技股份有限公司、吉林省西江米业有限公司、通化禾韵现代农业股份有限公司3家农业产业化龙头企业为“互联网+”农产品出村进城工程运营主体，以通化聚鑫双创产业园为电商人才培训和孵化基地，通过通化县政府一系列政策支持，运营主体建设和人才培养取得可喜成绩，助推通化县农产品出村进城工作迈上新台阶。试点以来，通化县累计投入资金8 500万元，在通化快大人参现代农业产业园、国家级蓝莓特优区、通化西江有机水稻生产推广示范基地、聚鑫双创产业园等园区，开展农产品仓储冷链物流设施、网货标准化加工、农特产品电商直播平台、农产品质量管理可追溯系统、电商App、

电商培训等相关建设，新建冷链仓储设施 1 万多米^3、网货共享加工车间7 000多米^2、孵化微商企业200 多家，为通化县“互联网+”农产品出村进城工程建设工作打下坚实基础。

(三) 强强联合推动农产品物流体系建设

积极培育功能齐全、特色突出的面向全省、辐射全国的大型农产品交易市场和现代物流配送中心，目前已建设完成人参商贸市场 1 个、人参仓储物流中心 1 个、人参电商孵化基地 1 个，总占地面积 18. 87 万米^2，已初步形成了东北地区至全国各省（区、市）的人参及中药材配送网络。

同时，注重第三方配送和共同配送协同发展，充分利用益农信息社、农村电商、邮政、供销等服务站点现有条件，健全县、乡（镇）、村三级物流体系，推动快递服务下沉到村，提高农村物流网络连通率和覆盖率，村级网点覆盖率达到 85%以上。

(四) 助力电子商务发展，健全农产品网络销售体系

农产品网络销售势头良好，电子商务发展如火如荼，三大主导产业水稻、蓝莓、人参等农特产品网络销售体系已经形成。通化县拥有各类网销店 900 多家，比 2019 年网店数量增加 12%；2020 年网络销售额实现 16. 38 亿元，比 2019 年 15. 61 亿元增长 4. 9%，吉林省排名前三。2021 年通化疫情期间通过网络销售平台销售农产品 1. 2 亿元。

(五) 强化农产品质量安全监管

建立实施主要农产品质量安全检测制度和农产品生产主体追溯管理制度，实现对人参、蓝莓、蔬菜、禽蛋、肉类、鱼类等鲜活农产品质量的实时抽检。目前纳入省级农产品追溯管理监管系统的企业、合作社、家庭农场等生产主体共计 44 户，其中人参、蓝莓、稻米生产企业 13 户，相比 2019 年增长 40%。

（六）持续开展优质特色农产品品牌创建

通化县政府鼓励企业进行特色农产品品牌建设，支持打造特色农产品品牌。现有全国绿色食品原料标准化生产基地2个，面积30万亩，占全县44.6万亩耕地面积的68%。认证企业14家，“三品”数量42个。享有“皇粮御米”称号的“西江贡米”先后荣获吉林省名牌农产品、绿色食品证书、中国（淮安）优质稻米博览交易会“十大金奖产品”证书。通化快大人参现代农业产业园列入国家农村产业融合发展示范园创建名单。2020年通化蓝莓认定为第三批中国特色农产品优势区。下一步将重点对通化人参进行宣传推广。

（七）加强农产品标准体系建设

为提高人参、水稻、蓝莓等农产品品质，建立健全农产品相关标准及技术规范，确保农产品质量安全。现已完成有机蓝莓标准化生产操作规程等相关标准及技术规范10余项。下一步，将组织相关企业以绿色优质为目标进一步完善人参、水稻和蓝莓生产标准体系建设。

（八）创新农民网络应用人才培训模式

以通化聚鑫双创服务园作为农产品电商人员培训基地，实施通化县互联网人才振兴计划，结合商务、人社、残联、农业人才培养项目资金加大电商人才培训和储备，通过专业培训、政策扶持，广泛吸纳县内外营销人才加入，培养一批职业电商营销人员队伍，支持鼓励走向全国开拓新的市场。截至2021年上半年已完成线上线下电商知识普及培训3 000多人次，其中，培训农村电商人员340人，为农产品出村进城打下坚实的基础。

（九）吸纳人才，创造农村互联网新业态新模式

在聚鑫双创服务产业园和通化快大人参现代农业产业园设电商孵化基地，为创业者提供农产品处理和包装、冷链仓储、直播间、办公间等电子商务服

务，吸引一大批大中专毕业生、返乡青年利用电商平台创业，2020—2021 年吸纳电子商务人才 300 人，开设网店 100 家，扶持小微电商企业创业 40 多家，销售农特产品 0.08 亿斤，销售额达6 000多万元。

（十）激发多元化市场主体带动作用

依托通化快大人参现代农业产业园为企业运营主体，带动人参、蓝莓、水稻等产业化龙头企业 10 余家先后创建、加盟了“榛不同”特产商城等农产品电商 App 网销平台，同时改变了快大人参市场传统批发销售模式，推广线上销售，截至 2020 年年底，快大人参市场 600 多家经营业户家家都有网店，网络直播卖货随处可见，2020 年通化快大人参现代农业产业园销售额达 60 亿元，比 2019 年增长 5%。

十四、吉林省松原市扶余市发挥试点引领作用，铺设杂粮杂豆出村进城“高速公路”

吉林省松原市扶余市地处松辽平原黑土带，是国家黑土地保护重点县(市)，是全国重要商品粮基地，粮食年产量稳定在60亿斤以上。2020年8月，扶余市入选农业农村部“互联网+”农产品出村进城工程试点县，以此为契机，扎实推进“互联网+”农产品出村进城工程落实落地，完善体系，优化结构，加强监管，积极探索农业高质量发展新业态、新模式。

工程实施以来，扶余市严格遵循“坚持服务农民、坚持市场导向、坚持重心下沉、坚持汇聚众力”的基本原则，聚焦重点、突破难点、打造亮点，“互联网+”农产品出村进城工程成效初显，为破解农产品卖难，优化产业结构，提高农业综合效益，增加农民收入，探索了可复制、可推广的经验模式。

（一）加强产地基础设施建设，打通“高速公路”入口

依托“三井子杂粮杂豆产业园”项目，建设冷链仓储恒温储藏库5座，总投资额1.23亿元，占地面积3.6万米^2，容积12万米^3，逐步完善了低温分拣、加工、冷藏运输、冷库等设施设备。

（二）构建农产品产业链体系，提高“高速公路”通行能力

1. 建立顺应市场需求的农产品生产体系

引导市场主体，合理制订销售计划，精准安排生产经营，生产适销对路的优质特色农产品。针对扶余市农产品特色，开发扶余市“互联网+”农产品出村进城工程“一张图”App，建设农产品供应链大数据平台。目前，“一张图”1.0版本已进入开发阶段，拟于2021年下半年试运行。以苏宁OEM（代加工）项目为契机，确定以无黄曲霉素花生、扶兴农垦万亩水稻基地为重点，打造具有扶余特色的农产品OEM模式，提升农产品供应链管理能力。

2. 推进落实农产品标准体系

与吉林省农业科学院标准所合作，建立“扶余四粒红花生”等农产品行业标准。同时，建立不同类别的企业标准体系。以苏宁 OEM 项目为核心，按照质量在线服务、市场在线服务、资金在线服务有机融合的要求，不断汇聚各端资源，加快推进与完善各项电商相关标准。

3. 加强农产品质量安全监管

制订《扶余市农产品质量安全监测工作计划》，组织开展全市农产品质量安全监测工作，并协助做好监督抽查和风险评估工作。2021 年上半年，发放《吉林省农产品质量安全告知书》400 余张，积极推行食用农产品合格证制度，开具合格证 80 张，附带合格证上市的农产品 0.03 亿斤。

4. 加快推进农产品品牌建设

立足地方特色，加快推进农产品品牌建设。建设 57 个标准化生产基地，合力打造“扶余四粒红花生”“扶余大米”“扶余鲜食玉米”等区域公用品牌，完善区域公用品牌建设规划，利用线上线下多种方式，开展品牌宣传推介活动，提升品牌影响力和市场竞争力。

5. 加强网络应用技能培训

将“互联网+”纳入农民培训内容，实施新型经营主体带头人培训计划。借助信息进村入户工程，利用农业科教云平台、云上智农 App 等平台持续开展农民手机应用技能培训。重点提高商户和农民的电子商务运营能力，培训新型经营主体带头人 158 人次。

（三）构建农产品销售体系，畅通“高速公路”出口

1. 加快农产品物流体系建设

充分利用益农信息社、电商服务站点、快递物流等现有条件，与“扶余百姓网”对接，进一步完善了扶余市、乡、村三级物流体系。2021 年上半年，全市域内农村物流连通率和覆盖率大幅度提高，60%行政村实现物流服务到村屯。

2. 完善农产品线上销售体系

重点打造吉林三井子杂粮杂豆产业园，其线上互联网平台“吉粮联”立足扶余，布局全省，辐射全国，着眼于域内特色农产品的产业提升和市场竞争

力提高，打造特色鲜明、优势集聚、产业融合、市场竞争力强的数字化总部基地。目前，“吉粮联”平台上线会员 167 家，累计撮合交易 11.3 亿元。

3. 积极探索普惠金融新模式

支持扶余市“互联网+”农产品出村进城合作企业北京吉诺安食农业科技发展有限公司开展了智能仓储建设对接，计划投资 150 万元建设“一张图粮食银行”管理系统平台，平台针对新型经营主体融资需求，规划仓储目标 1 亿斤，2021 年年底前开展 0.04 亿斤花生仓单质押试点，可有效解决生产主体融资需求。

十五、黑龙江省绥化市海伦市建设电子商务服务基地，拓宽特色农产品网络销售渠道

为进一步落实农业农村部《关于实施“互联网+”农产品出村进城工程的指导意见》的部署要求，实现优质特色农产品产销顺畅衔接、优质优价，供给能力和供应效率显著提升，黑龙江省绥化市海伦市立足实际，全面推进试点工作。

（一）填报“互联网+”信息平台信息，上报农产品销售情况

统计全市农业产业基础数据及农产品网络销售情况，海伦大豆、鲜食玉米产业概况及网络销售情况，完成试点县基本情况填报工作。确定海伦市众诚富硒科技服务有限公司为运营主体，统筹全市运营数据和农产品全产业链信息，按月度、季度、年度上报县级产业化运营主体农产品销售总体情况和海伦大豆、鲜食玉米的商品化处理、仓储、加工、线上线下销售情况等运营信息，全面掌握农产品销售情况，为“互联网+”农产品出村进城工作提供有力的数据化支持。

（二）完善益农信息社档案，稳步推进村级信息社运营

按照黑龙江省农业农村信息中心要求，海伦市积极开展益农信息社档案归档工作，通过工程监管服务平台和微信应用小程序完成工程电子档案提交和录入审核，截至2021年6月30日，海伦市243个村级信息社全部完成归档，同时督促各益农信息社要认真开展工作，保证“惠农助手”App的有效利用，让村民及时掌握农业信息，发挥好益农信息社贴近农民、服务农民的作用。

（三）建设电商服务基地，助力“互联网+”农产品出村进城

2021年海伦市在海北镇西安村建设电商服务基地，目前基地建设工作正

在有序开展，基地以海伦市海北镇西安村为中心，辐射周边村屯农户小菜园种植黄瓜、茄子、番茄、萝卜等蔬菜产品，建立特色农产品分拣、加工、包装中心，开发小菜园等特色网货化农产品，打造特色农产品品牌，实现实体店与农产品电商的互联互通，有效拓宽特色农产品网络销售渠道，提升农产品上行交易额，加快推进经济转型发展，促进农民增收，助力农产品出村进城工程推进。

（四）培育塑强区域公用品牌，提升品牌价值

充分发挥市龙头企业和专业合作社作用，整合行业内资源，做大做强农产品运营主体。同时，维护线下传统批发零售渠道，建设优质特色农产品直营店、体验区，原野食品有限公司、龙海食品有限公司、半亩田农业科技有限公司等在北京、天津、上海等地开设分店及营销网点，提升品牌知名度和美誉度，促进优质农产品线下销售。

（五）下一步重点工作

1. 开展农产品仓储保鲜冷链设施建设，推动农产品提质增效和农业绿色发展

2021 年海伦市申请建设一批冷藏保鲜设施，提升蔬菜、水果等鲜活农产品的预冷和仓储保鲜能力，大力发展“互联网+”农产品冷链物流，基本建成与现代农业产业发展相适应的农产品冷链物流体系，实现农产品产销衔接、优质优价，提高农产品供给质量和能力，进一步拓宽农民就业增收渠道，更好地满足人民群众消费需要。

2. 建设田头市场，提升农产品流通效率

建设由新型农业经营主体运营的田头市场，积极发展“新型农业经营主体+田头市场+批发市场”等模式，在农产品进入流通领域之前开展预冷、分级、包装、烘干、冷藏等，促进小生产与大市场有效对接，方便农民就近就地销售农产品，减少物流成本和农产品损耗，增加农民收入。

3. 建设益农信息社中心社，推进城乡一体化进程

争取财政资金支持，完成县级中心社和乡级中心社的建设工作，发挥中心

社聚集涉农资源，发挥宣传、示范、引领、带动作用，突破益农信息社服务的农村范围，让广大城乡群众和经营主体都能享受到信息进村入户工程带来的便捷服务，将县级中心社建设成为县域内的信息中心、创业中心、电商销售中心和大数据集聚中心，统筹做好监管服务、信息员培训和服务资源开发工作，让益农信息社真正发挥促进乡村发展的引领作用。

十六、黑龙江省鹤岗市绥滨县加大政策扶持力度，助力“互联网+”“三农”深度融合

（一）推进措施及取得成效

1. 做大联合发展，培育运营主体

2021年以来，黑龙江省鹤岗市绥滨县持续发挥益农现代农业综合服务有限公司运营主体作用，公司与县域内鑫源水稻专业合作社等生产经营主体强强合作建立了运营联合体，构建了涉农企业、电商企业、合作社、家庭农场、益农信息社广泛参与，互通互联、融合发展的“互联网+农产品”出村进城运营主体拓展体系。涵盖了全县15家涉农企业、119个益农信息社、56个村级电商服务站、21家合作社及家庭农场，运营范围实现了全覆盖，搭建起农产品从田间到餐桌的绿色快递通道。

2. 做优农副产品，打造供应链体系

多元化提升种植业供给质量。全县落实水稻、玉米、大豆三大作物152.5万亩，其中，水稻、玉米、大豆面积分别达到111.1万亩、24.0万亩、17.4万亩。种植香稻、糯稻面积8万亩。全力打好“特色牌”、拓宽致富路，发展中草药、鲜食玉米、蔬菜瓜果等经济作物3.5万亩。持续推动肉鹅产业发展。充分发挥绥滨县27处肉鹅养殖基地的引带作用，2021年全县肉鹅饲养突破180万只。为全面推进绥滨大鹅全产业链发展，积极与江西华罂集团和共青城市服装小镇领导进行协商洽谈，现各相关部门正在筹措落实中。

3. 做强销售网络，完善运营服务体系

以绥滨县益农农业综合发展服务有限公司为引领，积极完善物流配送体系，推行基地共建，品牌共创，利益共享，拉长产业链。发挥109个村级益农信息社和村级电商服务站的作用，加大农村电商人才培训，累计培训各类专业合作社、农业大户、益农信息员等电商人才900余人。通过自媒体、小程序、快手、抖音等新媒体平台种草、直播等方式全面推介试点农产品，建设了绥滨

县直播基地，培养网红19人。组织了5场大型直播活动，已报名参加第七届深圳国际现代绿色农业博览会，在广东汕头开设了“绥滨米铺”，组织企业对接了国务院“扶贫832”平台，入驻中粮集团扶贫农产品采购平台。截至2021年6月末，全县“互联网+”农产品出村进城销售额突破6 000万元。

4. 做足政策文章，建立支撑保障体系

2021年以来，绥滨县以争创国家现代农业产业园为契机，投资3 000余万元谋划建设了绥滨县高标准水稻科技园区、水稻产业发展中心、绥滨大米营销中心及电商直播孵化基地，全力打造集产品研发、品牌推广、直播带货于一体的省内一流的全产业链示范基地；以补贴的方式鼓励扶持企业、合作社等新型经营主体在京津冀、长三角、珠三角等大中城市开设绥滨体验店，与大型餐饮店推广绥滨农产品。投资500余万元，围绕小菜园种植、绿色有机水稻发展、肉鹅养殖、电子商务创新创业等重点领域，出台了含金量较高的扶持补贴政策。同时，绥滨县与哈尔滨商业大学管理学院、京飞农业科技有限公司合作，建立哈尔滨商业大学工商管理博士后流动站绥滨分站和现代农业发展研究院，选派优秀研究生入驻绥滨县，将区块链溯源、物联网、大数据等信息设备应用于绥滨县农业生产各个环节。这些强有力的举措，为该县“互联网+”农产品出村进城工程建设发展注入强大动力。

（二）下一步重点工作

绥滨县将以水稻、鲜食玉米、肉鹅为重点，以国家现代农业产业园创建、电子商务进农村综合示范县、黑龙江省信息进村入户示范县为抓手，全面推进“互联网+”与农业农村领域的深度融合。

1. 实施项目推动

加快推动国家级现代农业产业园、地理标志保护工程建设等项目，强力推进主导产业基础设施提升、产业融合提升、科技协同创新与智慧农业提升、新型经营主体培育提升、农业绿色发展提升、品牌培育推广提升、联农带农富农提升七大重点工程，全面提升农副产品供应质量和能力，助力“互联网+”农产品出村进城工程大发展。

2. 完善服务体系

发挥试点合作企业吉林云耕资源优势，充分利用现有农村电商、益农信息社等村级站点的网点优势，结合运营主体的生产、加工、仓储能力，统筹建立县乡村三级农产品大数据服务体系。加快绥滨县高标准水稻科技园区、水稻产业发展中心项目建设，助力“互联网+”农产品出村进城工程加快发展。

3. 推动品牌建设

从打好“寒地黑土、非转基因、绿色有机优势牌”入手，将“绥滨大米”“绥滨白鹅”“绥滨江鲤”农产品地理标志和“福临门—绥滨大米”特色品牌作为“绥滨名片”，组织企业、合作社参加全国性和区域性展会线上线下推介，加快建设绥滨大米营销中心及电商直播孵化基地，实现优质农产品与市场精准对接。

十七、江苏省徐州市丰县建设六大重点项目，统筹推进工程试点建设

江苏省徐州市丰县作为全国“互联网+”农产品出村进城工程试点县，自建设以来，根据《丰县“互联网+”农产品出村进城工程试点县建设方案》部署安排，按照“1+1+N”的市场化运营机制，统筹推动特色农产品生产、加工、仓储、物流、品牌、认证等服务。

（一）建设内容及完成情况

为充分发挥“互联网+”在推进农产品生产、加工、储运、销售各环节高效协同和产业化运营中的作用，丰县重点规划了农业大数据平台、智慧农牧场、丰县数字农业经营促进中心、范楼牛蒡产业园、农产品综合批发市场建设和阿里巴巴淘宝镇（村）运营中心建设六大重点项目，总投资达5.33亿元。

1. 丰县农业大数据平台

完成投资1 120万元，建成丰县农业大数据门户网站、丰县智慧农业大屏数据分析平台、生猪产业大数据分析平台、丰县农业资源数据概览云图、丰县农业经营主体云图。

2. 智慧农牧场

完成投资1 500万元，建成梁寨数字农场600亩、汉羊牧业160亩，打造了智慧农牧场管理平台。

3. 丰县数字农业经营促进中心

完成投资1 819万元，建成运营实体化的农业经营促进中心。

4. 丰县阿里巴巴淘宝镇（村）运营中心建设

完成投资300万元，以丰县特色产业为基础，以阿里生态资源导入为协同，积极营造丰县大众创新的环境，搭建万众创业的平台基础，吸引人才回流。

5. 农产品综合批发市场建设项目

完成投资 4.3 亿元，项目占地 185 亩，按照国际农产品市场标准，建成运营农产品批发市场、市场零售、生活配套、办公服务“四大组团”，以及展销中心、金融服务中心、电子商务中心、结算中心、配送中心、物流仓储中心、信息中心、安全检测中心“八大中心”。

6. 范楼牛蒡产业园建设项目

完成投资 13 600 万元，一期项目占地 535 亩，建成 10 万米^2 钢结构标准厂房、1 万米^2 冷藏速冻库和 1 万余米^2 的综合服务中心，二期四栋两层标准厂房已开工建设。

（二）取得成效

1. 加快升级特色农产品供应链体系

（1）完善农业生产基地建设。一是与京东农场合作建成了江苏省的第一个林果类合作基地 200 亩，农场内生产的苹果实行“一果一码”，并全部进驻京东“京品源”旗舰店。京东农场帮助丰县苹果种植降低 45% 人力投入，肥料使用率同比下降 20%，药剂使用量下降 30%，良品率提升 20%，零售溢价平均增长 100%，合作农场营收增长 70%，取得良好的经济效益与社会效益。截至 2020 年年底，京东农场累计销售额为 120 万元，苹果均价达到 4 元/斤。二是建成梁寨数字农场 600 亩，实现了从种、管、收、储、销、物流包装配送等全过程可视可追溯、从农场到餐桌全链闭环。三是建成智慧畜牧养殖场汉羊牧业 160 亩，实现了“一场一码、一畜一标”，牧场湖羊存栏量达 10 万只。

（2）提升农产品生产加工仓储物流基础设施水平。一是建成农产品冷库 260 个，设计储量达到 25 万吨左右，主要存储洋葱、大蒜、果品、牛蒡等农产品，目前，果蔬配送业务在城区已基本实现全覆盖，每天配送县委县政府、丰县中学、徐州丰城盐化工有限公司等机关、学校、企业食堂 80 余家，同时与 20 余家凯宇平价店、欢乐买、华润苏果等超市签订长期供货协议，辐射人口 5 万人，年配送蔬菜、鸡鱼肉蛋、米面油等食材 5 000多吨，配送销售额达到5 000万元。二是与阿里巴巴合作，以现代农业产业园为基础，配套冷链物流，建设产地仓，实施方案正在编写中。三是通过中央网信办牵头，结合国家试点县的实际需求，申请的智慧物流体系建设项目已成功与企业结对，现正与江苏省委网信办确认企业联系方式，下一步将与企业洽谈具体合作模式。四是与邮政合作，建成300个村级快递网点，农村快递成本下降20%，快递价格比省会城市每件便宜1元，成为江苏省首批农村物流示范县。

（3）构建基于“互联网+”的供应链管理模式。依托阿里巴巴集团的技术、数据和金融等服务资源，以及徐州通创智慧信息科技有限公司的产业带动力量，联合江苏丰彩无限影视文化传媒有限公司等多家电商销售及服务企业，建立“1+1+N”的市场化运营机制，为丰县农产品质量控制、品牌推广、电商运营、短视频、直播等提供了系统性服务。

2. 培育壮大适应农产品网络销售的运营服务体系

（1）积极拓展农产品网络销售渠道。一是建成范楼牛蒡产业园535亩，入驻江苏味小饱生物工程有限公司、中荟科技实业股份有限公司、江苏齐阁酒业有限责任公司等4家企业。二是建成农产品综合批发市场185亩，果蔬批发大厅已入驻商户109组，地莱大棚已入驻商户52组，肉类商铺已入驻商户12组，豆制品类商铺已入驻商户19组，其他业态类商铺正在陆续入驻商户。截至2020年年底，市场收取租金1 163万元、物业销售10 456万元，实现净利润2 531万元，带动直接就业岗位1 000多个、间接就业岗位近5 000个。市场运营以来，为当地洋葱、芦笋、蒜薹、苹果等特色农产品种植户扩大了销售通路、协助去化相关农特产品约6 000吨，增加了销售收益约2 000万元，2021年可实现年交易额30亿元。三是构建“县有综合市场、镇有农贸市场、村有田头市场”的三级农产品市场网络格局，建成各类农产品交易市场39个，其中农产品综合批发交易市场1个、农产品专业交易市场10个、农贸市场和田头市场28个，其中，镇农贸市场37个（镇驻地市场13个），城区农贸市场2个，中农批的批发市场内设立了电商专区。截至2020年年底，丰县红富士苹果、白酥梨、山药、牛蒡、芦笋、黄皮洋葱等20多个特色农产品通过网络销售30多万吨，带动农民人均增收1 500元以上。

（2）不断完善基层电商服务体系。一是建成丰县电商培训基地4 000米^2，县镇共开展电商培训250批次，培训人数12 000余人，占全县人才培训的60%。同时，开展直播带货培训活动，共培训1 500名学员，发掘培养有潜力、有能力带货主播280人，带动2 000多人从事农产品经纪人销售工作，农产品年销售额达到34多亿元。二是打造县、镇、村三级电商运营服务体系，形成了“1个县级中心+15个镇级服务站+N个村级电商服务网点”的配送服务网络。建成镇级电子商务服务站 15 个，村级电商服务网点 675 个，覆盖全县 100%的行政村。三是健全“党委+电商产业+低收入户”三级电商扶贫体系，先后开展了电商“红”领、“先锋电商网上行”等活动，为低收入户发放电商扶贫贷款，电商户销售低收入户农副产品，开展电子商务技能培训 20 场次，为贫困户提供包装、快递物流就业岗位1 500个，累计销售贫困户土鸡蛋、粉条、大米等农副产品近5 000万元，带动建档立卡户年人均增收1 800元。利用京东丰县馆、苏宁易购丰县馆销售青海省兴海县、陕西省宝鸡市农副产品 2 000万元。四是整合营销策划与执行，完成 1 场县长直播，2 场明星日播，3 天线下汇聚专属页面，10 个本地主题团商家，累计销售额超过 200 万元，在线用户3 000万个曝光，成交商品 3 万件，热门单品成交数超过7 000件；阿里 14 个业务单元（BU）联动宣传，聚划算汇聚江苏丰县项目。微博/抖音平台同步进行传播，微博 KOL①、抖音权威媒体播放量达 45 万次以上。多媒体、多频道深度报道 8 篇百万级阅读爆文，全网曝光超 5. 64 亿次，丰县苹果在淘宝水果类目热词搜索中排名第三。

（3）持续加强区域电商品牌建设。一是动员生产主体开展“二品一标”认证工作，截至 2020 年年底，丰县已拥有农产品地理标志商标 3 个，有机、绿色食品农产品 18 个，新申报了 3 个农产品地理标志商标，新申报绿色食品、有机食品 7 个，绿色优质农产品基地面积达到 74 余万亩，占比达到 47%。二是建设与推广“丰味万千”区域公用品牌，已完成五大类共计 50 个商品的商标注册并全部通过了注册，收到受理通知书。同时，调研选取 6 个特色产品，由徐州通创智慧信息科技有限公司授权“丰味万千”品牌建设。三是与阿里生态资源合作，打造丰县苹果、牛蒡、山药 3 个单品的精品网货标准，形成系统化、标准化、数字化的网货选品定价、物流方案、包装方案、推广方案以及本地公共素材库（产品主图、H5、淘宝天猫宝贝详情页和产品视频）。同时，借助阿里线上线下销售能力，力促丰县本地农特优产品进入天猫、淘宝等线上销售渠道，优选部分牛蒡产品进入盒马鲜生线上官方旗舰店和线下零售门店。四是与中国科学院地理与资源研究所开展战略合作，推进“牛蒡——地理标志产品”“优质地理产品生态地理环境保护与可持续发展案例”申报工作。五是建设淘宝镇（村）运营中心，完成丰县 3 个淘宝村、1 个淘宝镇的组织申

① 微博 KOL 指微博大号、红人、大 V 账号等。

报、授牌工作，推荐优秀淘宝村带头人1名，入驻淘宝村第一个永久博物馆；成功举办“e乡村，惠三农”江苏数字乡村建设行动——2020江苏数字乡村发展论坛暨江苏淘宝村峰会；完成电子商务企业摸排统计（全县开展电子商务交易的企业合计57家，电子商务总销售额164 577.42万元，涉及农产品的电子商务交易企业29家，销售额4 985.8万元，其中年销售额过亿的天猫店铺有“福瑞达”“红高粱”两家）；走访丰县14个乡镇，调研18家农产品加工生产企业；调研果蔬农产品近10种、果蔬合作社5家、牛蒡生产加工企业4家；与3家牛蒡生产企业达成一件代发及代加工牛蒡产品的初步合作协议，可一件代发及代加工牛蒡产品；电话调研丰县部分从事电商和有意向从事电商的企业和个人，共完成了10家企业调研和8名想从事直播带货的社会人员的调查。

3. 建立完善便捷高效的支撑保障体系

（1）完善农产品全产业链标准体系。与江苏省农业科学院成立数字乡村发展产业研究院，已制定数字果园技术标准并完成上报；与徐州佳合食品有限公司、江苏省农业科学院农业设施与装备研究所合作，完成申报江苏省科技计划项目——设施水禽数字化绿色高效养殖关键技术集成创新与应用示范。

（2）加强农产品质量安全监管。打造农产品安全溯源监测平台，通过审核纳入138家溯源企业，建立溯源产品256个，创建生产档案402个，生成溯源批次292批，打印溯源标签79 130张，印制“丰味万千”——丰县农特产品溯源标签51 030枚。

（3）优化县域优质特色农产品大数据平台建设。建成丰县农业大数据平台，系统自动生成数据统计报告3 000多份，汇集本地主导农业产业精品内参94篇，每周结合丰县特色农产品提供价格监测报告，为丰县农业科技创新、产销融合发展提供了科学的数据支持。

（三）下一步重点工作

丰县将进一步推进“互联网+”农产品出村进城工程。

（1）加快中央厨房建设，推动农产品深加工和商品化运营，提高农产品附加值。

（2）积极与中央网信办推介的物流企业对接，调动本地快递，利用网格员等现有资源解决农产品出村进城物流问题。

（3）继续扩大京东农场建设，带动果品销售。

（4）继续扩大对接其他线下渠道，如大润发等，扩大农产品销售渠道。

2021 年 4 月 9 日，农业农村部组织召开“互联网+”农产品出村进城工程工作视频会，阿里巴巴副总裁将丰县作为试点县建设首推县，并得到农业农村部认可，并将深入贯彻抓统筹、抓市场、抓重点、抓落实的精神，加快“互联网+”农产品出村进城工程实施进度，为全国打造一个可推广、可复制的丰县样板。

十八、江苏省南通市海门区探索农产品出村进城“1+1+N”运营机制

“互联网+”农产品出村进城工程是中共中央、国务院为解决农产品“卖难”问题，实现农产品产销顺畅衔接、优质优价，拓宽农民就业增收渠道，作出的重大决策部署。江苏省南通市海门区于2020年9月入选国家级“互联网+”农产品出村进城工程试点县。试点实施以来开展了很多工作，对照建设方案，已完成大部分工作。

（一）领导重视，推进各级项目纷纷落地

海门区委区政府对“互联网+”农产品出村进城工程高度重视，把这项工程列为城乡提质工程和区政府重点工作来抓，成立了由分管副市长为组长，各相关部门为成员的领导小组。分管区长及分管局长积极参加省市举办的各类推进会，同时把会议精神向各部门传导，利用各级项目和本级资金，对达到一定规模的线上线下门店进行相应补贴，对推进数字农业建设等都进行了相应的政策扶持，助力农产品出村工程试点。

目前，共有8家电商主体，6家线下门店享受了电商扶持政策。南通泉氏水果种植有限公司在三和镇三南村种植了700亩桃树、梨树，配置了智能化水肥一体灌溉设施。海门区还扶持建设了江苏省首个“5G+无人农场”，位于南通市海门区正余镇新岸村、正基村。示范区域为正余镇新岸村300亩稻麦种植基地和正基村5 000米^{2}玻璃温室大棚，正余镇将构建农业数据中心，采集并分析农机作业情况、虫情及气象数据、土壤墒情、种植作物生长等信息，实现精准化种植、智能化决策、可视化管理和智能化操控。

江苏中宝食品有限公司农产品冷链加工、仓储设施装备更新改造工程、南通强盛农产品保鲜包装及冷链物流建设等项目，以及粮食烘干机辅助设备安装项目、蔬菜保鲜等一系列项目，均已建设完成。

2021年，海门区入选农产品产地冷藏保鲜整县推进县，为全面推进农产

品冷藏保鲜设施建设，海门区将围绕蔬果等产品，推动农产品产地冷藏保鲜能力、商品化处理能力和服务带动能力显著提升，目前正在组织整区推进农产品冷藏保鲜设施项目建设，计划实施项目 20 个，建设冷藏保鲜库 6 万米^3。为农产品出村进城提供更好的保障。

（二）部门联动，完善基层电商服务体系

为完善海门区基层电商服务体系，各部门联动开展了多种形式的培训。农业部门针对专业大户、家庭农场主、合作社带头人、农产品运销经纪人等正在从事或者有意愿从事农产品电子商务的 140 位农村电商的农民学员，进行了量身定制的 2020 年南通市海门区农产品电子商务专题培训。培训还邀请南通科技职业学院专家学者及出村进城试点企业江苏苏洪农业科技集团有限公司（以下简称苏洪公司）成功人士进行专题讲授，并组织学员前往苏洪公司旗下的苏洪鲜食电商中心进行现场观摩学习。

2021 年 3—4 月，海门区农业农村局通过与商务局联合，积极实施“互联网+”农产品出村进城工程及海门区电子商务进农村综合示范，邀请了多名专业讲师，共计2 000多人次参加培训，夯实了基层电商人才服务体系。

6 月 21—27 日，海门区农业农村部门还积极组织基层农技人员、新型农业经营主体、大学生村官、返乡创业人员、益农信息社信息员等，通过互联网、手机 App 等方式观看农民手机应用技能培训周活动。以信息化手段为载体，聚焦“互联网+”农产品出村进城、农业生产应用、电商直播等内容，大力推进手机应用与农业生产、经营和农村生活深度融合。

（三）积极主动，试点企业提升设施建立机制

苏洪公司作为海门区“互联网+”农产品出村进城的试点企业和产业化运营主体，积极作为，加强生产基地建设，苏洪公司生产基地建设连栋钢架大棚 100 亩，铺设水泥路2 000米，硬质水渠2 500米，另购进 2 套农产品烘干设备。

苏洪公司设计了中国第一条水果分拣配送流水线，并获得了专利，该流水线总计投入 180 万元。同时，为了适应天猫、京东等电商订单业务的激增，又设计并投产了网购分拣流水线及水果分选流水线，总计投入人民币 170 万元。

在仓库冷链空气调节方面，建设了加温库 1 个、配送中心车间低温设备 1 套、吊扇 5 个、除湿机 2 台，总计投入 75.4 万元。这些设备的投入为农产品的保鲜提供了较好的基础。此外，升级换代搬运及运输设备，新增 42 辆电动搬运车、4 辆箱式运输车、2 台叉车，总投入金额为 122.2 万元，大大加快了配送中心搬运效率以及农产品流通环节的货运能力。

苏洪公司农产品加工仓储物流配送中心项目也在紧张有序实施中，新建地块已获批，预计于 2023 年 6 月建设完成，该项目共计投资 2 亿余元。值得关注的是，该配送中心内投资 600 余万元建立了农产品智能化集成库。

2020 年以来，苏洪公司品牌连锁直销门店“苏洪鲜食”新增 7 家，合计 38 家。苏洪公司同时还开设果品销售天猫店，京东旗舰店，并不断创新营销模式，微信平台销售、微商城平台第三方平台销售，以及拼多多、美团、饿了么等多平台全网铺开，并在京东和天猫上进行了农产品直播销售活动。试点农产品海门山羊肉销售，除了在海门山羊肉（东方雁）旗舰店开展销售，还在南通特色馆、海门本土自建平台海采商场等平台推广，力争将海门山羊肉品牌销售做大做强。

苏洪公司参加联合体会议 2 次，从 2020 年开始与海门街道三南村确定为乡村振兴“红色联盟”结对共建单位，围绕提升农业、繁荣农村、富裕农民目标，以果蔬种植产业为基础，通过“农业+产业”“农业+休闲观光”“农业+互联网”，推进农工旅融合发展，计划到“十四五”末，协助三南村建成集观光采摘、文化体验、餐饮住宿为一体的乡村旅游产业。同时，为三南村果蔬基地提供种植技术指导、搭建电商销售平台，每年培育本村微商，为村民提供就近就业岗位，为残疾人之家提供叠纸箱等简易业务，帮助富民增收。

试点企业苏洪公司带领周边农户，打造阳光玫瑰葡萄产区，现有农场共计占地4 000余亩，种植阳光玫瑰葡萄2 000余亩，拟将农场打造成全国最大的阳光玫瑰葡萄产地。

2021 年开始，苏洪公司创新服务方式，通过将大棚出租给农户，并采用保底价收购农户生产的葡萄，帮助他们销售，建立“1+1+N”的农产品出村进城运营机制。

（四）举办活动，提升试点农产品品牌效应

第十七届（2020）中国羊业发展大会于 2020 年 10 月 23 日在海门召

开，活动借助“互联网+”平台，举办高峰论坛，组织参观考察海门山羊博物馆、山羊研发中心、东方雁羊肉加工厂等地，通过实地观摩，结合羊业企业的互动交流，全面宣传了海门区山羊产业的发展优势，充分展示了海门山羊品牌发展的新格局。2021 年 5 月 31 日上午，海门区与南京农业大学共建的海门山羊产业研究院揭牌。此外，实施海门山羊地标保护工程项目，该项目实施后将有助于海门山羊生产能力提高、质量提升与特色品质保持，同时将对海门山羊品牌进行文化元素挖掘，开展品牌形象设计，制作海门山羊的宣传片、宣传册，体现海门山羊历史文化，加强对海门山羊品牌的保护。

（五）各显身手，拓宽农产品销售渠道

为适应新形势发展要求，进一步推动海门区农业农村电子商务发展，拓展农产品网络营销渠道，海门区各部门开展多种活动，拓宽农产品销售渠道。海门区农业农村局组织开展“助力海门农产品出村进城”直播带货培训。海门区团委联合各部门开展“青春有你，为海门代言”——海门“百企联百村”直播购物、文旅季活动。联合区镇、街道团（工）委开展直播带货活动，2020 年共组织直播活动 12 场，参与活动 15 人，提供土特产、文化创意等各类产品 64 种，在线收看人次 57.9 万人，直播销售总额 136.24 万元。“无线海门”App 举办“主播进百村，带你购好物”活动，推送《6 万斤免洗入口即化的高端葡萄滞销，海门 80 后美女农场主夜不能寐》的公益推文后，仅半个小时，阅读量突破 2.3 万次，后台留言达百余条，一时间，阳光玫瑰葡萄出现在广大市民的视野里。2020 年 9 月 18 日，经过紧张筹备，“无线海门”App 客户端举办了一场以“主播进百村，带你购好物”为主题的公益助农带货直播，效果显著。短短 10 余天，该种植大户滞销的葡萄全部销光，营业额达到 300 多万元。

农业部门还对接农产品生产主体，通过帮助各类主体在“海门邮乐食堂”“江海文旅”“一亩田”等小程序发布信息，架起供销桥梁拓展网销。充分利用海门本地新媒体和抖音平台，开展网络直播销售活动，2021 年 6 月 23 日通过海门新媒体直播销售正余镇“盛和斋”酱菜，销售额达到 7 万元。

（六）标准管理，制定葡萄生产标准体系

试点企业苏洪公司根据多年生产、管理实践，制定了一套阳光玫瑰葡萄全产业链标准体系。涉及葡萄栽培、水肥一体化技术、农业投入品安全使用规范、Y 型葡萄架技术规范、葡萄生产技术操作规程、葡萄采收规划、基地产品准出规则等一系列的标准，把试点农产品葡萄生产的产前、产中、产后纳入标准化管理轨道，规范农产品生产过程和流通环节。

（七）专项督查，加强农产品质量安全监管

农业农村部门加强蔬果、畜产品质量安全专项督查，强化疫情期间农产品质量安全生产指导。主动出击检查，发放宣传材料组织指导培训。海门区政府出台了《2021 年南通市海门区农产品质量安全监管工作意见》，海门区农业农村局、市场监督管理局联合发布了《关于全面加强我区食用农产品产地准出与市场准入衔接工作的通知》。海门区农业农村局与各区镇（街道）农业农村部门签订了农产品质量安全监管工作责任状，坚持农产品质量安全“产出来”“管出来”两手抓，夯实农产品质量安全属地管理责任、部门监管责任以及生产经营者主体责任，强化快速科学监测，加强智慧精准监管，提升监管执法能力，促进农产品保质保供，从源头上保障人民群众舌尖上的安全。

落实江苏省“十万规模主体入网监管行动”，截至 2021 年 6 月 30 日，海门区已有1 672个农产品生产主体在省追溯平台注册，率先在南通市完成入网监管工作。

（八）增强认识，建设县域优质特色农产品大数据

为做好农产品出村进城单品大数据库的建设方案，通过“请进来、走出去”等多种方式，增加对大数据库建设方面的认识，主动邀请省“苏农云”平台的大数据方面专家来海门做单品大数据的建设指导、方案展示等，同时走

出海门，到南京实地参观，学习了解大数据库建设方面的案例，增强认识，还和专家们一起赴试点企业苏洪公司、葡萄种植园区、海门山羊养殖场等现场进行摸底、调研，为制订方案做好前期调研工作，与海门区现代农业产业园区共建大数据平台。

十九、江苏省宿迁市泗洪县打造“产业化联合体”，助推小龙虾出村进城

江苏省宿迁市泗洪县按照国家《“互联网”农产品出村进城工程试点工作方案》解决农产品“卖难”问题、实现优质优价带动农民增收作出的重大决策部署，认真贯彻农业农村部“抓统筹、抓市场、抓重点、抓落实”的总体要求，高度重视、认真对待，加快推进工程的各项建设工作，取得了一定成效。

（一）进展成效

1. 以数字化为目标，加快农业产业基地建设

（1）电子商务公共服务中心建设。依托泗洪县网络创业产业园，升级改造一个面积不少于5 000米^2 的县级电子商务公共服务中心，集生产、销售、仓储、物流、培训、体验等功能为一体，包含农产品展示馆、电商运营孵化中心、电商培训学校等。目前服务中心已经完成软硬件改造，运营团队和相关制度已经初步建立，直播基地开始投入使用，招引入驻电商企业 25 家，不断完善公共服务中心功能，仅 2021 年上半年就举办网红孵化培训、助农直播、网上年货节直播等活动 13 场。

（2）农村电商综合智慧管理平台建设（大数据及溯源体系）。开发建设农村电商综合智慧管理平台，自动采集本县电商数据，进行集成化展示分析，包含大数据系统、溯源系统、农产品库系统、物流系统等数据的展示。已完成需求分析和原型设计，搭建了泗洪县农产品信息库、智慧物流服务中心、食品溯源追溯服务管理平台、县乡村电商三级站点管理平台，相关数据正在采集和录入。组织本地农产品企业参与溯源体系建设，已有 11 家企业产品信息录入系统，包括螃蟹、黄桃、草鸡、碧根果等品种。

（3）试点农产品全产业链建设。缤纷泗洪电子商务股份有限公司联合泗洪县农民专业合作社联合会、泗洪县小龙虾行业协会、泗洪沃德生态农业发展

有限公司等，采取“国有平台公司+专业运营公司+行业协会+合作社+养殖户”合作经营模式，成立小龙虾产业化联合体，整合各项资金5 000万元建设小龙虾产业化联合体项目，已建成一家集小龙虾分拣、购销、加工、仓储、销售、网红直播、配送等为一体的综合性生产加工基地，年可加工销售小龙虾、河蟹等水产品5 000吨，年产值达到1亿元。2020年，缤纷泗洪电子商务股份有限公司共计实现农产品出村进城销售收入12 940.8万元。

2. 以网络化为平台，完善产品现代销售体系

（1）电子商务人才培训体系建设。组织开展电子商务培训，同时建立培训后服务机制，提供全程辅导、孵化、网货供应等跟踪配套服务，提高各类主体电子商务应用能力。目前培训计划和电商课程体系设计已完成，电商实用型人才培养基地已建成，开展形式多样的电商知识普及宣讲和实操技能培训39场次，培训人员达3 005人次（2020年共开展10期，培训577人次），其中，邀请淘宝大学讲师授课的电商精英培训班已开展2期，内容涵盖淘宝、拼多多、抖音等当前热门电商平台的经验技巧和实操训练，并通过“微泗洪”平台进行全程直播，在线观看人数最高达3万余人。支持农村创业创新园区、农村互联网创新创业孵化实训基地建设，2020年上半年已经累计申报7家创业创新园区、3家农村互联网创新创业孵化实训基地建设。

（2）电子商务服务站点体系建设。结合商务、邮政、供销、农业农村等部门现有资源，升级改造85个乡镇和村级电子商务服务站点，为村民提供快递收发、网购网销、缴费支付、农村电商创业培训等服务。目前已基本完成站点硬件设备升级工作，站点客服人员培训已开展3期，并且根据各站点情况进行一对一指导，帮助站点开通美团、多多买菜等功能，充分发挥自身特色，达到服务功能最大化。

3. 以高效化为保障，打造现代物流运输体系

整合物流快递企业资源，发展农村共同配送，着力解决由镇到村“最后一公里”的物流瓶颈，确保物流快递服务在乡镇覆盖率达到100%，建立完善县、乡、村三级电子商务智慧物流配送体系。目前正在对邮政跨境电商产业园进行改造提升，相关物流设施设备已基本采购完成，同时与县域内相关物流快递企业商谈配送方案及奖励政策，将依托泗洪县电商物流园，整合镇村电商服务站点以及交通、邮政部门相关资源，形成一个覆盖全县的物流网络，实现农村共同配送。具体保障措施如下。

（1）狠抓落实推进，保障试点实施。2020 年出台《泗洪县人民政府关于印发泗洪县 2020—2022 年度现代农业（渔业）发展奖补办法（试行）》，有力支持试点农产品河蟹和小龙虾产业提档升级。同时，从省级财政资金中划拨 900 万元用于试点运营企业缤纷泗洪电子商务有限公司—小龙虾联合体（简称泗洪小龙虾联合体）项目建设，有效撬动各类资本5 000余万元，通过网红直播等电商模式，从 2020 年 5 月建成开始营业，至 2021 年上半年，泗洪小龙虾联合体营销额已达到 1 亿元，有力推动泗洪小龙虾出村进城。

（2）聚焦特色产业，做强品牌提升。一是构建“一村一品”“一镇一业”的新格局。以“产业结构调整”及农业“百园工程”为统揽，大力培植优势特色产业，努力构建“一村一品”“一镇一业”的特色农业发展格局，推动形成龙集、石集、临淮、半城试点农产品特色乡镇。2020 年 5 月，以小龙虾、河蟹为主导产业的龙集镇获批创建 2020 年国家级农业产业强镇，争取财政中央资金1 000万元。二是加大农产品品牌创建力度。全县共创有效“二品一标”农产品 125 个，其中，绿色食品 104 个、有机农产品 16 个、农产品地理标志保护产品 5 个；2020 年 9 月，泗洪大闸蟹成功获批江苏省特色农产品优势区，并入围“2020 年江苏农业品牌目录（区域公用品牌）”，江苏泗洪县金水特种水产养殖有限公司的金水牌小龙虾、泗洪县绿康洪泽湖大闸蟹股份有限公司的御膳绿康牌大闸蟹、江苏苏北粮油股份有限公司的蟹园牌稻米、宿迁楠景水产食品有限公司的清水牌大闸蟹等产品成功入围“2020 年江苏农业品牌目录（产品品牌）”。

（3）强化宣传培训，营造良好氛围。利用报纸、网络等媒介加大省级“互联网+”农产品出村进城工程、电子商务进农村相关工作的宣传，充分调动市场主体、社会各界的积极性，不断提升农村电子商务参与度，同时梳理总结本地农产品电商典型案例，在“泗洪商务”微信公众号等媒体上进行系列宣传推广，营造良好的农产品电子商务氛围，进一步增强综合示范辐射效应。2020 年以来，已开展了 2 期益农信息社专题培训，29 期电商专题培训。

（二）工作推进计划

1. 提高农业生产者参与电商经营的能力

（1）加大对农业生产者的电商培训。整合商务、农业、人社、扶贫等部门的培训资源进行人才培训，加大财政扶持力度。

（2）设立“互联网+农业”发展引导项目资金。重点支持新型农业经营主体、返乡创业者的“互联网+农业”创业。

（3）探索建立完善科学的利益联结机制。重点摸索“产业化联合体（即龙头企业+合作社+家庭农场+种植大户）+村组”合作共建发展模式。

2. 提升农产品生产和交易的标准化水平

（1）推动农业生产规模化和标准化建设。在支持农业新型经营主体适度规模经营的基础上，完善加强农产品“二品一标”的认证和监督，加强对生产过程的指导和规范，开展国家级农产品质量安全县试点县创建工作。

（2）着手建立农户会用、市场认可、管理方便的农产品线上交易分类标准，引导对售前农产品进行初步的清理筛选、质量分级、保鲜包装等处理。

（3）加强对农产品质量安全的追溯管理，完善农产品市场准入体制机制建设。

3. 加快提升项目建设进度水平

以国家电子商务进农村综合示范项目建设为抓手，扎实推进“一个中心，五大体系”建设，建立健全农村电商公共服务体系，促进泗洪县电商产业高质量发展。至2021年年底，改造升级1个县级电商公共服务中心、1个县级电商物流中心、85个镇村电商服务站点以及若干个物流点，形成基础完备、运行规范、功能完善、便民利民的县乡村三级电商服务平台；面向农村各类群体开展电子商务培训，至2021年年底累计完成培训3 000人次以上，进一步培育和壮大农村电子商务经营主体；打造和推广农产品区域公共品牌“荷花村”，依托缤纷泗洪小龙虾产业化联合体，推动本地农产品标准化、品牌化建设，提升品牌竞争力和影响力。

4. 做好为民办实事项目落实

抓好农产品电子商务人才培训工作，将“引进来”和“走出去”相结合，一方面邀请知名农产品电子商务专家来泗洪县开展提升型培训，另一方面组织农产品电子商务能人到先进的地方学习交流，开展精英培训，提高电商经营主体的业务能力和管理水平。

5. 鼓励发展直播等电子商务新业态

充分利用和发挥泗洪县电子商务公共服务中心在电子商务直播培训与农产

品线上推行方面的作用，坚持孵化本土网红和加强知名网红合作并举，鼓励企业在京东、天猫、抖音、快手等平台进行直播，帮助企业拓宽市场，助力本地特色产品上行。同时，鼓励农业企业发展新零售模式，实现农村电商与传统农村商业线上线下的深度融合，推动农业发展方式转变，助力农产品出村进城。

二十、江苏省盐城市东台市补齐仓储物流冷链短板，做大做强东台西瓜

江苏省盐城市东台市自2020年9月被确定为全国“互联网+”农产品出村进城工程试点县以来，紧紧围绕“互联网+”农产品出村进城工程试点建设目标和任务，推动实施工作方案，充分调动试点参与企业和产业化运营主体积极性，对标找差，根据划定的线路图、时间表，建基地、强基础，取得阶段性工作成效。2020年全市农产品电商年销售额超34亿元，2021年上半年电商年销售额达18.6亿元。

（一）项目创新成效

为确保试点工作顺利推进，东台市切实加强组织领导，提升工作的组织化程度，做到工作有班子、推进有方案、职责有分工，保证试点项目建设有成效、显亮点、做示范。

1. 充分发挥“互联网+”优势，拓宽农产品产销渠道

立足东台西瓜资源禀赋及其良好的产业基础，举办2021“苏韵乡情”乡村休闲旅游农业（盐城）专场推介活动暨“瓜儿熟了”盐城·东台西瓜节。活动期间，东台市西瓜产销协会举办西瓜首发式，盒马鲜生分别在南京、上海进行东台西瓜的“初亮相”。东台市农业农村局和沈海高速东台服务区联手举办“万企联万村、共走振兴路”2021东台优势农产品专场推介，对西瓜及东台其他农产品进行展销。东台市农业投资有限公司与市妇联、团市委、邮政公司合作开展“邮乐东台”西瓜网红直播带货活动，活动当天直播间累计下单1 000余单，成交额突破10万元，收获点赞10万次。初步形成“互联网+”与农村一二三产业深度融合的发展新格局，农产品出村进城更为便捷、顺畅、高效。

2. 抢抓仓储冷链全国试点契机，补足农产品出村进城短板

成功入选全国农产品产地冷藏保鲜整县推进试点县（全省仅4家），争取

中央奖补资金2 000万元，用于全市 32 个主体冷库建设，全面构建“1+5+N”冷链物流体系，以点连线，以线扩面，共同织密东台市农产品仓储保鲜冷链网络，打造冷链仓储保鲜物流设施建设“东台样板”。补齐生鲜农产品仓储冷链短板，进一步增强鲜活农产品冷藏保鲜支撑能力，实现部分农产品错峰上市，不断提升农产品品牌价值和市场竞争力。从而助力“互联网+”农产品出村进城，更大力度地推动东台市农业电商发展。

3. 推动项目装备升级，做强做大东台西瓜

以精加工改善生产，引入国内首条西瓜自动分选线，从种苗到采摘一瓜一证，全程可追溯。西瓜自动分选线的投入使用，将西瓜产业的标准化生产向前推进了一大步，并使得西瓜新鲜交付的时间大为缩短，同时将东台西瓜的市场售价提升了两三成。平均日分选西瓜 100 吨，年可创产值 1.2 亿元。提升自动化水平，集成引进西甜瓜移栽机、自走式喷雾机、田园管理搬运机等设备，园区设施面积超 85%。加强与国科智算合作，搭建智慧农业平台，实现生产“全过程管理、全要素覆盖、全环节协调”。开展产学研合作，建立成果转化示范基地，充分利用东台西甜瓜产业研究院、中国西瓜博物馆、院士工作站等平台载体，强化科技支撑，做好“东台西瓜”大文章。

（二）项目进展情况

根据实施方案，整体工程共有 5 个大类项目、11 个子项目，预计投入7 880万元，截至 2020 年年底，已实施工程项目 8 个，资金投入近5 200万元。京东云仓、订单农业和技术培训推广 3 个项目计划在 2022 年全部实施到位。

1. 东台西瓜大数据中心，计划投资1 150万元，已投资 864.909 万元

建立园区综合管理服务系统，提升农业大数据容量，为涉农资源数据集中展示、经营决策可视化，以及农业发展实时监测等提供数据和监测保障。目前，大数据展示大厅已完成全面改造提升，物联网设备采购招标已结束，传感器等大数据设备已安装并正常运行。

2. 工厂化育苗中心，计划投资2 050万元，已投资2 053.88万元

占地 100 亩，拟建玻璃连栋温室 40 亩、日光温室 60 亩，配备播种机、催芽室、潮汐式苗床等设备，实现工厂化、数字化育苗。该项目已于 2020 年 9 月开工 2021 年已完工。

3. 保尔国际花卉冷链物流项目，计划投资1 200万元，已投资900万元

新增冷链仓库容量1 500吨，流转1 000亩土地，摘牌45亩建设用地，4个温室大棚搭建完成。冷链仓库土建工程和道路已完工，正在装设冷链设备。

4. 展示大厅电子商务中心改造项目，计划投资90万元，已投资70万元

建设电商运营线下办公场所，电商运营采用B2B模式，即面向农批市场、大型超市、盒马鲜生等客户，通过自建商城，上线京东商城、阿里巴巴、叮咚买菜、一亩田等第三方平台开展电子商务活动。同时，培训电子商务专业人才、培育为农服务中心等电商销售管理企业，使东台农产品线上销售能力不断提升。2021年3月底改造工程已完工。

5. 东台市数字农业以江苏金满穗农业发展有限公司为示范单位，项目计划投资300万元，已投资220万元

智慧农业—京东农场项目已验收，电子商务中心项目基建工程正在建设中，设备正在采购。

6. 种苗繁育中心，计划投资1 000万元，已投资960万元

在现有种苗中心的基础上，新建8 000米^{2}的玻璃温室育苗中心，智能Priva中控系统，潮汐苗床，ATES加温和降温，同时配套自动播种线、嫁接间和催芽室等。种苗繁育中心建成后，将实现年产种苗1亿株，完全满足园区内及周边区域市场需要。基础性工程现已竣工并投入使用。

7. 智慧瓜园服务平台，投资总额60万元

实现瓜园管理智能化、数据化、可视化溯源，集成物联网数据、导航、无人机植保、网络配置等服务，三仓智慧农业平台主要依托国家级科研平台，将高通量计算、大数据、物联网及5G技术、农产品质量溯源、农业电子商务、供应链金融与征信管理等先进的技术和理念融入农业生产管理实践中，发挥“智慧农业”在现代农业建设中的加速器作用。目前该平台正在调试运营。

8. 西瓜科技博览园科技区内改造一间带货直播间，计划投资50万元，已投资45万元

配齐直播所需电脑、桌椅、麦克风、声卡、补光灯等基础直播设备。在2021年“瓜儿熟了”旅游季活动中，以“东台大粮仓”为主题开设了一系列专场直播，邀请领导与企业代表走进直播间为家乡特色农产品代言，与网红主播、明星达人等流量“大V”共同直播，实现产销顺畅衔接、优质优价，进一步提升东台特色农产品知名度和美誉度。

（三）下一步工作打算

东台市将继续严格按照项目时间节点，稳步推进工程进度，严把“互联网+”农产品出村进城试点项目质量，确保在建项目早竣工，竣工项目早投产，投产项目早达效。

1. 走出去加强学习交流

通过取长补短，全面提升东台市农产品出村进城效能，依靠政策做项目，依靠项目推发展，依靠发展促增收。

2. “请进来”提升发展空间

加强与京东、阿里以及科研院校密切联系，邀请来东台实地走访调研，建立产学研基地，拓展在数字农业、智慧农场等领域的合作空间，提升东台市数字农业农村现代化发展水平。

3. 重实效健全运营体系

发挥“互联网+”在推进农产品生产、加工、储运、销售各环节高效协同和产业化运营中的作用，健全农产品种、管、收、销的生态链体系、运营服务体系和支撑保障体系，借助农产品出村进城的成果和红利，推动东台市农业现代化加快发展。

二十一、江西省抚州市黎川县抓好“一二三”，黎米、洋芋出黎川

近年来，江西省抚州市黎川县紧紧抓住国家、省、市实施“互联网+”农产品出村进城工程等契机，在促进农产品产销衔接、推动农业现代化发展、助力农民脱贫增收等方面发挥了明显作用。截至2021年5月，全县农业网店169家，益农社网点92家，电商服务已覆盖全县所有乡镇。2020年8月，黎川县成功入选全国“互联网+”农产品出村进城工程试点县。

（一）搭建“一个平台”，夯实“互联网+”功能基础

结合东鑫实业有限公司县级农产品电商运营中心，利用全县益农社网点，在销售农产品基础上，打造生鲜农产品指挥调度系统、农产品检测溯源系统、物流配送系统、县级农产品数据分析中心，即“三系统一中心”平台，将“互联网”融入农产品的生产、加工、物流配送等各个环节，有效降低生产端成本、稳定销售价格、平稳供应市场。截至2021年5月，农产品电商运营中心利用“互联网+”有效对接了生产基地6个，购置配送车60多辆，做到了“三个100”，即建设100家销售网点，配送100家单位食堂，实现了农产品最后100米的末端销售。

（二）围绕“两个载体”，建立供应链体系

1. 打造农产品互联网“智能化管理市场”

结合县边际贸易市场升级改造，将农产品批发市场与零售市场分离，并建设农产品集中配送中心。引导黎川县东鑫实业有限公司（简称东鑫实业公司）与江西省供销集团及阿里巴巴合作，结合食用农产品合格证制度，建立“智慧菜场”管理体验，通过智能检测、智能支付、食品安全及交易追溯、大数据管理、互联网+买菜系统等智慧化管理功能和管理措施，使农贸市场在管

理、服务和监管方面，实现信息化、透明化、规范化、现代化。

2. 打造农产品供应链指挥调度平台和技术中心

加快推进阿里巴巴、京东、顺丰第三方电商和流通资源平台与县域内农产品销售网络合作，建立和完善线上线下相结合的农产品销售体系，打造农产品供应链指挥调度平台；将60多辆运输车纳入运营主体东鑫实业公司自主研发的“智慧物流配送监控系统”，进行GPS实时监控，配合可视化管理掌握车辆运行、配送情况，实现运输路线的优化和物流配送环节的优化。

（三）把握“三个节点”，力促农商互联

1. 在网络销售供应链体系关键点上下功夫

借鉴“B2C+O2O”农产品生鲜配送电子商务模式，创建了“公司+基地+连锁配送+直营店”的生鲜小区新零售模式，建立覆盖全县农村的销售网络体系，已建成农村、社区网点92家，通过采取直接与基地对接的销售方式，为广大农村种植户、养殖户提供了一条直接、便利的销售渠道，为城市居民提供新鲜、优质、平价的生鲜食品。

2. 在产销对接切入点上下功夫

以深入推进国家电子商务进农村综合示范县为抓手，全面启动三级（县、乡、村）物流配送体系建设，打通农特产品上行的“最初一公里”，做到一头连接农副产品，一头连接销售市场，大大减少农产品流通环节。

3. 在把握线上线下结合点上下功夫

一方面，通过电商直播团队深入各种植基地、扶贫工厂、古城景区等场地，推动电商与特色产业深度融合，进一步拓展黎川县优势农特产品网络销售渠道。仅“赣品网上行”农特产品电商直播活动，就吸引近5万人在线直播观看，销售额约3.5万余元。另一方面，把扶贫产品搬进超市，拓销路、增销量。目前，黎川黎米、洋芋粉丝、灌芯糖等农产品在超市均设有专柜。

二十二、湖北省恩施土家族苗族自治州鹤峰县以茶叶全域有机为引领，打造产电互动新格局

（一）基本县情

鹤峰县位于鄂西南边陲、恩施土家族苗族自治州（以下简称恩施州）东南部，总面积2 868千米^2，辖5镇4乡1个经济开发区，205个行政村和13个社区，共22.4万人，其中以土家族为主的少数民族人口占总人口的74.73%。基本县情可概括为以下“五土”。

（1）中国革命的红土。鹤峰是恩施州唯一国家一类苏区县，是二次国内革命战争时期湘鄂边区革命根据地中心、贺龙元帅第二故乡。

（2）民族文化的厚土。容美土司在此雄踞930年，土司文化源远流长，雍正皇帝曾称“楚蜀各土司，惟容美最为富强”；先后有4位本土作家荣获全国少数民族文学最高奖项“骏马奖”。

（3）生态完好的净土。位处东经110°和北纬30°神秘交叉点上，森林覆盖率82.7%，林木绿化率88.66%，位居全州第一、全省前列。

（4）资源富集的沃土。现有富硒生态茶园39.5万亩，是世界唯一的葛仙米产区和中国南方薇菜集散地，全国最大的箬叶产区和出口基地；具有5A级景区品质的旅游资源5处、4A级景区8处。

（5）正在开发的热土。近年来，鹤峰紧紧抓住国家西部大开发、精准扶贫、武陵山少数民族经济社会发展试验区等系列国家和省级重大政策支持，宜鹤高速建成通车，宜来高速鹤峰东段全面开建，沿江高铁确定途径鹤峰并设站，安恩张铁路、巴张高速、常石鹤恩高速有望纳入“十四五”规划并开工建设，四通八达的“中国之中”指日可待，“茶、旅、水、药”等优势资源搭乘交通“大动脉”正掀起全面开发建设热潮，“处处是景”“样样是宝”逐步成为现实。

近年来，鹤峰县坚持以习近平新时代中国特色社会主义思想为指导，全面落实中共中央决策部署和省委、州委工作要求，坚持“产城生态一体化”发展战略不动摇，紧扣“三个先进县、五个鹤峰”目标定位不放松，全力推动经济社会高质量发展，先后获得“国家生态文明建设示范县”“国家农产品质量安全县”“全国民族团结进步示范县”“全国森林康养试点县”“全国茶叶全域有机示范县”等多项“国字号”荣誉。

（二）试点工作取得的主要成效

1. 狠抓政策扶持，优化发展环境

鹤峰县委、县政府高度重视“互联网+”农产品出村进城及农业电子商务发展，将“互联网+”农产品出村进城工作列入“三农”重点工作，出台了一系列扶持政策，引导农产品电商加快发展。设立专项资金，支持发展“互联网+”农产品出村进城工作，支持鲜活农产品现代冷链物流中心建设，支持与顺丰、韵达、邮政等物流龙头企业合作，推动全县特色农产品对外开拓市场。

近年来，鹤峰县每年捆绑资金4 000万元用于茶叶产业发展，重点用于基地建设、厂房及设备改造、市场开拓和网络销售等；2020 年湖北省农业农村厅安排农产品仓储保鲜冷链设施建设项目资金1 100万元，用于农产品仓储保鲜冷链设施建设。

2. 狠抓产业培植，夯实发展基础

强大的特色产业、优质的农产品、知名的品牌，是“互联网+”农产品出村进城的前提和基础。不断挖掘茶叶、箬叶、蔬菜、中蜂、马铃薯、中药材等产业发展潜力，特色产业覆盖全县 205 个村，覆盖率达 100%。鹤峰县特色产业总面积达到 163. 94 万亩，农村居民人均达到 8. 2 亩。目前，全县茶园总面积达到 39. 5 万亩。在“十四五”期间，将把鹤峰建成全国农业“全域有机”示范区，以茶叶全域有机为引领，具体目标是茶叶有机认证面积达到 15 万亩，年综合产值达到 100 亿元。土豆 13 万亩、蔬菜 8 万亩、中药材 10 万亩等粮食作物基本达到有机标准；生猪 10 万头、鸡 50 万羽等畜禽养殖业均按有机标准饲养。全县农产品深加工不断提档升级，产业链不断延伸，产品附加值不断提高，农产品进一步提档升级。鹤峰县已涌现出翠泉茶叶、鑫丰茶叶、中官红白萝卜、走马葛仙米、鹤峰蜂蜜、马铃薯等一系列产量高、品质好、品牌响的农产品。

3. 狠抓载体建设，搭建发展平台

2020 年，鹤峰县充分利用“扶贫 832”平台、网络直播带货、电商平台、东西部扶贫协作、天津对口支援、扶贫村定点采购、“百企千品央企”、机关食堂采购等销售鹤峰农产品。销售额在全州排名第三、全国排名第五。农产品网络销售额占当地农林渔业总产值的 3.32%。积极开展农村信息基础设施建设，全县行政村宽带实现了全覆盖，乡镇快递网点覆盖率已达 100%，结合快递末端投递水平提升和村邮站建设，积极整合“益农信息社”等各方资源，加快推动实现“村村通快递”。加快发展镇、村电商服务站点，建成 20 个阿里巴巴“村淘”服务站点，8 个京东农村电商合作点，13 家苏宁云商加盟点。

4. 狠抓培训引导，壮大发展主体

联合中南民族大学等专业培训机构，积极组织实施“农产品电商百人培训”，先后完成培训 150 人次。发挥电商能人带动作用，走马镇职业农民吴金林，2018 年开始接触电商，每年在网上销售特色农产品 300 多万元，通过言传身教，带动周边农户 10 多人投身电商创业，人均增收 10 万元以上。扶持、引导农业企业转型发展，从传统线下销售向网络营销转变，鹤峰县网上销售超过1 000万元的农业企业达 18 家，并积极拓展天猫、淘宝、京东、拼多多等网上销售渠道，2020 年网上销售额 9.31 亿元。鹤峰县金阳特色农产品有限责任公司以加工经营特色农产品为主，2020 年线下销售3 301万元，线上销售1 877万元，消费扶贫销售额1 425万元，主要集中在“832”消费扶贫平台。

5. 狠抓产电互促，激发发展活力

积极推进“一县一业”“一镇一品”“一村一品”等新模式，依托全县“四叶一畜”特色产业和 5 个万亩以上特色基地建设，围绕绿色有机茶、高山蔬菜、箬叶、中蜂等规模大、效益好、知名度高、产业链条全、富民作用强的特色产业，积极打造产业与电商互动发展新格局，全县建成了一批茶叶、蔬菜、中蜂等电商专业乡镇和电商专业村。利用电商创业能人带动地方特色产业发展，涌现了一批农业电商创新创业典型。2018 年 9 月，太坪镇芦坪村村民龙艳平开始在“淘宝”开设直播店，销售茶叶、蜂蜜、土猪肉等特色农产品年收入 300 多万元，2019 年销售收入达到 500 多万元，2020 年销售收入达到 700 多万元，辐射带动全村 20 多户发展特色农产品种植、加工和销售，电子商务已逐步发展成为当地的特色产业和农产品主要销售渠道。

6. 狠抓产销对接，拓展发展渠道

抢抓东西部协作帮扶——杭州市对口帮扶鹤峰县的机遇，全力推进茶叶、蜂蜜、葛仙米、马铃薯、土猪肉等鹤峰县名特优农产品上线销售。组织实施信息进村入户工程，建成村级电商平台“益农信息社”26家，为农民提供农产品出村进城的电商服务。在2020年鹤峰县农民丰收节上，鹤峰县启动了“互联网+”农产品出村进城工程的工作，整合了全县多个优质农产上线邮乐网“邮乐农品”，助力本地农产品出村进城。位于鹤峰市燕子镇的湖北百顺农业开发有限公司发展“快递+农产品”电商产业，对接邮政快递，开展农产品包装设计印制、物流配套装备提升、产品品牌宣传推介、物流费用补贴等全方位合作，宣传、推介、销售马铃薯、马铃薯粉条、红薯粉条等绿色食品，线上销售额达700多万元。

试点工作虽说取得了好的成绩，但也存在一些困难和问题，主要是市场主体参与意识不够强、电商人才技术比较缺乏、扶持政策措施急需完善、配套基础设施建设相对滞后、新型网络营销手段不够强。

（三）下一步重点工作打算

1. 坚持“三化”标准，多方位培植特色产业

推进产业特色化、产销标准化、产品品牌化发展。立足资源禀赋、产业基础和市场需求，按照“一县一业、一镇一特、一村一品”的产业布局，培育市场潜力大、区域特色明显、附加值高的特色产业。重点建设50个“一村一品”示范基地，培植3~5个网上销售额超亿元的农业特色产业，培植20个网上销售额超5 000万元的农产品龙头企业。推进农产品质量安全追溯体系建设，综合利用好线上线下监管资源，让网上涉农交易产品可追溯，确保网络销售农产品的质量安全。扎实推进农产品品牌战略，围绕特色产业，整合小品牌，集中力量打造大品牌，探索成立同类农产品品牌联盟，创树一批区域品牌、产业品牌和产品品牌。

2. 聚焦主体培植，多渠道培养电商人才

积极整合电商创业培训服务资源，依托电子商务培训基地及相关职业教育培训机构，分层分类开展农村电子商务人才培训活动。建立专业的电子商务人才培训基地、培训体系及师资队伍，努力培养一批懂理论、懂业务、会经营、

能带头的复合型青年创业人才。鼓励返乡大学生积极投身“互联网+”农产品出村进城电商创业，政府进一步加大创业引导资金扶持。

3. 突出产销对接，多形式开展营销活动

鼓励涉农企业进入淘宝、天猫、京东、邮乐网、顺丰优选等第三方电商平台开设店铺，积极探索O2O等新型电子商务销售模式，扶持推动种养殖大户发展成为电商平台、网络店铺的优质农产品供应商。积极推进旅游、休闲、康养、农家乐等农业新业态与电子商务融合发展，大力发展休闲观光农业电商。以“电商平台+”“社交平台+”“物流快递+”等形式，推进农产品与电商平台产销对接，解决农产品“触网上线”“最初一公里”问题。

4. 积极培育扶持，农产品电商标杆企业

全力推进“互联网+”农产品出村进城工作，搞好地方农产品的推销，带动贫困乡镇、村农业产业化发展和农民收入水平提高。针对全县51个重点贫困村和21个乡村振兴示范村，每个村培育3~5名电子商务领头人、培育扶持10~20个“互联网+”农产品出村进城的特色村。组织有代表性的电商企业与农户建立产、购、销合作关系，为农户增加就业提供岗位，促进农户不断扩大生产和提高经营收入。

二十三、湖北省襄阳市南漳县整合多元主体，强化电子商务增收增效能力

2020年湖北省襄阳市南漳县被纳入“互联网+”农产品出村进城工程试点县，该县积极整合农业农村部门、商务部门的资源和力量，高标准推进试点工作，通过互联网方式，推进农产品出村进城，在农户增收、企业增效方面取得了显著效果。

（一）主要做法和成效

1. 壮大优质农产品生产基地

南漳县围绕“中国有机谷”核心区定位，积极发展优质农产品。

（1）开展“二品一标”认证，现有认证证书165张，其中有机证书95张、有机转换证书41张、绿色食品证书22张、地理标志农产品证书7张，有机认证面积11.7万亩、有机转换面积1.8万亩、绿色食品认证面积3.1万亩。

（2）壮大产业规模，重点支持食用菌、茶叶、桑蚕、稻虾共作、道地药材等产业发展，2020年食用菌规模2亿袋、茶叶9万亩、桑园5万亩、稻虾共作3.3万亩、道地药材6万亩。

（3）正在谋划“十四五”产业发展规划，重点发展优质粮食、油料、食用菌、茶叶、桑蚕、蔬菜、生猪、淡水养殖、林果、道地药材十大产业，通过补链延链强链，进一步壮大优质农产品生产基地，该县的优质稻米、菜籽油产业链已纳入湖北省重点产业。

2. 支持配套网络销售相关基础设施

（1）物流体系。以即高物流管理有限公司为主体，建设县级电商物流分拣配送中心，运营面积4万米^2，整合全县物流快递资源，引入“四通一达”、德邦等14家主流物流、快递品牌企业，统一经营和管理，快递日均突破3万件，全县80%物流配送在园区内完成，120多辆物流运输车在城乡往返，覆盖全县所有村，2021年上半年，快递物流投递量308.1万件，比同期增

长 32.4%。

（2）产地初加工体系。在保鲜仓储方面，已建设保鲜仓储的 291 家，占新型农业经营主体总数的 12.1%；有建设意愿和建设需要的 679 家，占总数的 28.2%。现有通风库容量 1.7 万米^3，冷藏库 6.9 万米^3，冷冻库 75 万米^3。烘干设施方面，全县食用菌烘干设备基本实现种植大户全覆盖，可投入使用的粮食烘干机 84 台，日烘干能力达5 620吨，能基本满足粮食主产区的烘干需求。

（3）正在规划镇区特色农产品集散中心建设。规划以镇（区）为单位，结合产业分布，在交通便利的村组，建设特色农产品集散中心，串联农户、积少成多，在市场中逐渐显示话语权。目前南漳县的板桥镇、薛坪镇正在行动，围绕高山蔬菜、高山土豆、食用菌、中药材等产业，基本确定了集散中心建设目标。

3. 整合电子商务资源共同构建电子商务服务体系

引入了淘大集供应链有限公司、安徽三未管理咨询有限公司等，会同现有电子商务经营主体，共同构建南漳县农产品电子商务销售体系。

（1）企业主体自主接入主流电商平台 10 个，建成县镇两级公共服务中心 10 个、镇级电商运营服务中心 5 个、农村电商服务站 135 个，电商平台与规模以上农业产业化基地对接率已达 40%。

（2）投资建设中国有机谷电子商务产业园，建筑面积 2.6 万米^2，目前主体工程已完工，已与 24 家企业达成入驻意向，部分企业正在装修入驻。

（3）强化电子商务队伍建设，南漳县机构编制委员会办公室专门批复成立了南漳县电子商务公共服务中心，属一类事业单位编制，专门负责服务电商发展，下设培训中心、孵化中心、直播带货间、产品文创开发中心、展销体验中心、网货分配分销中心等服务载体。2019—2020 年，已培训电子商务人才4 305人次；已登记的电子商务市场主体 52 家，其中公司 22 家、个体户 30 家；开展电子商务的企业有 120 家；专门从事电子商务人员 200 多人；有 6 家企业入选襄阳市电子商务示范企业。南漳县已入选湖北省电子商务进农村综合示范县，正在积极申报国家电子商务进农村综合示范县。

4. 强化电商带动农民增收能力

（1）实现贫困村电商全覆盖。目前，全县 41 个省级贫困村全部采取多种形式接入电商平台，省级贫困村电子商务覆盖率达到 100%。长坪镇钟鼓坪村引进宇坤农业电商团队，该村无偿提供办公场地和仓储等设施，宇坤农业已与全县30多个农业专业合作社签订了供货合同；福润来兮电商工作室带动24个村接入淘宝店，并负责进行人员培训及技术实操。水镜蜂情蜜蜂养殖专业合作社在淘宝、微商、抖音、快手等电商平台形成了销售产业链，推出了20多种产品，带动了20个村、313家农户约500人就业，该合作社的扶贫案例已被国务院扶贫办编写的《电商扶贫经典案例汇编》收录。

（2）对接扶贫平台，动员帮扶单位和地区优先采购销售扶贫产品。通过"扶贫832"平台、中国社会扶贫网湖北特色馆等线上销售平台，入驻14家企业，上线商品1 100个，销售额突破1 500万元，通过电商企业帮助，城区部分重点超市、电商平台、农贸市场采购本地农产品3.6亿元。

（3）线上引导销售扶贫产品。利用互联网多渠道、多平台、多形式线上推介南漳有机农产品，开展直播带货，举办"县长带你看南漳淘宝"直播活动，组织裕农菌业、水镜蜂情蜜蜂养殖专业合作社参加了"天猫互动城6·18湖北专场"活动。

（二）面临的主要问题

（1）农产品初加工能力有待加强，目前，农产品保鲜、烘干能力有了较大进步，但是还是不能满足需求，清洗、分拣、真空包装等技术还没得到较好运用，还不具备农产品持续供应能力，与专业化农产品经销商相比，产地初加工还有很大发展空白。

（2）电商企业整体实力还不足，主要是农产品网络销售的文案、图片专业化程度不够，造热点的能力欠缺，在网络上影响力有限。

（3）支持政策较少，对调动电商企业、农产品生产主体积极性缺乏抓手，现在大多以电商企业自主发展为主，支持力度不够导致电商企业淘汰更新的频率较高。

（三）相关建议

（1）尽快出台能落地的支持政策。试点县建设工作出台的支持政策较少，形成不了号召力和影响力，不能吸引实力较强的电商企业入驻。

（2）支持南漳县特色农产品集散中心建设。配套保鲜、仓储、烘干、分拣、包装等设施，将小农户、小产业、小市场转化为大产业、大市场，依靠优质农产品、优质交易服务，将市场信息稳定在镇、村，将经销商吸引到镇、村。

（3）强化农产品初加工技术培训。建议湖北省农业农村厅组织专家，制定农产品初加工技术规程，便于分作物重点培训预冷、贮藏、烘干、包装等农产品商品化加工技术，提高初加工能力和质量。

二十四、湖北省恩施土家族苗族自治州咸丰县“三茶果药猪”“上网入云”拓新路

2020年，湖北省恩施土家族苗族自治州咸丰县被农业农村部确定为全国“互联网+”农产品出村进城试点县。该县根据建设工作的有关要求，成立了领导小组，建立了工作专班，全面展开试点工作，着力推进“互联网+”与农业农村深度融合，着力解决影响农产品销售的“最后一公里”问题。2020年，咸丰县农产品销售顺畅，未出现农产品滞销问题，线上销售额达5亿元，较2019年增长约20%。

（一）主要做法

1. 坚守品质安全底线，夯实产业发展基础

咸丰县特色产业面积达110万亩，形成了“三茶（茶叶、油茶、藤茶）果（水果）药（中药材）猪（恩施黑猪）”的主导产业格局。长期以来，咸丰县坚持全域绿色有机理念，致力打造优质农产品生产基地。2020年，咸丰县财政专门安排资金1 000万元，用于全域绿色有机基地建设。推出了茶叶“去夏增春、提质增效”绿色生产模式，使用生物防治手段和低毒低残高效农药，推广有机肥替代化肥，实施了生态循环农业和畜禽粪污资源化利用项目，确保了农产品质量安全。咸丰县农产品质量安全抽检合格率达到99%以上，全县累计申报认证“二品一标”产品95个，认证绿色基地面积近10万亩，有机基地面积0.5万亩，成功创建了全国有机农业示范基地县、全国绿色食品原料标准化基地县、国家级出口茶叶质量安全示范区、湖北省农产品质量安全县。

2. 强化基础设施建设，补齐产业发展短板

（1）建电商园。建成了咸丰电商产业园，总占地20亩，共分为产品体验、创业孵化、物流仓储、路演休闲等6个功能区域，开展创业咨询、培训孵

化、产品溯源、供应链等公共服务，向入驻电商和创业者提供免租金、免水电费等优惠，实实在在支持大学生、返乡青年创业。目前已有37家电商企业、物流企业入驻，年线上交易额近3亿元。建设了咸丰唐崖茶市，通过房租前4年“免二补二”、冻库全额补贴等优惠措施，吸引全县32家茶叶生产企业入驻，成为宣传、展示、销售咸丰农特产品的重要平台。在线下销售茶叶等农产品的同时，积极通过直播等方式进行线上销售，已经形成网红直播一条街。2021年1月起，网红团队数次入驻茶市现场直播带货，实现销售额650万元。

（2）建农村站点。通过中心村辐射临近村方式，将村淘、物流网点进行整理，累计建设整合村级站点164个，完成增值服务“智慧乡村服务应用”入驻47个，51个村级站点配备了直播间、展示柜、直播设备等设施。

（3）建信息平台。大力推进物联网技术在农业生产中的应用，建成了清坪团坝子、忠堡马倌屯等8个智慧农业示范基地，建成了咸丰农业大数据中心，260家市场主体注册使用农产品质量追溯平台，构建特色农产品全产业链数据采集、分析、监测、预警体系，推进农业结构调整，实现农产品质量安全追溯，提升农业生产经营和管理的数字化、智能化水平。

（4）建设仓储设施。2020年，新建59个仓储冷链设施4.95万米^3，增加茶叶、水果、中药材、蔬菜等保鲜储藏能力2万余吨，减少农产品损耗20%以上，提升农产品价值8%以上，逐步完善了农产品仓储保鲜冷链物流体系。

（5）建物流专线。咸丰县财政安排补贴资金，建成了24小时内由咸丰直达浙江安吉、松阳等地的农特产品物流专线，保证了茶叶等主要农产品便捷对接国内主要市场。2020年，通过物流专线销售茶叶等农特产品1.9亿元。同时，引导行业协会组织与顺丰等快递企业打包签订物流服务协议，进一步降低了物流成本。

3. 积极“上网入云”，完善网络销售体系

（1）提升电子商务运营能力。通过实际操作、异地考察、到店服务等多样形式，对站点负责人、从事电子商务人员或有意向从事电子商务人员开展培训，2020年，累计培训12期1 600人次，成功转化创业就业400余人，培育本地网红主播近100人。

（2）树区域公共品牌。咸丰县依托唐崖土司城址世界文化遗产名片，推出“唐崖”区域公共品牌，建立完善“唐崖”品牌经营培育、监管保护机制，将全县农产品品牌都统一整合到“唐崖”区域公共品牌之下，培育“硒源山”

“水寨”“瀑泉”“唐崖香米”等一大批“唐崖”公共品牌下的企业品牌。

（3）积极探索“互联网+”联结农业产业的模式。针对咸丰县农产品品类多但分散量小，农产品加工企业实力弱，应对“互联网+”潮流能力不足等特点，2021年3月，建立专门激励机制，引进专业团队组建唐崖农特产品营销中心，把分散的农产品资源整合起来。依托国内知名网红达人，在各种平台集中宣推介、营销唐崖系列农产品。运行以来的几个月时间内，即实现线上销售额超过1 000万元。咸丰县大米、小杂粮、山茶油等农产品天然含硒、品质独特，但一直未形成在市场上俏销的拳头产品。通过“能人返乡”工程，引进有丰富电子商务运营经验的企业家返乡投资，成立咸丰县莳稻农业开发有限公司（简称莳稻公司），政府提供标准化厂房、给予生产线补贴项目等支持。咸丰县莳稻农业开发有限公司运行了“电商+加工+基地+农户”模式，自建基地2 000亩、认领稻田200余亩，设立收购点80余处，把农户种植的稻米、小杂米变成了网销爆款。2020年，刚投产一年的莳稻公司线上销售额即超过4 000万元。

（4）抢抓消费扶贫机遇，推动农产品线上销售。2020年，咸丰县依托“扶贫832”平台，销售茶叶、蜂蜜、腊肉、糍粑、马铃薯等特色农产品，“扶贫832”平台销售额达1.36亿元，在全国832个贫困县中排名第八。

（二）面临的主要问题

咸丰县在开展试点工作的过程中，虽然做出了积极尝试，取得了一定成绩，基本解决了农产品“卖得出”的难题，但离“卖得好”仍有很大差距。

咸丰县“互联网+”出村进城试点推进工作存在很多短板，主要表现在以下几点。

（1）思想观念有待提升，市场信息闭塞。

（2）数字乡村产业发展滞后，“互联网+”各种业态培育不足，农产品加工企业“上网入云”运营能力弱。

（3）基础设施不完善、物流运输不便捷。

（4）农产品产地初加工设施比较欠缺，农产品加工企业加工能力弱，农产品加工转化率低。

二十五、湖北省宜昌市枝江市构建“五四三”格局，推动电子商务跨越发展

近年来，湖北省宜昌市枝江市抢抓“互联网+”重要机遇，大力发展农产品电商，实现农产品出村进城，打造了农村电商“升级版”。2020 年，枝江市建成 3 个淘宝镇、15 个淘宝村，淘宝村总数全省县市第一，成为全省第一个淘宝村百强县，获评全国“互联网+”农产品出村进城工程试点县，全市电子商务交易额 102.1 亿元，其中农产品网络零售额 11.6 亿元。2021 年一季度，枝江市实现电商交易额 30.6 亿元，其中农产品电商交易额达 4.7 亿元。

（一）坚持政府引导，完善顶层设计，营造农产品电商发展优良环境

枝江市成立由市委书记任组长的电子商务工作领导小组，设立电子商务产业发展促进中心，组建市农产品电商协会，在市农业农村局设立电商股，编制《枝江市电子商务发展规划》，出台《枝江市“互联网+”农产品出村进城工程实施方案》《加快电子商务发展扶持办法》等系列文件，构建了农产品电商发展“五四三”的工作格局。

1. 设施“五个一”

城乡交通、城乡供水、城乡垃圾污水处理、城乡教育卫生资源配置、城乡互联网建设“五个一体化”，实现村村通客车、组组通公路，户户用上自来水，垃圾污水无害化处理全覆盖，农村教育卫生全面升级，全域物流到村、光纤入户，为农产品电商发展提供了完善的基础设施和均衡的资源配置。

2. 电商“四张网”

携手阿里、京东、邮政、供销，构建农产品电商发展的“四大平台”。联合阿里巴巴建设村淘服务中心，建成 102 个村级服务站；引进京东公司建设京东服务中心和“中国特产 · 枝江馆”，建成 215 个京东推广点；联手邮政邮乐网建设枝江专区，建成 177 个村级邮掌柜；依托供销裕农网，建成 174 个裕农

合作站。

3. 创业“三个有”

实现农产品电商创业“有政策、有场地、有待遇”。

（1）有资金，枝江市财政每年安排500万元扶持资金，用于扶持电商产业发展。出台《枝江市农村电商主体金融服务实施方案》，搭建7 000万元融资性担保基金，为农产品电子商务发展提供金融扶持，对符合条件的农村电商市场主体30万元及以内的贷款，由枝江市天雨农业融资担保有限公司提供信用担保，30万~100万元的贷款由天雨担保公司向上推荐进行信用担保，已累计为近50个电商主体提供担保贷款4 710万元。同时，为农产品电商创业人员落实“三不变”“四保障”“五优惠”综合扶持政策（即农村土地承包经营权、现有宅基地使用权、村集体收益分配权“三不变”；城乡养老保险、医疗保险、子女入学、就业创业“四保障”；契税补贴、费用减免、贷款优惠、燃气安装和用水价格“五优惠”），鼓励更多的村民心无旁骛发展电商。

（2）有场地，高标准建成市电商产业园、镇电商创客中心、村电商服务站，实现三级服务场所全覆盖，为农产品电子商务发展提供必要的发展平台。

（3）有待遇，农村电子商务带头人优先纳入村级后备干部培养，积极推选为各级人大代表、政协委员。

（二）坚持市场运作，优化公共服务，推动农产品电商跨越发展

1. 优化仓储物流，破解农产品电商“堵点”

高标准建设枝江市农产品电商物流中心，发展快递物流公司19家，建设基层物流网点290多个，农产品快递收发实现“村村通”。引进顺丰集团，建成湖北省首家县级大型电商智慧云仓，致力打造鄂西地区最大的电商快递物流分拨中心，为农产品电子商务“降费提速”，每单可降低物流成本0.5元，缩短物流时间1天以上。

2. 强化品质品牌，打造农产品电子商务亮点

与趣采果、多多果园、芭芭农场等全国大型农产品电商企业开展产销合作，建立“电商+合作社+基地+农户”经营模式，建成11个农产品电商高品质供应链基地。打造湖北省首个县域农产品公共品牌——“枝滋有味”，并充分挖掘核心内涵，推出“枝江玛瑙米”“枝江脐橙”“百里洲砂梨”等特色行

业公共品牌，鼓励守信誉、实力强的市场主体，积极发展自有品牌，构建“公共品牌+行业品牌+自主品牌”的品牌发展矩阵，授权产品超过 167 款，旺季日发货 15 万余单。

3. 应用直播带货，营造农产品电子商务热点

通过抖音直播、南都直播、快手直播，以及淘宝村播连线央视直播活动等，邀请枝江市领导直播带货，市领导、网红主播、工作人员齐上阵，推介“枝滋有味”旗下优质农产品达 18 场次，带动消费过亿元。

（三）坚持人才引领，强化主体培育，助力农产品电子商务提质增效

1. 招培结合，充实农产品电商人才队伍

引进北京农信互联科技集团有限公司建设湖北农业大数据中心暨运营中心，落实各项人才政策，17 家知名电商及高层次人才入驻枝江。与阿里巴巴合作建设枝江客户体验中心，培养数字化服务人才及管理人才；整合村淘枝江服务中心、京东枝江服务中心、枝江市职教中心等资源，实施“千人网红”培育计划，开展农村电商创业培训，积极推动电子商务“学习者”向“创业者”转化。累计开展各类电商培训 300 多批次，培训从业人员 1.5 万余人次。

2. 多点切入，培育农产品电商市场主体

大力鼓励返乡农民工、大学毕业生、农村青年参与电商创业；引导农产品加工企业、农民专业合作社“上网触电”，主动嫁接电商；加大招商引资力度，强化政策落实，提供“保姆服务”。截至 2020 年年底，枝江市共发展农村电商企业 165 家，线上店铺2 200余家。

3. 项目带动，增强农产品电子商务发展后劲

抢抓全国“互联网+”农产品出村进城工程试点县建设契机，高标准实施示范项目。2020 年，电商快递物流仓储中心（顺丰云仓）已开仓运营，农产品网络销售供应链体系、运营服务体系已具雏形，其他各项工作正扎实推进。试点项目建成后，将进一步改善农产品电子商务发展条件，全面助推电子商务主体提质增效。

二十六、四川省广安市广安区各环节高效协同，打造“互联网+农产品”营销体系

四川省广安市广安区自2020年8月全面启动“互联网+”农产品出村进城工程试点工作以来，充分发挥“互联网+”在推进农产品生产、加工、储运、销售各环节高效协同和产业化运营中的作用，培育出一批具有较强竞争力的县级农产品产业化运营主体，建立完善适应农产品网络销售的供应链体系、运营服务体系和支撑保障体系，实现优质特色农产品产销顺畅衔接、优质优价，供给能力和供应效率得到显著提升，农民就业增收渠道进一步拓宽。

（一）工作开展情况

1. 加强农产品基地建设

近年来，广安区围绕优质粮油、优质生猪两大主导产业，发展龙安柚、湖羊、开花水果（桃、李）、稻渔综合种养、晚熟柑橘、乡村旅游六大特色产业，初步形成“2+6”现代农业产业体系，建成现代农业产业基地72万亩。年出栏优质生猪、湖羊、肉牛共82万头。引进上市企业宏辉果蔬股份有限公司，与四川中兴绿丰农业发展有限公司合作发展果蔬产业，龙安柚园区成功创建为省级五星级园区；浙川两省携手实施“湖羊入川”“湖羊致富”两大工程，建成湖羊基地100个，以及全国首个万头湖羊种羊基地1个，成功打造为东西扶贫协作省级示范、全国先进。

2. 推进农产品质量标准体系建设

以龙安柚、柠檬、杨梅3个试点推荐产品为主，围绕广安区特色产业，依托有关部门，组织相关农业专家，以知名区域公共品牌产品和知名企业品牌产品为重点和突破口，有计划、有步骤地制（修）订一系列可操作性强的产品质量标准，形成一整套品牌农产品质量从土壤到餐桌的全过程质量控制标准指标体系。

3. 发展农产品烘干冷链物流

围绕“产村相融、农旅结合、种养循环”的发展思路，依托农产品产地初加工等项目建设，大力发展农产品烘干冷链物流等初加工产业。建成农产品烘干仓储冷链物流设施22座，农产品加工厂（场）40个，年加工能力达96万吨。通过大力实施“菜篮子”仓储冷链物流推进示范县及农产品仓储保鲜冷链设施建设等项目，建成区级农产品仓储保鲜冷链物流基地1个，乡村级农产品产地仓储冷链物流集配中心3个，进一步推进农产品烘干冷链物流建设，实现广安区牛羊、果蔬产业升级，同时通过购置先进设备、组建先进生产线、实施配套工艺技术，达到提升产品附加值、均衡供应市场的目的。

4. 开展农业信息化服务

按照“互联网+农业”的发展思路，积极推进互联网与农业生产、管理、流通、培训等全领域深度融合，努力实现农业生产信息化、数字化、智能化。

（1）开展物联网基地试点。依托广安区现有的农业产业基地，建成农业物联网示范基地10个，建成支撑试点区域（大龙、大安、悦来、彭家4个乡镇）物联网服务体系，政府快速决策指挥体系（物联网综合服务平台），构建农产品生产、加工、流通、交易、消费全程供应链管理体系和农产品质量安全溯源体系。

（2）构建“互联网+农产品”营销体系。实施“互联网+”农产品出村进城行动，开展农产品互联网品牌培育、农产品直播示范基地建设、农产品商标注册及扶贫产品认证等，建立适应广安区农产品网络销售的“互联网+农产品”营销体系。通过引进京东、淘宝、有赞、832扶贫网及社交平台等，开设京东特色馆、网络店铺，同时，通过一亩田、有赞小店、微店、环球捕手、贝店等平台，打造地方特色产品，增强网络品牌效应，为广安区地方特色产品的网销之路搭建了优质的平台。建立广安网销产品数据库，通过分销管理系统为创业网商建立分销渠道。引领广安区创业青年在知名平台开设网店，不断扩大广安区网店数量，提高店铺运营质量，共同搭建广安区农特产品网络营销平台体系。截至2021年年底，全区认证“三品一标”农产品33个，培育“渠江柠香”“伟仁稼香”等优质农产品品牌26个。

（3）促进乡村信息服务融合。利用“新基建”投资机遇，因地制宜地推动云计算、大数据、物联网、移动互联、人工智能等为代表的现代信息技术在农村公共服务领域广泛深入应用；完善升级益农信息社、电商服务点等村级站点，整合利用系统、人员、资金、服务等要素，搭建综合性农业产业生产服务信息平台，便捷高效服务农业生产。建成乡镇电商服务站 26 个、村（社区）电商服务点 291 个，益农信息社 390 个，实现区、乡、村三级电商基础设施全覆盖、公共服务全覆盖。通过内销+出口方式，组织农产品进机关、进企业、进商超、进学校、进医院，2021 年累计销往北京、浙江等地的广安特色农产品达 800 余万元。积极拓展国际销售市场，疫情期间出口柠檬、龙安柚等 200 余万斤。

（二）面临的主要问题

（1）品牌影响力较低。广安区农产品品牌化仍处在起步阶段，暂时还没有形成有凝聚力的品牌，同时品牌缺文化少特色，缺少包装。

（2）加工农产品较少。特色农产品仅停留在鲜销售阶段，深加工产品较少，产品附加值较低。

（3）农产品品质参差不齐。部分农产品生产管理标准不一，导致优质农产品不多。

（4）农产品网络营销比例较低。一是农产品网络营销人才缺乏。广安区为农业大区，专业化的信息技术人才和网络营销人才稀缺，导致农产品的网络营销一直较为落后。二是冷链物流水平有限。广安区农产品以鲜销为主，现有的物流水平发展有限，专业化物流企业和人才欠缺，难以满足农产品网络营销的要求。

（三）下一步重点工作

广安区将按照农业农村部、四川省开展“互联网+”出村进城工程建设要求，加大推进力度，积极借鉴好做法、好经验，促进全区“互联网+”农产品出村进城工程建设水平整体提升，实现所有乡镇全覆盖，形成“互联网+”与农村一二三产业深度融合的发展新格局，农产品出村进城更为便捷、顺畅、高效。着重抓好以下四方面工作。

1. 建立适应农产品网络销售的运营服务体系

（1）农村基层电商服务网点运营管理。整合益农信息社以及农村电商、邮政、供销等村级站点的网点优势，结合运营主体的生产、加工、仓储能力，完善区、镇、村三级农产品网络销售服务体系。建立电商服务网点数字化管理机制，强化区级中心对镇村站点的管理。实时掌握站点交易及管理情况，实现中心站点实时视频、站点实时监控、设备故障实时上报等服务功能。对网点服务范围内没有进入优质特色农产品供应链的其他农户和产品，以低成本、简便易懂的方式，有针对性地提供电子商务培训、加工包装、物流仓储、网店运营、商标注册、营销推广、小额信贷等全流程服务。

（2）农产品电商品牌培育。引进优秀团队，结合广安区实际，以龙安柚、柠檬、杨梅 3 个试点推荐产品为主，围绕“一园四区五基地”，科学制定广安区地方农产品电商品牌培育建设发展规划，打造 1 个区域公共品牌，通过公共品牌设计、包装、营销，带动一批具有绿色、有机、生态理念的广安区新标杆产品，形成“1+N”品牌发展格局（即 1 个公共品牌，N 类农特产品品牌）。开展广告宣传、线上线下推广、品牌氛围培育、展示展销工作，探索社交电商、直播电商等新方式，构建品牌化、规模化、标准化、产业化、可溯源的品牌发展模式。

（3）农产品直播示范基地。结合广安区龙安柚、柠檬、杨梅等优势产业，整合产业基地，根据企业（专合社）需求，打造 3 个农产品直播示范基地和 1 个标准直播厨房，搭建直播间，配备相应设备，组建直播团队（含 3 名主播和 2 名直播运营），开展农产品短视频创作和直播活动，带动和扶持本地农业企业参与，加强区域公共品牌宣传，助力农产品销售。

（4）农产品商标注册及扶贫产品认证。完成扶贫产品“四川扶贫”集体商标标识认证，依托集体商标标识的品牌效应，利用线上线下渠道，通过广告宣传进行农产品推广，建立县域农特产品、扶贫产品供销管理平台，并推广使用。

2. 加强农产品质量安全监管体系

建立农产品质量安全追溯管理系统，以标准化、市场化、可追溯为要求，以龙安柚、柠檬、杨梅 3 个试点推荐产品为主，按照“2+6 产业基地”现代农业总体布局，建设特色产业 10 个全程可追溯的农产品溯源示范基地，建立广安区农产品溯源平台系统，收集产品信息生成 20 款农特产品质量控制二维码，做到全产业链信息可查可追溯，支持区域主要农特产品专业质量检测，打造“品质分级化、包装标准化、产品编码化”农产品电商质量控制体系。

3. 建立农产品全产业链标准体系

建立农产品互联网营销标准体系，重点围绕农产品质量分级、采后处理、包装配送等内容，制定不低于6个农产品电商标准体系；推动农产品电商标准的实施推广，主要通过加大农产品电商标准宣传培训力度，加强农产品电商标准服务，开展农产品电商标准化试点示范，总结推广示范成功经验，强化农产品电商标准的推广应用。

4. 建设区级优质特色农产品大数据中心

建立广安区农产品电商大数据信息系统，完善农产品全产业链大数据建设，开展生产、流通、销售各环节的统计监测。依托运营主体，实现全产业链大数据的统一归集，统一对接“互联网+”农产品出村进城工程大数据平台，确保出村进城数据的及时上传与汇集。健全农产品监测预警体系和信息服务机制，及时发布各类市场信息，引导各类市场主体合理安排生产经营。

二十七、甘肃省兰州市榆中县建“四大平台”，助高原夏菜出村

2021 年以来，榆中县立足农业特色产业发展实际，狠抓“四点一面”，建设推广“质量兴农”智慧农业云平台、甘肃康源现代农业有限公司“数字农业客厅”、农产品网络追溯监管平台、新兴媒体特色农产品展销推介平台等“四大平台”，扩大宣传覆盖面，树立品牌效应，不仅有力推动了全县特色产业发展和农产品质量安全水平显著提升，同时也有效促进了全县农业经济的发展壮大，被农业农村部确定为“互联网+”农产品出村进城试点县。

（一）培育主体

紧紧围绕“互联网+”农产品出村进城试点县项目，根据榆中县特色产业发展实际，从链接市场出发，结合涉及企业服务内容，整合资源，确定甘肃康源现代农业有限公司为主体，以“公司+基地+农户+市场”方式，组织新品种引进与推广，带动农户订单种植、产品加工、线上线下运营，拓展高原夏菜销售渠道。其他单位做好协助工作，由移动公司做好网络服务及榆中农业数字综合云平台研发，电商中心拓展网络营销，兰州高原夏菜交易中心做好全国市场高原夏菜对接及配送，各产业联盟做好其他农产品的组织销售。

（二）成效及举措

1. 构建四大销售渠道，助力农产品出村进城

（1）充分发挥冷链物流集中销售配送主体作用。自 2021 年 5 月底高原夏菜上市以来，兰州高原夏菜交易中心已入驻蔬菜批发商户 400 余家、蔬菜流动商户约 500 家，向全国销售蔬菜约 75 万吨，交易额约 22. 5 亿元，其中，销售榆中高原夏菜约 40 万吨，交易额约 12 亿元。兰州高原夏菜交易中心已成为以兰州市为中心、辐射西北 5 省（区）的蔬菜一级物流和集散中心，辐射范围

包括白银、天水、武威等市（州），以及陕西、青海、宁夏、新疆等省（区），形成了“集全国，卖西北，走西亚”的销售格局。

（2）建立“走出去”和“请进来”的营销模式。充分利用各类会展经济窗口平台，组织引导特色农产品供应商和流通企业参加首届消费品博览会、2021 年中国品牌日活动、第二十二届中国国际食品及饮料博览会、国际技术进出口交易会、“一带一路”金城兰州走进古越绍兴城际交流专场推介会、东西部协作津甘消费帮扶对接会等各类“走出去”营销活动，进一步拓宽了特色农产品营销渠道。全县 2021 年上半年累计订单销售额达 6 亿元，其中与杭州蔬菜物流有限公司签订高原夏菜产销战略合作协议就达 5 亿元。同时，通过榆中县兰州高原夏菜产业化联盟联合 50 多家联盟成员单位，累计下发订单 100 多单，订单面积 1.5 万亩，订单农业发展已初具规模。后期计划赴天津、广州等地至少开展 3 场农特产品推介会，加强与东部地区商场、超市、电商平台、大型农产品交易市场对接，建立长期稳定的供销关系。并计划围绕“请进来”，通过中国兰州投资贸易洽谈会、甘肃特色农产品贸易洽谈会、农民丰收节和高原夏菜新品博览会等，吸引全国客商来榆中县实地考察并签订销售订单。

（3）建立 24 小时配送机制，稳定周边城市市场供应。充分发挥产业联盟链接市场优势，实现从地头到餐桌 24 小时配送机制，主要供应榆中县、华联超市（兰州市和西宁市各综合超市）、华润万家新店（社区店），供应菜品种类 30 多种，年供应量 8 000多吨，年销售额达到 2 500多万元；发展乡村电子商务平台，打通农产品配送“最后一公里”，预计通过乡村电子商务平台配送蔬菜 500 多吨，销售额 260 多万元。

（4）完善县、乡、村三级电商服务产业链。建成县级电子商务公共服务中心 1 个、乡（镇）级服务站 23 个、村级服务点 218 个，覆盖率达 81.3%，实现了电商服务全覆盖。已建成的电商服务平台均正常运转，能够为群众提供代购代销、快递收发、便民缴费等服务，极大地方便了当地群众的生产生活。截至 2021 年，网络交易 2.267 1亿元，其中农产品线上销售 0.233 亿元。

2. 夯实五大体系建设，确保农产品出村进城有序开展

（1）升级农产品质量安全全程监管追溯平台，逐步建成榆中县农业综合数字云平台。前期，已建成榆中质量兴农智慧农业云平台，率先在全市实现对农业投入品来源和去向实时全程监管，被甘肃省农业农村厅评定为“省级农

产品质量安全县”，并于 2018 年、2019 年被农业农村部评为“全国县域数字农业农村发展水平评价先进县”，是甘肃省唯一连续两年获此殊荣的县。2021 年，与移动公司开展深度战略合作探讨，探索 5G+智慧农业、IDC、区块链、云计算等技术的应用前景和模式，发挥“互联网+”信息化手段在推进农产品生产、加工、储运、销售各环节高效协同和产业化运营中的作用，培育一批具有较强竞争力的县级农产品产业化运营主体。进一步强化高原夏菜、百合等本地特色农产品产销能力，提升全县农业农村信息化水平，确保农产品出村进城更加便捷、高效。

（2）持续加强冷链仓储投入，延伸完善县乡村配送体系。建成县级仓储物流中心、23 个乡（镇）级物流分拣中心和 218 个村级配送网点，从县级物流中心到村级网点 48 小时内完成配送，日均派件量由 2019 年度的 550 件上升到 2021 年的1 500件，同比增长 173%。根据榆中县特色产业发展现状，2021 年依托农产品产地冷藏保鲜设施建设项目的实施，政府扶持2 000万元，计划新建通风贮藏库 35 座，机械冷库 28 座，新增库容 3. 53 万吨。

（3）持续加强品牌培育，进一步提升农产品附加值。按照“独一份、特别特、好中优、错峰头”的特色产业培育方式，着力培育壮大“牛羊菜薯药”五大优势特色产业以及小杂粮、无籽西瓜等地方特色农产品，形成了蔬菜产业核心区、中药材产区、百合产区、马铃薯产区、生猪产区以及都市观光农业聚集区，全县农业产业区域优势明显、特色鲜明。先后成功创建了中国特色农产品优势区、全国特色高原夏菜知名品牌示范区、国家级出口蔬菜质量安全示范区、中国特色农产品优势区，“甘味”农产品区域公用品牌，是甘肃省第一批省级现代农业示范区、省级农业科技示范园、省级农产品质量安全示范县，成功申报花椰菜、白菜、莲花菜农产品地理标志，“榆中菜花”区域品牌评估价值达 8. 46 亿元，“兰州高原夏菜”区域品牌评估价值达 58. 99 亿元，被国家确定为全国三大蔬菜生产基地和北菜南调基地。出台了《榆中县产品网络化销售方案》，确定了榆中县县域公共品牌宣传标语“兴隆天下，榆味无穷”及城市 Logo。开展品牌营销策划活动 20 次；培育了陇货、榆百味、聚百农等 16 个农产品子品牌；为 14 家企业免费提供包装设计服务，并为 8 家企业免费提供包装箱15 000个。

（4）持续扶优扶强，建立农产品标准化体系。以创建国家级、省级现代化产业园区为抓手，各产业化联盟为基础，聚焦“舌尖上”的安全，树牢

“质量第一、绿色发展、品牌引领、效益优先”的发展理念，坚持抓产业必须抓质量，延伸建成并运行榆中农产品安全追溯监管公共服务云平台。制定出台标准化生产手册、电商企业安全质量管理手册、网货化产品准入准出制度及一套符合榆中电子商务发展的企业信用评价制度，并为6家企业提供“三品一标”检测及认证服务。目前，已建设完成“兴隆天下，榆味无穷”天猫陇货旗舰店，上架榆中特色农产品30余款，预计2021年销售额可达300万元。

（5）持续加强人才培养，夯实发展基础。累计开展普及性、增值性、网络在线等电商培训137期，培训电商人才7 951人次。2021年，计划围绕高素质农民培育、乡村振兴创业致富带头人等培训项目，培训蔬菜生产、休闲农业、电商营销等各类人才830人，并围绕蔬菜产业设立家庭农场专业中专班，计划招生50名以上，进一步增强电子商务人才储备力量。

（三）面临的主要问题

1. 产业发展与“互联网+”农产品出村进城要求还不相适应

农业农村信息化服务平台建设、网络自媒体应用、信息宣传应用等基础设施依然薄弱，缺乏对信息化建设的硬件投入以及软件设备的更新，信息化基础工作水平与实施“互联网+”农产品出村进城紧迫要求不相适应。虽投资236.4万元，建成了榆中质量兴农智慧农业云平台，有了一定信息化基础建设，但由于资金和技术匮乏，数字农业综合平台还停留在设计阶段，不能做到摸清家底，用信息化手段指导生产，数据不充分，不能为政府决策提供有力依据。已建各类现代园区及“三农”信息孤立运行，属于个体信息孤岛，没有形成合力，不能有效地将信息化转变为第一生产力。

2. 农户参与“互联网+”建设的现状与信息化高速发展的要求还不相适应

随着信息化的飞速发展，人们的日常生活都将充斥着各类信息。但榆中县农村人口因文化程度偏低，对“互联网+”建设工作认识度不高。而且县域内偏远村庄，受自然条件等多方面因素制约，青壮年劳动力多数选择外出务工，村内仅剩留守老人、妇女和儿童，接受新事物、新技术、新知识的能力水平有限，致使发展“互联网+”信息化工作缺乏人才基础。

3. 商业品牌化建设处于初级建设阶段，农产品附加值提升不明显

经过多年来的培育，虽培育出“兰州高原夏菜”和“兴隆天下，榆味无

穷”等区域品牌，但由于多数企业经营品牌的意识不强，没有培育出叫得响、拿得出、认可度高的企业品牌。加之电子商务是一个新兴产业，农民参与电子商务的主观能动性和行动力偏低，缺乏专业人才及商业团队，亟须给予政策及资金引导扶持。

4. 特色农产品基本都是初级生鲜产品，组织网络化销售困难巨大

榆中县农特产品量大质优，网货产品开发潜力较大，但由于属于初级生鲜农产品，基本没有深加工产品，产业基础薄弱，一二三产业融合不充分，网络适销产品少，质量参差不齐，城际生鲜配送费用高，体系不健全，加之产品包装、认证等跟不上市场需求，产品电商品牌效应不够突出，且互联网上的推介没有形成整体声势，网销收入占比较小，带动成效不够明显。